赞助的溢价效应：

事件质量对消费者
溢价支付意愿影响研究

尹世民/著

西南财经大学出版社

中国·成都

图书在版编目(CIP)数据

赞助的溢价效应:事件质量对消费者溢价支付意愿影响研究/尹世民
著.—成都:西南财经大学出版社,2022.12
ISBN 978-7-5504-5638-9

Ⅰ.①赞…　Ⅱ.①尹…　Ⅲ.①赞助—影响—消费者行为论—研究
Ⅳ.①F036.3

中国版本图书馆 CIP 数据核字(2022)第 220250 号

赞助的溢价效应:事件质量对消费者溢价支付意愿影响研究
ZANZHU DE YIJIA XIAOYING;SHIJIAN ZHILIANG DUI XIAOFEIZHE YIJIA ZHIFU YIYUAN YINGXIANG YANJIU

尹世民　著

责任编辑:李特军
责任校对:陈何真璐
封面设计:墨创文化
责任印制:朱曼丽

出版发行	西南财经大学出版社(四川省成都市光华村街55号)
网　　址	http://cbs.swufe.edu.cn
电子邮件	bookcj@swufe.edu.cn
邮政编码	610074
电　　话	028-87353785
照　　排	四川胜翔数码印务设计有限公司
印　　刷	郫县犀浦印刷厂
成品尺寸	170mm×240mm
印　　张	15.5
字　　数	287 千字
版　　次	2022 年 12 月第 1 版
印　　次	2022 年 12 月第 1 次印刷
书　　号	ISBN 978-7-5504-5638-9
定　　价	88.00 元

前言

前言从研究背景、研究问题、研究目的、研究内容、研究设计、研究结果、研究结论、研究创新八个部分进行阐述。

（一）研究背景。第一是现实背景。首先，赞助是企业常用的营销手段，并已从营销工具上升到品牌战略的高度，因此研究赞助效果具有重要的现实价值；其次，赞助事件质量选择涉及重大营销费用支出，是企业进行赞助决策的难点，因此研究赞助事件质量有助于提升企业进行赞助决策的效率；最后，赞助不仅具有通过形象转移提升品牌资产的作用，还可能直接影响消费者决策，因此研究赞助对消费者溢价支付意愿的影响便于准确评价赞助对产品销售的影响。第二是理论背景。首先，现有企业赞助研究主要以形象转移理论为基础，赞助的信号效应已被证明会影响赞助商股票市值变动，因此赞助的信号效应如何影响消费者决策还需展开探讨；其次，事件质量和赞助匹配是影响赞助效果的两个重要因素，但是赞助事件质量研究却远滞后于赞助匹配，因此需要系统研究事件质量的影响以推进企业赞助理论；最后，以往研究主要强调赞助通过营销沟通在购买需求诱发和信息搜寻阶段提升品牌形象和品牌资产的作用，忽视赞助对消费者在方案评价和购买决策环节的影响，因此需要从消费者购买决策角度研究赞助对消费者方案评价和购买决策的影响。综上，研究赞助事件质量如何影响消费者购买决策具有重要的现实和理论价值。

（二）研究问题。本书将系统回答赞助事件质量如何通过形象转移和信号效应影响消费者购买决策这一核心问题。由于溢价支付意愿是衡量品牌溢价和消费者购买意愿变化的有效指标，因此本书着重探讨赞助事件质量如何影响消费者溢价支付意愿。为了细致研究赞助事件质量对消费者溢价支付意愿的影响，本书揭示了赞助匹配、品牌熟悉度、评价模式的调节作用以及品牌声望和感知质量的中介作用。

（三）研究目的。本书主要有以下五个研究目的：第一，从消费者购买决策环节角度，证实赞助事件质量对消费者溢价支付意愿的影响；第二，基于形象转移理论，检验品牌声望在事件质量影响消费者溢价支付意愿过程中的中介作用；第三，基于信号理论，检验感知质量在事件质量影响消费者溢价支付意愿过程中的中介作用；第四，基于形象转移理论，检验赞助匹配和品牌熟悉度在事件质量影响消费者溢价支付意愿过程中的调节作用；第五，基于信号理论，检验评价模式在事件质量影响消费者溢价支付意愿过程中的调节作用。

（四）研究内容。本书对赞助相关研究、事件质量、溢价支付意愿、赞助匹配、品牌熟悉度、评价模式、品牌声望、感知质量以及信号理论和形象转移理论等相关文献进行回顾和述评，构建出赞助事件质量对消费者溢价支付意愿影响的概念模型。为了回答研究问题、达成研究目的，本书的研究内容包括以下五个方面：研究一，检验赞助事件质量对溢价支付意愿的影响以及品牌声望和感知质量的中介作用；研究二，检验赞助匹配的调节作用；研究三，检验品牌熟悉度的调节作用；研究四，检验赞助匹配和品牌熟悉度的双重调节作用；研究五，检验评价模式的调节作用。

（五）研究设计。本书研究设计主要包括实验组设计、刺激物设计、量表设计、前测实验和正式实验。本书采用情境实验法并设计问卷收集实验数据；其中，五组实验分别模拟实体店购物和在线购物两种不同的购买决策情境。在刺激物设计上，本书分别使用足球联赛、综合体育赛事、足球杯赛、篮球联赛和亲子真人秀节目五类事件刺激物，选择运动鞋、空调、液晶平板电视、护眼台灯和儿童自行车五种产品作为产品刺激物，并相应使用虚拟品牌和真实品牌两种品牌刺激物。前测实验和正式实验数据结果表明，实验组各变量被操控成功，量表信度和效度较好，可进行下一步数据分析以及假设验证。因此，本书通过在五个实验研究中选择不同赞助对象、赞助商、品牌真实性、购买场景，较好平衡了五组实验研究的内部效度和外部效度。

（六）研究结果。第一，证实赞助事件质量对溢价支付意愿的影响，假设 H1 成立；第二，部分证实品牌声望和感知质量的中介效应，假设 H2、H3 部分成立；第三，证实赞助匹配的调节效应，假设 H4、H4a、H4b 成立；第四，证实品牌熟悉度的调节效应，假设 H5、H5a、H5b 成立；第五，证实赞助匹配和品牌熟悉度的双重调节作用，假设 H6、H6a、H6b、H6c、H6d 成立；第六，证实评价模式的调节效应，假设 H7、H7a、H7b 成立。

（七）研究结论。本书通过理论分析和实证研究，得到以下五个研究结论：第一，赞助事件质量对消费者溢价支付意愿具有显著影响，表明赞助确实可以在消费者购买决策环节发挥作用。第二，事件质量可以通过形象转移提升品牌声望进而影响消费者溢价支付意愿。第三，事件质量可以通过信号效应提升感知质量进而影响消费者溢价支付意愿。第四，赞助匹配和品牌熟悉度会调节赞助事件质量对消费者溢价支付意愿的影响，说明赞助匹配和品牌熟悉度在赞助形象转移过程中具有重要调节作用。第五，评价模式会调节赞助事件质量对消费者溢价支付意愿的影响，说明评价模式是影响赞助信号效应的重要条件。

（八）研究创新。本书主要有以下五个方面的创新点：第一，本书系统性地将信号理论引入赞助领域，证实信号效应也是赞助效果形成的重要机制，拓展了现有的赞助营销理论。第二，本书以事件质量为自变量，系统研究了其对赞助效果的影响，增进了对赞助事件质量作用的理解，完善了以往主要围绕赞助匹配为中心的赞助理论。第三，本书以消费者溢价支付意愿为因变量研究赞助对消费者方案评价和购买决策的影响，扩展了对赞助作用的认识，填补了以往研究侧重于关注赞助需求诱发和信息搜寻环节作用的局限。第四，本书将消费者评价模式引入企业赞助研究，增进了对赞助作用条件的理解，弥补了以往赞助研究未关注评价模式对赞助作用影响的局限。第五，本书提出并证实了品牌声望和感知质量的中介作用，揭示了事件质量可以通过形象转移和信号效应影响消费者溢价支付意愿，深化了以往主要基于形象转移理论探讨赞助作用机制的赞助理论。

尹世民

2022 年 7 月

目录

1 绪论

1.1 研究背景和问题

商业赞助（commercial sponsorship）是企业以提供资金或者其他实物的形式对特定的事件（events）和活动（activities）进行投资，并且期望以此形式获取赞助对象提供商业机会的行为（Meenaghan，1983）。建立和传播由于赞助行为产生的企业和赞助对象的特定的关联（connection）是企业进行商业赞助的核心目的（Cornwell，1995）。

1.1.1 现实背景和问题

（1）作为企业常用的营销手段，赞助开始从策略性工具发展为战略性工具

在过去的三十年间，商业赞助行业随着商业活动的不断发展，逐步从少数西方国家不起眼的经济活动成长为全球性产业，根据赞助行业国际权威机构 IEG（International Events Group）发布的 2017 年全球赞助行业报告 "*What Sponsors Want and Where Dollars Will Go in 2017*"：2017 年全球赞助费用从 2016 年 601 亿美元上涨至 628 亿美元，涨幅为 4.5%，与上年度 4.6% 的涨幅基本持平。其中，北美地区是全球最大的赞助市场，赞助费用高达 232 亿美元，不过 4.1% 的涨幅却落后于全球市场，而亚太地区是赞助行业增速最快的地区，以 5.8% 的涨幅持续领跑全球，报告特别指出，中国企业的赞助投资，无论在国内还是国外，都是驱动亚太地区赞助市场迅猛发展的重要力量。

横向来看，赞助行业发展速度已经赶上并超过广告以及其他营销组合工具，IEG 报告指出，2017 年全球赞助费用增速已经与广告业基本持平，并超过公共关系、直销和促销等其他营销传播工具。2017 年全球广告业支出增幅约为 4.4%，即使加上其他附加营销服务，广告业支出预计至多能上调 3 个百分

点，特别是北美市场赞助行业发展速度已经远超广告和其他营销组合工具。在保持高速增长的同时，赞助行业呈现细分化趋势，报告描述了北美市场主要赞助方式发展概况，体育赞助以 163.7 亿美元和 4.3% 增幅高居市场份额和增速榜首，其后为娱乐赞助（赞助费用 23 亿美元/增幅 3.9%）、事业赞助（赞助费用 20.6 亿美元/增幅 3.6%）、艺术赞助（赞助费用 9.94 亿美元/增幅 3.3%）、节事赞助（赞助费用 9.04 亿美元/增幅 3.0%）、协会和组织赞助（赞助费用 6.12 亿美元/增幅 3.6%）。[①]

同时，随着赞助行业的快速发展和赞助实践的不断丰富，企业对于商业赞助的价值认识不断加深，赞助已经不再是过去意义的市场营销的策略性工具（tactical instrument），动辄百万千万级的商业赞助投资，使商业赞助逐步上升到市场营销战略性工具（strategic instrument）的高度（Henseler，Wilson 和 Westberg，2011）。Fahy，Farrelly 和 Quester（2004）指出，随着赞助商业化运作的日益成熟，商业赞助开始发展为一种赞助商与被赞助的事件组织之间沟通交流，共同寻求达成双方自身战略目标的工具。

随着中国大量企业出海和品牌国际化运作的需要，一些实力雄厚的中国企业开始对国际顶级赛事表现出浓厚的投资兴趣，例如，2016 年，中国海信集团赞助欧洲杯，成为欧足联欧洲联赛（UEFA Europa League）56 年历史上第一家来自中国的顶级赞助商。2018 年，中国在俄罗斯世界杯在最高的两级赞助体系中占据了 4 席（万达、海信、vivo、蒙牛），与美国（VISA、可口可乐、麦当劳、百威）并列赛事赞助商最大输出国。2021 年 6 月，因新型冠状病毒感染疫情推迟一年的欧洲杯拉开序幕，中国成为欧足联欧洲联赛顶级赞助商最大的输出国，除了海信集团如期续约，支付宝、Vivo 和 TikTok 相继成为欧洲杯官方合作伙伴，占据顶级赞助商席位的 1/3[②]。2017 年 1 月 19 日，国际奥委会主席巴赫和阿里巴巴董事局主席马云在达沃斯论坛共同宣布阿里巴巴成为国际奥委会的全球合作伙伴，阿里巴巴以超过 8 亿美金的赞助费用入席奥林匹克顶级赞助商（The Olympic Partner，TOP）计划，成为国际奥委会云服务和电子商务平台服务的官方合作伙伴，以及奥林匹克频道的创始合作伙伴，阿里巴巴拥有的全球合作权益覆盖 2018 年冬季奥运会、2020 年夏季奥运会、2022 年

① IEG. What Sponsors Want and Where Dollars Will Go in 2017 [R]. International Events Group，2017.

② 佚名. 中国成为 2020 欧洲杯顶级赞助商最大输出国 [EB/OL]. (2021-06-13) [2022-01-05]. https://m.thepaper.cn/baijiahao_13128762.

冬季奥运会以及 2024 年、2026 年和 2028 年举办的夏季和冬季奥运会①。

中国出海企业热衷于赞助国际顶级赛事的主要原因在于，希望借助投资赞助顶级赛事的方式，利用国际顶级赛事平台的全球影响力，提升自身品牌在海外市场中的知名度和影响力。站在国际顶级赛事主办方的角度，国际顶级赛事需要赞助商提供雄厚的物力财力保障，为赛事消费者提供高水平的赛事活动，而获得赞助商青睐的主要动因在于赛事活动能够提供赞助商期望的品牌知名度和品牌形象的提升，因此，赛事主办方与赛事赞助商的品牌国际化战略是高度一致的。因此，随着大众文化体育产业的高速发展，赞助方式不断丰富，赞助规模不断扩大，赞助战略价值不断凸显，研究赞助理论具有重要的现实价值。

（2）赞助事件质量关联重大营销费用支出，是赞助商进行赞助决策的难点

在商业赞助中，赞助事件的质量高低是影响最终赞助效果的决定性因素之一，几乎所有经典的成功赞助案例都是关联高质量的赞助事件，即使那些"打擦边球"赞助借势营销也都基本关注高质量的赞助事件。Walliser（2003）指出，企业进行赞助投资的主要目的是追求、放大和拓展赞助方和被赞助方的营销目标关联。在商业赞助过程和影响周期中，形象转移是解释商业赞助如何影响赞助商品牌形象和提升赞助商品牌资产的重要作用机制之一，即赞助活动将被赞助事件的一些特质属性转移到赞助商的品牌上，进而提升赞助商的品牌形象和品牌资产，而被赞助的事件本事拥有理想的高质量是实现形象转移的先决条件（Gwinner 和 Eaton，1999）。

事件质量是企业进行赞助决策的难点，对高质量的事件进行赞助投资涉及赞助商重大的营销传播费用支出。对于赞助商而言，高质量的事件是非常稀缺的资源，选择高质量的事件进行赞助投资无疑需要支付相对高昂的赞助费用，企业选择高质量事件进行赞助必须要慎重权衡赞助投资的投入和产出。例如，2021 年 10 月 20 日，在海信开放日现场，国际足联（FIFA）主席因凡蒂诺以视频连线方式与海信联合宣布海信为 2022 年卡塔尔世界杯官方赞助商，从 2016 年开始，海信集团接连赞助欧洲杯和世界杯，成为中国唯一——家连续赞助 4 届世界级赛事的企业，5 年时间赞助投资高达 100 多亿②。伦敦奥运会赞助计划的赞助层级共分三级：合作伙伴、赞助商和供应商，不同赞助级别拥有的权益回报是不同的，根据 2015 年国际奥委会市场开发手册信息，2012 年伦

---

① 阿里巴巴拿下奥委会顶级赞助商！中国力量打造"云上的奥运"［EB/OL］.（2017-01-19）［2022-01-05］. https://developer.aliyun.com/article/68946, 2017-01-19.

② 国际足联＆海信联合宣布：海信正式赞助 2022 年卡塔尔世界杯！海外收入最快 3 年反超国内！［EB/OL］.（2021-11-01）［2022-01-05］. http://hxjd.hisense.cn/526.html, 20121-11-01.

敦奥运会，11 家 TOP 赞助商支付的赞助费用 9.5 亿美元，平均每家 TOP 赞助商的赞助费为 8638 万美元；42 个主办国合作伙伴和赞助商贡献赞助费用 11.5 亿美元，平均每家赞助商的赞助费超过 2730 万美元①。

即便如此，选择高质量事件进行赞助投资却不能确保赞助活动的绝对成功，盲目地赞助高质量事件而不进行行之有效的赞助管理，可能达不到预期的赞助效果，甚至可能导致非必要的赞助投资损失。

（3）赞助不但间接影响品牌形象，而且直接影响消费者购买决策

一些企业热衷于赞助事业的原因在于，高质量的赞助具有良好的市场传播效应，能够为其带来所期望的投资收益。在进行赞助投资时，不同的企业可能拥有不同的期望目标，其中，提升赞助商品牌的知名度和品牌形象被认为是企业进行赞助投资的最主要目的（Meenaghan，1983）。

一些现实案例表明，赞助不但间接地提升了赞助商品牌知名度、品牌形象和品牌资产，还可能直接刺激产品销售以及影响消费者决策。例如，2020 年 6 月 26 日，海信集团公布欧洲杯小组赛销售战绩，海外市场海信 U7 及 U8 系列电视销售额同比增长 143.1%，海信高端平门系列冰箱销售额同比增长 208.5%，在欧洲杯核心五国（英法德意西）营销主战场，累计销售额同比增长 205.4%②。

排除对赞助商品牌资产的影响，赞助商产品的市场绩效表现是赞助投资的最终作用点，赞助商进行赞助投资的最终目的是改善企业的市场表现，例如，市场份额、产品销量和利润增长。在与赞助对象达成合作后，赞助商会使用各种类型的赞助杠杆（例如，广告、媒体发布会、公共关系活动等），最大化传播赞助商与高质量赞助事件的特定关联，甚至在产品开发过程中，赞助商也会最大化利用赞助关联，以扩大对产品销售和消费者购买决策的影响，例如，在零售终端使用海报、宣传册等展示赞助关联信息，推出赞助定制包装和限量版赞助产品（如图 1-1 所示），以此希望提升消费者对赞助关系和赞助商品牌的感知，影响消费者选择比较，刺激消费者作出购买决策。

然而赞助投资，特别是高质量事件的赞助投资，在提升赞助商品牌资产的同时增加了产品的销售成本。消费者是否愿意为赞助商产品支付增加价格是评价赞助商品牌溢价和消费者溢价购买行为的一个重要指标，因此，研究高质量

① 里约奥运会赞助商超过伦敦奥运［EB/OL］.（2016-07-08）［2022-01-05］. http://money.163.com/16/0708/05/BRE9AQTK00253B0H.html.

② 欧洲杯上的"中国队"首轮战绩出炉：海信 U7 全球热销［EB/OL］.（2021-06-20）［2022-01-05］. https://www.zgshxfw.cn/jiadian/20214.html.

事件赞助对消费者溢价支付意愿的影响便于准确评价赞助对直接销售的影响。

图 1-1　赞助定制包装和定制产品

1.1.2　理论背景和问题

（1）以往研究关注形象转移效应，赞助的信号效应有待进一步了解

自从 Meenaghan（1983）首次提出商业化赞助的概念以来，需求品牌知名度和品牌形象的提升就被视为企业进行赞助投资的最主要目的。品牌管理大师 Keller（1998）明确指出，赞助投资的战略价值的最主要体现是促进品牌知名度和品牌形象提升的战略目的。一些学者认为，越来越多的企业非常热衷赞助，主要是因为希望借助赞助活动让消费者直接或间接地了解自己，在赞助过程中，赞助事件（赞助对象）的一些内在特质可以转移到赞助商品牌上，使赞助商品牌形象得以升华，进而达到实现品牌形象和品牌资产提升的目的（Cornwell 等，2006；Meenaghan，2001）。Gwinner 和 Eaton（1999）指出，如果被赞助的事件形象和赞助商品牌形象具有关联，而且确实可以被消费者感知，事件拥有的特定形象将会向赞助商品牌形象转移，如果被赞助的事件和赞助商品牌在功能和形象上具有一致性，则形象转移效应表现得更加明显。

当然，形象转移效应产生的前提是消费者对赞助关系的准确记忆，然而事与愿违，消费者的赞助记忆准确性普遍不高，特别是在多重赞助和共同赞助的普遍情境中，存在赞助事件和赞助事件的关联、赞助事件和赞助商的关联、赞助商和赞助商的关联，大量干扰形象转移的因素相互交织，因此仅仅关注赞助形象转移的价值的作用是有限地。本书通过梳理文献发现，大量以往研究立足形象转移理论探讨赞助问题，只有少数几篇文献暗示商业赞助可能信号效应。信号理论（signaling theory）起源于解决信息不对称问题的市场经济学（Spence，1973）。赞助投资的信号效应主要在资本市场得到相对足够的关注，例如，Miyazaki 和 Morgan（2001）比较分析宣布赞助投资前后赞助商企业在股票市场的市值变化，发现企业公布赞助赛事对企业财务价值具有显著促进作用。对此，Meenaghan（2001）使用信号理论解释道，赞助活动给消费者传递出规模、地位和安全等相关方面的企业价值，消费者可能会把赞助活动理解为，只有具备相当规模和拥有雄厚实力的企业才可能支持高质量的赞助活动。Pruitt，Cornwell 和 Clark（2002）也认为，对于投资者而言，企业赞助体育事业的真实附加价值是一个体现目标企业管理有效或者向投资表现"诚实"地信号。

在大量的商业实践中，赞助商在产品销售场景中以各种形式展示赞助关联信息，本质上是将赞助行为以及事件（赛事、节目等）的质量作为一种"只有具备相当规模和拥有雄厚实力的企业才可能支持高质量的赞助活动"的信号，向消费者表达自己品牌的优越性和质量的可靠性，而消费者也可以依据赞助关联信息对品牌的好坏和产品的质量优劣进行评价。然后，赞助行为及高质量事件的信号效应如何影响消费者的购买决策尚不清楚，因此我们有必要对赞助影响消费者购买决策的机制展开探讨。

（2）以往研究强调赞助匹配，赞助事件的质量影响有待进一步认识

"赞助匹配"是商业赞助领域的热门概念，McDonald（1991）最早提出赞助商和赞助事件需要"匹配"的概念。随着赞助理论研究的发展，赞助匹配的概念和形式不断得到新的诠释。关于赞助商和赞助事件的匹配，从概念发展上，Johar 和 Pham（1999）认为是赞助方和被赞助方的"关联性和兼容性"；Rifon 等（2004）认为是赞助方和被赞助方在感知上的"关联性"；Coppetti 等（2009）认为是赞助方和被赞助方在产品属性、功能和形象的相似性。从概念形式上，Gwinner（1997）提出功能匹配和形象匹配两种匹配形式；Skard（2010）提出功能匹配、符号匹配和地理匹配三种匹配策略；卢长宝（2009）认为存在品牌匹配、市场匹配和产品匹配三种匹配形式。在匹配关系的构成上，Simmons 和 Becker-Olsen（2006）认为赞助方和被赞助方的匹配关系既可以是天然形成的，也可以是创造设计的。

研究表明，赞助匹配可以促成诸如提高品牌认同、提升品牌形象、增强品牌忠诚、强化消费者购买意愿以及提升投资者收益等多种赞助效果。Gwinner 和 Eaton（1999）发现赞助方和被赞助方在功能和形象上匹配时，事件的相关特质（如赛事体现的精神和品质）可以转移到赞助商品牌上，进而促进品牌身份认同和品牌形象提升。Barone，Norman 和 Miyazaki（2007）认为赞助方和被赞助方的匹配可以促使消费者使用事件的有利形象对赞助商品牌和赞助活动进行评估。不过，现实中高匹配的失败赞助和低匹配的成功赞助是非常普遍

的，尽管赞助商和赞助事件的匹配非常重要，但一些学者认为赞助事件质量相比赞助匹配更为重要。

例如，Crimmins 和 Horn（1996）观察现实生活的大量赞助活动发现，虽然赞助方和被赞助方不存在自然的或者逻辑的关系，但是其同样取得不错的效果。Richelieu 和 Pitts（2004）认为赛事的地位和影响力是赛事品牌资产构建的基础，只有赛事具备较高的地位和影响力，赛事的管理者才可能使用赛事的品牌进行赞助关联的推广。Smith（2004）认为即使赞助方和被赞助方的关系不是很紧密，但只要消费者能够感知到被赞助的事件具有较高的策划和组织质量，赞助活动依然会对赞助商的品牌资产产生促进影响。

作为赞助关系的主体之一，赞助事件研究却远滞后于赞助匹配研究。在商业实践中，相比赞助匹配，事件质量是赞助商决策的难点，寻找功能或形象上匹配的事件比较容易，而寻找合适的高质量事件进行赞助要困难很多。高质量事件是稀缺资源，意味着赞助商需要支付比竞争对手更加高昂的赞助费用，商业赞助必须要权衡赞助投资的投入与产出。出于指导企业赞助选择决策的需要，我们理应对赞助事件质量的作用机制展开深入探讨。

（3）以往研究注重品牌层面的影响，对购买决策的影响有待进一步探讨

随着赞助行业的不断发展，赞助开始从市场营销的策略性工具上升到战略性工具的高度，赞助价值开始得到理论界的关注。关于企业进行赞助投资活动，Meenaghan（1983）认为提高品牌知名度和品牌形象是赞助的最主要目标。Hoek，Gendall 和 West（1990）对大量企业展开赞助目标调查后发现，赞助目标依重要性排序分别为增加品牌认知、提升企业形象、促进销售、提升管理兴趣和帮助员工招聘。虽然调查对象分属不同行业，但提升品牌认知度和品牌形象是众多企业最关注的两个目标。Bennett，Henson 和 Zhang（2002）对体育赛事观众展开调查，发现赛事观众对赞助商品牌的识别率非常高，而且赛事观众对赛事的忠诚度显著影响赞助商品牌的认知。

站在品牌管理视角，McDonald（1991）认为提升品牌知名度是较低层次的赞助效果，消费者对赞助商品牌的认知以及品牌形象的提升则是较高层次的赞助效果。Gwinner（1997）认为赞助合作过程中，赞助事件的个性和精神等特质可以转移到赞助商品牌，进而丰富赞助商的品牌内涵，强化或改变品牌形象。

Cornwell（1995）认为赞助合作关系展现出赞助商与赛事消费者有共同的兴趣，进而增强消费者对赞助商品牌的认同感。站在投资者视角，Miyazaki 和 Morgan（2001）发现企业向投资者公布赞助赛事活动可以增加投资者对赞助商

品牌的信心，进而引发投资者的乐观评价和积极反应。Deitz，Evans 和 Hansen（2013）同样证实向投资者公布赞助信息的确可以影响股票市值变化，然而赞助事件对于赞助商财务价值的提升是短期的。

消费者购买决策过程可划分为需求诱发、信息搜寻、方案评价、购买决策和购买评价五个阶段（Kotler 和 Armstrong，1997）。作为企业用于吸引顾客的手段之一，品牌管理层面的赞助影响理论研究非常丰富，而在产品销售环节，赞助商普遍意识到赞助信息对消费者购买决策的影响，在销售终端大量展示赞助关联信息海报，甚至印刷赞助定制包装和定制产品。赞助商的市场绩效表现始终是检验赞助成效的最终作用点，例如，市场份额、产品销量和销售利润的变化。本书梳理文献发现，大量研究关注赞助形象转移效应，对于赞助商品牌形象和品牌资产提升具有显著促进作用。赞助关联促进赞助商品牌价值的提升，在消费者购买过程的需求诱发、信息搜寻阶段可能具有显著作用，但对于消费者方案评价和购买决策阶段，尚未进行充分的实证探讨。一些研究从侧面表明，赞助投资活动可以改善消费者对赞助商的态度（Speed 和 Thompson，2000），增加消费者对赞助商的信任（Alexandris，Tsaousi 和 James，2007），以及与赞助商产品的购买意愿有比较密切的联系（Barros 和 Silvestre，2006；Pope 和 Voges，2000）。在消费者购买决策环节，赞助投资如何影响消费者方案评估和购买决策尚不清楚，探讨赞助影响消费者决策的影响及作用机制具有一定的理论价值。

1.2　研究内容与目的

1.2.1　研究内容

本书内容主要包括以下六个方面：

第一，检验赞助事件质量对消费者溢价支付意愿的影响。事件质量和赞助匹配是影响赞助效果的两个重要因素，然而事件质量研究却远滞后于赞助匹配，出于推进企业赞助理论发展的需要，我们应该对赞助事件质量的作用展开系统研究。事件质量是赞助商的决策难点，对于赞助商，寻找功能或形象上匹配的事件比较容易，而寻找合适的高质量事件相对困难，高质量事件意味着高昂的赞助费用，商业赞助必须要权衡赞助的投入与产出，研究事件质量有助提升企业进行赞助决策的效率。以往研究大都强调赞助的形象转移功能，即作为营销传播工具对品牌产生影响，例如，赞助对品牌知名度、品牌形象、品牌态度、品牌忠诚、品牌资产等相关品牌变量的影响，除此之外，赞助还可能直接影响消费者的购买决策，现有研究没有对此现象进行过多探讨。溢价支付意愿用于衡量特定品牌或产品价值的有效指标（Keller，1993），是消费者愿意为特定品牌比其他同类品牌支付更高价格的意愿（Chaudhuri 和 Ligas，2009），体现消费者层面的品牌溢价能力（Netemeyer 等，2004），是评价赞助商品牌溢价和消费者购买意愿的有效指标，因此研究赞助对消费者溢价支付意愿的影响便于准确评价赞助对直接销售的影响。基于此，本书以溢价支付意愿为因变量，构建赞助事件质量对消费者溢价支付意愿影响的概念模型，从消费者购买决策的视角，探讨赞助对消费者购买决策的影响。

第二，检验品牌声望和感知质量在赞助事件质量影响消费者溢价意愿过程中的中介作用。品牌声望是指某个品牌拥有相对较高的身份定位，体现出消费者及其参照群体中的优越感（Brucks，Zeithaml 和 Naylor，2000），是消费者用于评价产品和品牌的重要外部线索（Baek，Kim 和 Yu，2010），对消费者满意度和购买意愿有显著影响（Steenkamp，Batra 和 Alden，2003）。形象转移是指与一个主体相关联的含义和符号和另外一个主体联系起来的过程（Carrillat，Harris 和 Lafferty，2010），形象转移效应是赞助对品牌形象和品牌资产影响的主要作用机制之一，形象转移可以促进事件形象（例如，事件个性和精神等特质）传递到赞助商品牌，让赞助商品牌内涵更加丰富（Gwinner 和 Eaton，1999），实现品牌形象的提升（Smith，2004），在赞助事件质量影响消费者溢价支付意愿的过程中，事件质量可能通过形象转移效应提升品牌声望，进而影响消费者溢价支付意愿。本书从"品牌"这条路径出发，以形象转移理论为基础，识别出品牌声望这一中介变量，并设计情境实验，检验品牌声望在赞助事件质量影响消费者溢价意愿过程中的中介作用。

感知质量是消费者使用内部线索和外部线索对产品优越性的主观性评价（Kirmani 和 Rao，2000），是影响消费者溢价支付意愿的决定性因素（Steenkamp 和 Geyskens，2010）。消费者愿意为赞助商产品支付更高价格，可能是消费者感知到赞助商产品的质量较高，因此形象转移效应可能无法全部解释赞助事件质量对消费者溢价支付意愿的影响。信号理论认为，企业常常使用某些可观察的产品属性信息作为信号向消费者表达产品质量的可靠性，事件质量可能具备同样的信号效应，向消费者传递出赞助商产品质量相关信息，为消费者提供判断产品质量的外部线索，进而影响消费者溢价支付意愿。股票市场已证明赞助具有信号效应影响赞助商股票市值变动，本书从"品质"这条路径出发，以信号理论为基础，识别出感知质量这一中介变量，并设计情境实验，检验感知质量在赞助事件质量影响消费者溢价意愿过程中的中介作用。

第三，检验赞助匹配在赞助事件质量影响消费者溢价意愿过程中的调节作用。赞助匹配是指消费者对赞助商和赞助事件间相似性和关联性的感知（Cornwell 和 Roy，2005；Han 等，2013；Rifon 等，2004）。当赞助商和赞助事件具有功能上或形象上的匹配时，赞助活动可以促进事件形象（例如，事件的某些精神和特质）和赞助商品牌间的形象转移效应（Gwinner 和 Eaton，1999），此外，当赞助商和赞助事件匹配性较高时，消费者会倾向于使用事件的有利形象对赞助商和赞助对象进行评估（Barone，Norman 和 Miyazaki，2007），同时，赞助商品牌形象的改变受到消费者对赞助商和赞助事件间关联感知的影响（Walliser，2003）。在赞助事件质量影响消费者溢价支付意愿的过程中，赞助商和赞助事件的关联性（赞助匹配）可能会起到调节作用，即赞助匹配性越高，事件质量对消费者溢价支付意愿的影响越显著。本书以形象转移理论为基础，设计情境实验，检验赞助匹配在赞助事件质量影响消费者溢价意愿过程中的调节作用。

第四，检验品牌熟悉度在赞助事件质量影响消费者溢价意愿过程中的调节作用。品牌熟悉度是消费者对定产品积累的相关品牌知识，是消费者记忆中的品牌联想集（Lafferty，Goldsmith 和 Hult，2004）。品牌熟悉度对消费者信息处理和品牌评价具有显著影响，品牌是消费者先验知识结构，消费者会把品牌作为启发线索以降低决策过程的认知努力（Maheswaran 等，1992）。消费者对熟悉品牌的品牌联想丰富且稳定，新信息很难改变消费者品牌态度（Campbell 和 Keller，2003），而消费者对不熟悉品牌的品牌联想、品牌态度都不够稳定，新信息容易导致品牌态度变化（Lafferty，2009），低品牌熟悉度更容易产生形象转移。在赞助事件质量影响消费者溢价支付意愿的过程中，品牌熟悉度可能会起到调节作用，具体而言，品牌熟悉度越低，赞助形象转移效应越明显，那么赞助事件质量对消费者溢价支付意愿的影响越显著。本书以形象转移理论为基础，设计情境实验，检验品牌熟悉度在赞助事件质量影响消费者溢价意愿过程中的调节作用。

第五，检验赞助匹配和品牌熟悉度在赞助事件质量影响消费者溢价意愿过程中的双重调节作用。赞助商和赞助事件匹配性较高时，消费者会倾向于使用事件的有利形象对赞助商和赞助对象进行评估（Barone，Norman 和 Miyazaki，2007），同时，赞助商品牌形象的改变受到消费者对赞助商和赞助事件间关联感知的影响（Walliser，2003），基于前述推测，在赞助事件质量影响消费者溢价支付意愿的过程中，赞助商和赞助事件的关联性（赞助匹配）可能会起到正向调节作用，即赞助匹配性越高，事件质量对消费者溢价支付意愿的影响越显著。消费者对不同熟悉度品牌的品牌联想程度有差异的，消费者对熟悉品牌的品牌联想丰富且稳定，新信息很难改变消费者品牌态度（Campbell 和 Keller，2003），而消费者对不熟悉品牌的品牌联想、品牌态度都不够稳定，新信息容易导致品牌态度变化（Lafferty，2009），低品牌熟悉度更容易产生形象转移。基于前述推测，在赞助事件质量影响消费者溢价支付意愿的过程中，品牌熟悉度可能会起到负向调节作用，具体而言，品牌熟悉度越低，赞助形象转移效应越明显，那么赞助事件质量对消费者溢价支付意愿的影响越显著。当两个调节因素同时存在时，其可能在赞助事件质量影响消费者溢价支付意愿的过程中起到双重调节作用，基于此，本书进一步对赞助匹配和品牌熟悉度在事件质量影响消费者溢价支付意愿过程中的双重调节作用展开探讨。

第六，检验评价模式在赞助事件质量影响消费者溢价意愿过程中的调节作用。所有的决策都是在不同选项中做出选择，评价多个选项的情境为共同评价模式，评价一个选项的情境为单独评价模式（Hsee 等，1999），共同评价和单独评价两种模式对消费者偏好具有显著影响（Mellers 等，1992；Tversky 和 Griffin，1991），甚至引起相反的偏好评价（Hsee，1996；Hsee 等，1999）。根据信号理论进行推测，事件质量信息同样具有信号效应，向消费者传递赞助商产品质量相关信息，进而影响消费者溢价支付意愿。线索利用理论从消费者视角对信号理论发展，认为消费者在信息不对称情况下，可能借助其他外部线索对产品质量进行判断，那么事件质量信息同样可以成为消费者判断产品质量的外部线索。相比单独评价模式，共同评价模式能提供更多可比较的线索，可以强化赞助事件质量对消费者溢价支付意愿的影响。本书以形象转移理论为基础，设计情境实验，检验不同评价模式在赞助事件质量影响消费者溢价意愿过程中的调节作用。

1.2.2 研究目的

本书从消费者购买决策视角，以形象转移理论和信号理论为基础，构建赞助事件质量对消费者溢价支付意愿的概念模型，探讨赞助事件质量对消费者溢价支付意愿的影响以及中介机制和调节效应，为此，本书拟达到以下五个研究目的。

目的一：从消费者购买决策环节视角，证明赞助事件质量对消费者溢价支付意愿的影响。如何最大化提升赞助效果是赞助理论和实践领域都非常关注的问题，事件质量和赞助匹配是影响赞助效果的两个重要因素，然而事件质量研究却远滞后于赞助匹配，我们需要系统研究事件质量的作用以推进企业赞助理论的发展。企业在进行赞助决策时，事件质量的选择涉及大量营销费用支出，是企业决策的难点问题，研究事件质量有助提升企业进行赞助决策的效率。以往研究大都强调赞助的形象转移功能，即强调赞助作为营销传播工具对品牌的影响，例如，影响品牌知名度、品牌形象、品牌态度、品牌忠诚、品牌资产等相关品牌变量。不过，赞助不仅具有通过形象转移功能提升品牌资产的作用，而且可能直接影响消费者购买决策。溢价支付意愿是评价赞助商品牌溢价和消费者购买意愿的有效指标，因此研究赞助对消费者溢价支付意愿的影响便于准确评价赞助对直接销售的影响。在消费者购买决策环节，证实赞助事件质量对消费者溢价支付意愿的影响是本书期望达到的第一个目的。

目的二：基于形象转移理论，检验品牌声望在事件质量影响消费者溢价支付意愿过程中的中介作用。形象转移是指与一个主体相关联的含义和符号与另外一个主体联系起来的过程（Carrillat，Harris 和 Lafferty，2010），形象转移是赞助领域长期关注的重点，大多赞助研究都是以形象转移为基础展开的。Gwinner（1997）指出，形象转移可以让事件个性和精神等特质传递到赞助商品牌上，让品牌内涵更丰富，进而强化或改变消费者对赞助商品牌形象的态度。赞助商常常以赛事品牌形象转移的形式塑造和提升品牌形象（Smith，2004）。品牌声望是指某个品牌拥有相对较高的身份定位，在一定程度上体现了消费者及其所属群体的优越感，有助于促进消费者自我身份和形象的表达。品牌独特性和卓越性以及社会象征价值等诸多因素都可以影响品牌声望（Dubois 和 Czellar，2002）。在赞助事件质量影响消费者溢价支付意愿的过程中，事件质量可能通过形象转移效应提升品牌声望，进而影响消费者溢价支付意愿，检验品牌声望在事件质量影响消费者溢价支付意愿过程中的中介作用，是本书期望达到的第二个目的。

目的三：基于信号理论，检验感知质量在事件质量影响消费者溢价支付意愿过程中的中介作用。感知质量是消费者使用内部线索和外部线索对产品优越性的主观性评价（Kirmani 和 Rao，2000），在消费者购买决策环节，形象转移效应可能无法全部解释赞助事件质量对消费者溢价支付意愿的影响。消费者愿意支付更高价格，可能是感知到了赞助商产品的质量较高。信号理论认为，企业可能使用某些可观察的产品属性信息作为信号向消费者表达自己的产品质量可靠，事件质量相关的赞助关联信息可能同样具有信号效应，向消费者传递赞助商产品质量相关信息，为消费者提供判断产品质量的外部线索，进而影响消费者溢价支付意愿。股票市场已证明赞助具有信号效应，能影响赞助商股票市值变动，基于信号理论，检验感知质量在事件质量影响消费者溢价支付意愿过程中的中介作用是本书期望达到的第三个目的。

目的四：基于形象转移理论，检验赞助匹配和品牌熟悉度在事件质量影响消费者溢价支付意愿过程中的调节作用。赞助匹配影响消费者对赞助事件和赞助商关系感知的相似性和一致性（Roy 和 Cornwell，2003），促使消费者使用事件的有利形象对赞助商和赞助对象进行评估（Barone，Norman 和 Miyazaki，2007），赞助商品牌形象的改变受到消费者对赞助商和赞助事件间关联感知的影响（Walliser，2003），赞助商和赞助事件在功能和形象上的匹配可以促进形象转移效应（Gwinner 和 Eaton，1999）。品牌熟悉度是消费者对某个品牌体验而积累的品牌经验和品牌知识（Lafferty，Goldsmith 和 Hult，2004）。消费者对熟悉品牌的品牌联想丰富且稳定，新信息很难改变消费者品牌态度（Campbell 和 Keller，2003），而消费者对不熟悉品牌的品牌联想、品牌态度都不够稳定，新信息容易导致品牌态度变化（Lafferty，2009），低品牌熟悉度更容易产生形象转移。赞助事件质量对消费者溢价支付意愿的影响可能受到赞助匹配和品牌熟悉度影响，其中，赞助匹配越高，赞助事件质量对消费者溢价支付意愿的影响越显著；品牌熟悉度越低，赞助事件质量对消费者溢价支付意愿的影响越显著。基于形象转移，检验赞助匹配和品牌熟悉度在事件质量影响消费者溢价支付意愿过程中的调节作用是本书期望达到的第四个目的。

目的五：基于信号理论，检验评价模式在事件质量影响消费者溢价支付意愿过程中的调节作用。所有决策过程都是个体在不同选项中做出选择，个体决策的情境是不同的，Hsee 等（1999）把个体比较和评价同时出现的多个选项的情境称为共同评价模式（joint evaluation mode），个体单独评价一个选项的情境称为单独评价模式（separate evaluation mode）。单独和共同两种评价模式对消费者偏好存在影响，甚至出现偏好反转效应（Mellers 等，1992；Tversky 和 Griffin，1991）。根据信号理论，事件质量相关的赞助关联信息可能同样具有信号效应，向消费者传递赞助商产品质量相关信息，为消费者提供判断产品质量的外部线索，进而影响消费者溢价支付意愿。根据信号理论，相比单独评价模式，共同评价模式提供了更多可比较的外部线索，可能强化赞助事件质量对消费者溢价支付意愿的影响。基于信号理论，检验评价模式在事件质量影响消费者溢价支付意愿过程中的调节作用是本书期望达到的第五个目的。

1.3 研究思路与方法

1.3.1 研究思路

本书从消费者购买决策视角，以形象转移理论和信号理论为基础，构建赞助事件质量对消费者溢价支付意愿影响的概念模型，探讨赞助事件质量对消费者溢价支付意愿的影响及其中介机制和调节效应。

首先，本书对赞助事件质量是企业进行赞助决策的重点和难点以及赞助可能直接影响产品销售和消费者决策的现象进行了思考，发现赞助事件质量对消费者购买决策的影响可能不仅是形象转移的作用，还可能是向消费者表达产品质量可靠的信号，然而，赞助事件质量如何通过形象转移和信号效应影响消费者购买决策这一核心研究问题，现有研究尚未进行回答，由于溢价支付意愿可以作为衡量赞助商品牌溢价和消费者购买意愿变化的有效指标，因此，本书聚焦消费者购买决策环节，以赞助事件质量对消费者溢价支付意愿的影响为研究方向。

其次，基于赞助、购买决策和溢价支付意愿等内容检索相关文献，发现学者主要关注赞助的形象转移效应，忽略赞助对消费者购买决策的影响以及赞助的信号效应，从而进一步明确本书的研究机会。

最后，在梳理文献的基础上，分析赞助理论和实践，确定研究方向，明确相关变量，梳理变量间关系，构建赞助事件质量对消费者溢价支付意愿影响的概念模型，展开实证研究，主要包括：提出研究假设、实验方法设计、实验刺激物设计、量表和问卷设计、展开问卷调查、数据分析、形成结论。

本书具体章节安排如下：

第1章，绪论。从消费者购买决策视角，以赞助对消费者购买决策影响问题为基础，结合赞助营销的理论和实务，发现研究机会，提出拟解决问题，介绍拟使用研究方法，研究模型和研究路线，研究创新以及研究成果对理论和实践的意义和价值。

第2章，文献综述。梳理赞助、事件质量、溢价支付意愿、赞助匹配、品牌熟悉度、品牌声望、感知质量等相关研究文献，梳理相关变量在事件质量影响消费者溢价支付意愿过程中的作用关系。本章旨在全面和细致地梳理本书内容的研究现状和理论基础，为构建赞助事件质量对消费者溢价支付意愿影响的概念模型和研究假设提供坚实的理论基础。

第 3 章，研究模型与假设。本章在对赞助、溢价支付意愿、赞助匹配、品牌熟悉度、品牌声望和感知质量等研究文献梳理和分析的基础上，以及形象转移理论和信号理论为基础，构建赞助事件质量对消费者溢价支付意愿影响的概念模型，并据此提出相应的研究假设。

第 4 章至第 8 章，使用 5 个实验逐步检验研究假设。

第 9 章，研究结论。本章对假设检验结果进行分析和讨论，综合赞助实践和研究结论，讨论相关结果对赞助理论和实践的启示，并就研究理论和实践贡献作出陈述，总结分析研究局限和未来研究展望。本书技术路线图见图 1-2。

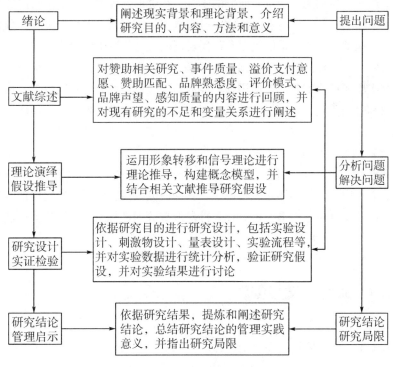

图 1-2　本书技术路线图

1.3.2　研究方法

本书主要使用文献研究法和情境实验法，辅以问卷调查法，展开赞助事件质量对消费者溢价支付意愿影响的研究。

（1）文献研究法

文献研究法是查询与本书主题相关的文献，梳理、分析和整合不同研究，为实证研究提供理论基础，为探索赞助事件质量对消费者溢价支付意愿的影响形成机制。作者查阅国内外相关文献，整理了赞助、事件质量、溢价支付意愿、赞助匹配、品牌熟悉度、品牌声望、感知质量等相关研究文献，梳理赞助相关概念，梳理赞助事件质量与消费者溢价支付意愿的关系，赞助匹配和品牌熟悉度的调节作用以及品牌声望和感知质量的中介作用等，并在文献梳理的基础上，经过逻辑推理和思辨归纳构建赞助事件质量对消费者溢价支付意愿的影响的概念模型，为下一步实验研究提供基础。

（2）情境实验法

情境实验法是消费者行为研究中的常用方法，可以有效操控消费者对特定情境的反应，控制无关变量对研究的干扰。在赞助领域中，情境实验法被广泛使用，本书主要使用情境实验法收集研究数据，研究共采用 5 个实验，分别检验了概念模型中各个变量的关系和作用机制。实验采取组间设计，在可控的情境实验中，分析理论假设、控制无关因素、测试调节和中介效应。情境实验包括前测实验和正式实验，并使用独立样本检验统计方法分析研究数据，检验理论框架和对应假设，并对研究结果与现有研究的差异进行解释，并据此提出研究结论。

（3）问卷调查法

问卷调查法主要应用于实验刺激物的筛选和测试，以及实验数据的收集。在实验研究中，以问卷形式收集研究资料和研究数据，可以比较便捷地收集本书所需的数据资料。本书使用统计软件对调查数据进行了描述统计、信度和效度检验和假设检验。

1.4 研究意义与创新

1.4.1 研究意义

赞助实践中，企业赞助的决定很大程度上取决于能否取得预期的赞助成效，赞助领域主要从资本市场和消费市场两个视角解读赞助影响。资本市场主要衡量赞助对企业股票价格的影响，消费市场主要测量消费者对赞助商品牌和产品的反应。决定赞助时，赞助商通常有着不同的期望目标，以往研究主要关注形象转移效应以及赞助对品牌的影响，很少涉及赞助对消费者购买决策的影响，溢价支付意愿是评价赞助商品牌溢价和消费者购买意愿的有效指标，因此研究赞助对消费者溢价支付意愿的影响便于准确评价赞助对直接销售的影响。本书从消费者购买决策视角，以形象转移理论和信号理论为基础，着重研究赞助事件质量对消费者溢价支付意愿的影响。本书主要从理论意义和实践意义两个角度阐述本书的意义。

（1）理论意义

第一，本书探讨事件质量对消费者溢价支付意愿的影响，将赞助研究拓展到消费者购买决策环节，深化对赞助作用影响范围的理解。本书通过梳理文献，发现以往研究主要聚焦赞助的形象转移效应以及赞助匹配的影响。事件质量和赞助匹配是影响赞助效果的两个重要因素，然而有关事件质量的影响严重滞后于赞助匹配研究。首先，事件质量是赞助决策的难点，赞助高质量的事件常常需要大量的营销费用支出，赞助商必须要衡量赞助的投入和产出。其次，赞助商进行赞助投资的目的，可能不仅是期望品牌形象和品牌资产的提升，也希望赞助能够刺激产品销量、品牌溢价能力以及消费者的购买意愿。最后，形象转移效应是用于解释赞助对品牌影响的基础理论，可能无法完全解释赞助对消费者购买决策的影响，消费者进行购买决策可能感知到赞助商产品具有较高的质量。赞助关联信息可能具有信号效应，并向消费者提供了有关产品质量的线索。基于上述原因，本书将系统回答赞助事件质量如何通过形象转移和信号效应影响消费者购买决策这一核心研究问题。由于溢价支付意愿可以作为衡量赞助商品牌溢价和消费者购买意愿变化的有效指标，所以本书以溢价支付意愿为因变量，构建赞助事件质量对消费者溢价支付意愿影响的概念模型，进一步将赞助研究拓展到消费者购买决策环节，深化对赞助影响范围的理解。

第二，本书探讨品牌声望在事件质量影响消费者溢价支付意愿过程中的中介机制，从形象转移视角深化对赞助事件质量作用机制的理解。形象转移是指与一个主体相关联的含义和符号与另外一个主体联系起来的过程（Carrillat，Harris 和 Lafferty，2010）。虽然存在多个方向的形象转移，例如，事件到赞助商、赞助商到事件、赞助商到其他赞助商之间的形象转移，但是事件到赞助商的形象转移是学者关注重点，也是赞助的重要价值所在。事件质量在影响消费者购买意愿的过程中，其中一条重要路径是品牌声望的中介作用。品牌声望是指某个品牌拥有相对较高的身份定位，其在一定程度上体现了消费者及其所属群体的优越感，有助于促进消费者自我身份和形象的表达。在赞助事件质量影响消费者溢价支付意愿的过程中，事件质量可能通过形象转移效应提升品牌声望，进而影响消费者溢价支付意愿。本书探讨品牌声望在事件质量影响消费者溢价支付意愿过程中的中介作用，不仅有助于进一步认识事件质量的作用机制，而且深化对赞助形象转移效应的理解。

第三，本书探讨感知质量在事件质量影响消费者溢价支付意愿过程中的中介机制，从信号理论视角深化对赞助事件质量作用机制的认识。感知质量是消费者使用内部线索和外部线索对产品优越性的主观性评价，在消费者购买决策环节，形象转移效应可能无法全部解释赞助事件质量对消费者溢价支付意愿的影响。消费者愿意支付更高价格，可能是感知到了赞助商产品的质量较高。信号理论认为，某些可观察的产品属性信息可能作为向消费者表达产品质量可靠的信号，在赞助事件质量影响消费者溢价支付意愿的过程中，赞助关联信息可能同样具有信号效应，向消费者传递赞助商产品质量相关信息，为消费者提供判断产品质量的外部线索，进而影响消费者溢价支付意愿，此外，股票市场已经证实赞助具有信号效应，能影响赞助商股票价格变动，而赞助在消费市场的信号效应尚不清楚。本书从信号理论入手，分析感知质量在事件质量影响消费者溢价支付意愿过程中的中介作用，不仅强化对赞助事件质量作用机制的认识，而且拓展了对赞助信号效应的理解。

第四，本书探讨赞助匹配和品牌熟悉度在事件质量影响消费者溢价支付意愿过程中的调节作用，从形象转移视角探讨事件质量作用的影响条件，在一定程度上丰富了对赞助形象转移效应的认识。赞助匹配影响消费者对赞助事件和赞助商关系感知的相似性和一致性（Roy 和 Cornwell，2003），促使消费者使用赞助对象的有利形象对赞助商和赞助对象进行评估（Barone，Norman 和 Miyazaki，2007），促使赞助商品牌形象的提升或改变（Walliser，2003）。品牌熟悉度是消费者对某个品牌体验而积累的品牌经验和品牌知识（Lafferty，Goldsmith 和 Hult，2004），品牌熟悉度影响赞助的形象转移效应，消费者对熟悉品牌的品牌联想丰富且稳定，新信息输入很难改变消费者品牌态度（Campbell 和 Keller，2003），而对不熟悉品牌的品牌联想和品牌态度都不稳定，新信息容易导致品牌态度变化（Lafferty，2009）。在赞助事件质量影响消费者溢价支付意愿的过程中，赞助匹配和品牌熟悉度可能会影响事件质量的作用，因此，本书探讨赞助匹配和品牌熟悉度在事件质量影响消费者溢价支付意愿过程中的调节作用，不仅丰富了对影响事件质量作用条件的理解，也进一步深化对赞助形象转移效应的认识。

第五，本书探讨评价模式在事件质量影响消费者溢价支付意愿过程中的调节作用，利用信号理论探讨事件质量作用的影响条件，有助于深化对赞助在消费者方案评价阶段的认识。所有决策本质上都是在不同评价模式中进行选择，消费者决策情境是不同的。评价和比较多个选项的情境为共同评价模式，单独评价一个选项的情境称为单独评价模式。单独和共同两种评价模式对消费者偏好存在影响，甚至出现偏好反转效应（Mellers 等，1992；Tversky 和 Griffin，

1991），即个体分别处于单独和共同评价模式中，对同一事物的偏好评价具有显著差异甚至截然相反（Hsee，1996；Hsee 等，1999）。本书梳理文献发现，以往研究重于在单独评价模式情境中探讨赞助的作用，很少涉及不同决策情境对赞助效果的影响，因此，本书将评价模式引入到企业赞助研究，不仅深化了对赞助消费者方案评估阶段的认识，也深化了对不同决策情境对赞助事件质量作用影响机制的理解。

（2）现实意义

第一，本书探讨赞助事件质量对消费者溢价支付意愿的影响，贴近赞助管理和市场营销实践需要，将赞助研究情境拓展到消费者购买决策场景，为赞助商优化产品销售环节的赞助关联信息使用提供有价值的理论指导。以往研究主要聚焦赞助对赞助商品牌的影响，实际上限定了赞助的作用范围，阻碍实践中对赞助实用价值的挖掘。本书聚焦消费者在购买决策情境中——企业在零售终端和产品包装以及其他材料上展示赞助关联信息，实际上是给消费者提供了判断品牌实力和产品质量的外部线索，尤其是在信息不对称情况下（品牌熟悉度较低），赞助关联信息的信号效应影响更加显著。本书构建赞助事件质量对消费者溢价支付意愿的影响的概念模型，检验赞助事件质量可以显著影响消费者的溢价支付意愿，探讨赞助对消费者的购买决策产生影响。本书结论为企业进行赞助管理，在产品销售环节优化赞助关联信息的使用提供了有价值的理论指导。

第二，本书探讨感知质量在事件质量影响消费者溢价支付意愿过程中的中介作用，从信号效应视角探讨感知质量在事件质量影响消费者溢价支付意愿过程中的中介机制，为赞助商熟悉和利用赞助的信号效应提供有价值的理论参考。本书梳理文献发现，以往研究主要将视野聚焦到赞助对品牌的影响。形象转移是用于解释赞助对品牌影响的基础理论。在消费者购买决策中，形象转移可能无法全部解释赞助影响，可能存在信号效应。赞助关联信息为消费者决策提供有价值的外部线索，无形中提升了消费者对赞助商产品质量的整体感知，进而影响了消费者溢价支付意愿。因此，本书通过探讨感知质量在事件质量影响消费者溢价支付意愿过程中的中介作用，从现实角度，为消费者清楚地理解和优化赞助信号效应提供有价值的参考。

第三，本书从形象转移和信号效应视角识别出赞助匹配、品牌熟悉度和评价模式三个在赞助事件质量影响消费者溢价支付意愿的过程中的调节变量，分析事件质量作用的影响条件，为赞助商进行决策提供有价值的参考。本书主要探讨赞助事件质量对消费者溢价支付意愿的影响，基于形象转移理论和信号理论分别识别出赞助匹配、品牌熟悉度和评价模式三个调节变量，并相应推测：赞助匹配越高，赞助形象转移效应越好，事件质量的作用越显著；品牌熟悉度越低，赞助形象转移效应越高，事件质量的作用越显著；在共同评价模式中，因为提供了额外的可比较外部线索，信号效应作用明显，有利于事件质量的作用发挥。本书基于形象转移理论和信号理论，探讨在事件质量影响消费者溢价支付意愿过程中的影响调节，本书结论对于企业识别和使用影响赞助事件质量的影响条件提供了相关理论指导。

1.4.2　研究创新

本书具有以下三个方面的特色和创新之处：

第一，本书系统性地将信号理论引入赞助领域，证实信号效应也是赞助效果形成的重要机制，拓展了现有的赞助营销理论。以往赞助领域主要关注赞助的形象转移效应，然而，有研究表明，在股票市场中，赞助具有信号效应，向投资者传递了企业规模、地位、财务相关的信息，并显著影响股价市值变动。信号理论认为，企业可能使用某些可观察的产品属性信息作为信号向消费者表达自己的产品质量可靠，事件质量相关的赞助关联信息可能同样具有信号效应，向消费者传递赞助商产品质量相关信息，为消费者提供判断产品质量的外部线索，进而影响消费者溢价支付意愿。将信号理论引入赞助领域，证实赞助信号效应是赞助效果的重要影响机制，是本书主要理论创新之处。

第二，本书以事件质量为自变量，系统研究事件质量对赞助效果的影响，增进了对赞助事件质量作用的理解，推进了以往主要以赞助匹配为中心的赞助理论。事件质量和赞助匹配是影响赞助效果的两个重要变量，然而有关事件质量的研究却远滞后于赞助匹配。赞助事件质量是赞助决策的重点和难点，因为高质量的事件基本意味着高额的赞助费用，深入研究赞助事件质量有助于提升企业进行赞助决策效率。有别于以往重点关注赞助匹配的作用，以事件质量为自变量，对赞助事件质量的影响以及作用机制展开系统研究，关注事件质量的影响，是本书主要视角创新之处。

第三，本书以消费者溢价支付意愿为因变量研究赞助对消费者方案评价和购买决策的影响，扩展了对赞助效果的认识，填补了以往研究主要关注赞助在消费者需求诱发和信息搜寻环节作用的局限。本书通过梳理赞助领域文献，发现以往研究以形象转移为基础探讨赞助对赞助商品牌形象和品牌资产等影响。赞助实践表明，赞助商进行赞助投资不仅期望品牌形象和品牌资产的提升，还希望借助赞助刺激产品销售。溢价支付意愿是消费者愿意为特定品牌比其他同类品牌支付更高价格的意愿（Chaudhuri 和 Ligas，2009），体现消费者层面的品牌溢价能力（Netemeyer 等，2004），是评价赞助商品牌溢价和消费者购买意愿的有效指标。有别于以往研究关注赞助对品牌的影响，以消费者溢价支付意愿为因变量，关注消费者决策环节，探讨赞助对消费者方案评价和购买决策的影响，是本书主要情境创新之处。

第四，本书将消费者评价模式引入企业赞助研究，增进了对赞助作用条件的理解，弥补了以往赞助研究未关注评价模式影响赞助作用的局限。消费者决策情境是不同的，评价和比较多个选项的情境为共同评价模式，单独评价一个选项的情境称为单独评价模式。单独和共同两种评价模式对消费者偏好存在影响，甚至出现偏好反转效应（Mellers 等，1992；Tversky 和 Griffin，1991），即个体分别处于单独和共同评价模式中，对同一事物的偏好评价具有显著差异甚至截然相反（Hsee，1996；Hsee 等，1999）。以往研究主要侧重于探讨单独评价模式中，消费者对某个品牌的影响，很少涉及共同评价的情境。将消费者评价模式引入企业赞助研究，探讨评价模式在事件质量影响消费者溢价支付意愿过程中的调节效应，是本书主要变量创新之处。

第五，本书提出并证实了品牌声望和感知质量的中介作用，揭示了事件质量可以通过形象转移和信号效应影响消费者溢价支付意愿，深化了以往主要基于形象转移理论探讨赞助作用机制的赞助理论。形象转移可以促进事件形象（例如，事件个性和精神等特质）传递到赞助商品牌，让赞助商品牌内涵更加丰富（Gwinner 和 Eaton，1999），促进品牌形象的提升（Smith，2004），进而影响消费者的购买决策。信号理论认为某些可观察的产品属性信息具有信号效应，并向消费者表达产品质量相关的信息，赞助关联信息可能同样具备信号效应，为消费者判断产品质量提供相应的外部线索。从"品牌"和"质量"两条路径出发，分别以形象转移理论和信号理论为基础，识别出品牌声望和感知质量两个中介变量，探讨品牌声望和感知质量在事件质量影响消费者溢价支付意愿过程中的中介作用，深化对赞助作用机制的理解，是本书主要机制创新之处。

1.5　本章小结

本章主要对研究背景与问题、研究内容与目的、研究思路与方法以及研究意义与创新的展开介绍。

第一，研究背景与问题。一是现实背景。首先，赞助是企业常用的营销手段，并已从营销工具上升到品牌战略的高度，因此研究赞助效果具有重要的现实价值；其次，赞助事件质量选择涉及重大营销费用支出，是企业进行赞助决策的难点，因此研究赞助事件质量有助于提升企业进行赞助决策的效率；最后，赞助不仅具有通过形象转移提升品牌资产的作用，还可能直接影响消费者决策，因此研究赞助对消费者溢价支付意愿的影响便于准确评价赞助对产品销售的影响。二是理论背景。首先，现有企业赞助研究主要以形象转移理论为基础，但赞助的信号效应已被证明影响赞助商股票市值变动，因此赞助的信号效应如何影响消费者决策还需展开探讨；其次，事件质量和赞助匹配是影响赞助效果的两个重要因素，但是赞助事件质量研究却远滞后于赞助匹配，因此需要系统研究事件质量的影响以推进企业赞助理论；最后，以往研究主要强调赞助通过营销沟通在购买需求诱发和信息搜寻阶段提升品牌形象和品牌资产的作用，忽视赞助对消费者在方案评价和购买决策环节的影响，然而，关于事件质量对消费者购买决策的影响还未有系统和深入的研究，这为本书提供了有价值的研究机会，即构建事件质量影响消费者溢价支付意愿的理论框架，展开对赞助影响消费者购买决策的探讨，期望以此推导赞助理论和实践的发展。

第二，研究内容和目的。本书主要内容如下：研究一检验事件质量对溢价支付意愿的影响以及品牌声望和感知质量的中介作用；研究二检验赞助匹配的调节作用；研究三检验品牌熟悉度的调节作用；研究四检验赞助匹配和品牌熟悉度的双重调节作用；研究五检验评价模式的调节作用。本书主要目的如下：第一，从消费者购买决策环节角度，证实赞助事件质量对消费者溢价支付意愿的影响；第二，基于形象转移理论，检验品牌声望在事件质量影响消费者溢价支付意愿过程中的中介作用；第三，基于信号理论，检验感知质量在事件质量影响消费者溢价支付意愿过程中的中介作用；第四，基于形象转移，检验赞助匹配和品牌熟悉度在事件质量影响消费者溢价支付意愿过程中的调节作用；第五，基于信号理论，检验评价模式在事件质量影响消费者溢价支付意愿过程中的调节作用。

第三，研究思路与方法。本书主要使用文献研究法和情境实验法，辅以问卷调查法，检验赞助事件质量对消费者溢价支付意愿的影响。

第四，研究意义与创新。本书主要有以下五点理论意义：第一，将赞助研究拓展到消费者购买决策环节，深化对赞助作用影响范围的理解；第二，探讨品牌声望的中介机制，从形象转移视角深化对赞助事件质量作用机制的理解；第三，探讨感知质量的中介机制，从信号理论视角深化对赞助事件质量作用机制的认识；第四，探讨赞助匹配和品牌熟悉度的调节作用，从形象转移视角探讨事件质量作用的影响条件；第五，探讨评价模式的调节作用，从信号理论探讨事件质量作用的影响条件。本书的现实意义主要有以下三点：第一，贴近赞助管理和市场营销实践需要，将赞助研究情境拓展到消费者购买决策场景，为赞助商优化零售终端的赞助关联信息使用提供有价值的理论指导；第二，从信号效应视角探讨感知质量在事件质量影响消费者溢价支付意愿过程中的中介机制，为赞助商熟悉和利用赞助的信号效应提供有价值的参考；第三，从形象转移和信号效应视角识别出赞助匹配、品牌熟悉度和评价模式三个在赞助事件质量影响消费者溢价支付意愿的过程中调节变量，分析事件质量作用的影响条件，为赞助商选择决策提供有价值的参考。

本书主要有以下五点研究创新：第一是理论创新，本书系统性地将信号理论引入赞助领域，证实信号效应也是赞助效果形成的重要机制，拓展了现有的赞助营销理论。第二是视角创新，本书以事件质量为自变量系统研究了其对赞助效果的影响，增进了对赞助事件质量作用的理解，推进了以往主要围绕赞助匹配为中心的赞助理论。第三是情境创新，本书以消费者溢价支付意愿为因变量研究赞助对消费者方案评价和购买决策的影响，扩展了对赞助效果的认识，填补了以往研究主要关注赞助在消费者需求诱发和信息搜寻环节作用的局限。第四是变量创新，本书将消费者评价模式引入企业赞助研究，增进了对赞助作用条件的理解，弥补了以往赞助研究未关注评价模式影响赞助作用的局限。第五是机制创新，本书提出并证实了品牌声望和感知质量的中介作用，揭示了事件质量可以通过形象转移和信号效应影响消费者溢价支付意愿，深化了以往主要基于形象转移理论探讨赞助作用机制的赞助理论。

2 文献综述

2.1 赞助相关研究

2.1.1 赞助的定义和特征

（1）赞助的定义

赞助的概念和实践率先诞生于体育赛事领域，现在赞助的概念和内容范畴已从体育赞助扩大到商业赞助、慈善赞助、事业赞助和艺术赞助等多个领域，因而赞助概念的扩展和延伸导致赞助的概念和实质已经存在多个维度的解释。在英语中，因为不同语境和情境，涉及赞助含义的词汇比较丰富，例如，"sponsorship""charity""donation""endorsement"和"patronage"等，其中，"sponsorship"是认可度最高和应用性最广的词汇，特别是应用于商业赞助的专业词汇。

因为学术视角和专业领域的差异，不同学者对赞助的概念和实质存在不同的理解，本书从时间序列角度纵向陈述赞助概念的代表性解释。Head（1981）认为赞助是以获取商业回报为目的，向特定事件提供资金或物质支持，赞助本质上是赞助方和被赞助方基于共同利益达成的商业协定。Meenaghan（1983）把赞助界定为企业以提供金钱或实物的形式对某一活动或事件进行投资，而赞助回报则是活动或事件给企业带来的商机。Meenaghan（1983）首次对商业赞助和公益赞助的概念加以区分，认为赞助是企业提供金钱或其他赞助资源达成商业目的行为，而企业出于应对灾难性事件和公益事业的目的，向个人和组织提供的不图回报的捐赠行为不是真正意义上的赞助。

随后，一些定义从企业进行赞助投资和赞助管理的视角对赞助概念进行解读，此阶段的定义对于解释企业进行赞助投资的目的有较为深刻的理解。例如，Gardner 和 Shuman（1987）认为赞助是企业为提升品牌形象和品牌认知对特定活动和赞助事件的投资活动。Otker（1988）认为对于企业而言，赞助是一项市场活动，是企业利用购买的方式建立与某项活动和赞助事件的联系，以实现其营销目的的行为。Sandler 和 Shani（1989）持有类似观点，认为赞助是企业向特定的活动提供资源，实现企业与这项活动的关联，并利用活动资源达成企业的营销目标的行为。Sleight（1989）认为赞助是一种商业关系，是拥有资金、资源或服务的提供者和具有报偿权利的个体、组织或事件的商业关系，提供者以提供资源为代价获取管理权限和商业机会。Sleight（1989）则强调赞助本身具有明显的互惠性质，赞助不是企业单边受益而是赞助方和被赞助方双方都获益的商业交易行为。Meenaghan（1991）将赞助定义为企业或组织对某一活动以现金或其他方式进行投资，建立起企业和赞助事件的关联，并寻求可开发的商业机会。Howard 和 Crompton（1995）认为，赞助是赞助方和被赞助方以获取商业竞争力为目的的，以资金、实物或服务为代价换取权利的一种商业关系。

随着赞助由微不足道的市场营销活动发展为规模可观的行业，赞助的市场价值越来越受到关注和认可，赞助逐渐被企业视为重要的市场营销策略工具，甚至成长为重要的市场营销战略工具。赞助的价值来源于赞助商和赞助对象的关联，Cornwell（1995）最早提出"赞助关联营销（sponsorship‑linked marketing）"概念，他认为建立赞助联系和传播赞助价值是赞助的核心目的。"赞助关联营销"的主要内容是：①赞助方提供资源，被赞助方获取资源；②被赞助方提供传播平台（活动和赞助事件），赞助方获取赞助投资产生权利；③赞助方和被赞助方都要传播和推广"资源换权利"的联系。赞助关联突出显示了赞助活动本身具有的市场属性即赞助方和被赞助方都要放大赞助关联的影响和价值。同时，我国学者对赞助进行比较系统的探索，我国台湾学者陈柏苍（2001）从商业角度认为，赞助是赞助方和被赞助方以有形或无形资源，建立赞助方和被赞助方的关联，以及达成双方各自特定目的资源交易行为。蔡俊五和赵长杰（2001）同样认为，赞助是赞助方（企业）和被赞助方（公益单位）以等价交换为中心，共同收益为目的营销沟通工具。Walliser（2003）对不同赞助的定义进行分析，提炼总结不同定义间的共性是，赞助是一种赞助方和被赞助方的资源和权利的交换，即赞助方和被赞助方为实现和拓展双方间的营销传播目标而达成的交换和关联，这从本质上认可了赞助确实是一种非常有效的营销和传播工具。

综合上述国内外学者关于赞助的定义，本书认为，赞助是企业为实现特定目的（例如，提高品牌知名度、提升品牌形象或促进产品销售等），向特定的事件（体育赛事、文化节事、社会事件等）或事件组织提供资金、实物或其他资源，建立和传播企业与该事件的关联的商业行为。主要的赞助定义见表2-1。

表 2-1　主要的赞助定义

学者	赞助定义
Head（1981）	本质上是赞助方和被赞助方基于共同利益达成的商业协定。
Meenaghan（1983）	企业以提供金钱或实物的形式对某一活动或事件进行投资，赞助回报则是活动或事件给企业带来的商机。
Gardner 和 Shuman（1987）	企业为提升品牌形象和消费者认知而对特定活动和赞助事件的投资活动
Otker（1988）	企业以购买和利用的方式建立与某项活动和赞助事件的联系。
Sleight（1989）	一种商业关系，是拥有资金、资源或服务的提供者和具有报偿权利的个体、组织或事件的商业关系，提供者以提供资源为代价获取管理权限和商业机会。
Sandler 和 Shani（1989）	企业向特定活动提供资源，从而取得与这项活动的关系，并利用活动资源达成企业的营销目标。
Meenaghan（1991）	企业或组织对某一活动以现金或其他方式进行投资，建立起企业和赞助事件的关联，并寻求可开发的商业机会。
Howard 和 Crompton（1995）	赞助方和被赞助方以获取商业竞争力为目的，以资金、实物或服务为代价换取权利的一种商业关系。
Cornwell（1995）	赞助关联营销，是建立赞助联系和传播赞助价值。
Walliser（2003）	赞助方和被赞助方为实现和拓展双方间的营销传播目标而达成的交换和关联。
陈柏苍（2001）	赞助方和被赞助方以有形或无形资源达成联系以及达成各自特定目的资源交易行为。
蔡俊五和赵长杰（2001）	赞助方（企业）和被赞助方（公益单位）间以等价交换为中心，共同收益为目的营销沟通工具。

资料来源：本书基于现有文献整理。

（2）赞助的特征

整合赞助的主要定义，本书归纳赞助的主要特征如下：

①赞助是赞助方和被赞助方的资源互换形式。赞助关系达成后，赞助方以投资的形式进入事件或活动中，而被赞助方以事件或活动的影响力向赞助方提供相关服务回报赞助方，赞助双方都可以从赞助关联中获得资源。

②赞助是赞助方和被赞助方平等互惠的合作关系。自愿平等、互惠互利的

合作关系是赞助方和被赞助方达成赞助关系的基础和前提。赞助本质上是一种等价交换，赞助方向被赞助费进行现金、实物或其他形式的投资换取被赞助方的资源。被赞助方向赞助方提供赞助权利（如冠名权、独家经营权）换取赞助方支持。

③赞助是赞助方和被赞助方建立关联和传播价值的行为。有形资源和无形资源的交换只是赞助关系达成的基础，达成赞助关系后，赞助方和被赞助方还需要共同传播这种赞助关系，扩大赞助的潜在价值，实现赞助利益最大化和赞助关系的可持续性。

（3）赞助与其他促销方式

科特勒认为，营销传播是企业使用直接或间接的方式提醒、告知和说服消费者，让消费者知晓企业产品或品牌的方法，并提出四个主要的促销方式，广告、销售促进、事件与体验和公共关系（Kotler 和 Keller，2015）。赞助营销属于事件营销的范畴，兼具广告、销售促进和公共关系多个维度的属性，赞助同其他促销方式具有很多相似性，同时具有一些明显差异。

①赞助与广告的相似性和差异性。

第一，赞助与广告在说服方式上的差异性。广告的主要功能是提供信息和说服购买，可以影响费者对品牌和产品的认知、态度，塑造与其他企业或产品的差异化（Bagwell，2007）。广告投放具有目标性和靶向性，广告主要面向有兴趣购买同类产品的目标顾客投放（Sahni 和 Nair，2016）。相比广告，赞助使用间接的说服方式，广告投放具有目标性和靶向性相对较弱，赞助使赞助商品牌和赞助事件（活动）进行关联，创造积极的品牌联想，强化品牌认知，塑造品牌形象、增加赞助商品牌的感知价值，最终促进产品销售。同时，赞助关系达成后，赞助商还需要借助各种赞助杠杆放大赞助价值，赞助往往是与大量广告协调配合进行宣传，并非是独立存在的（Crimmins 和 Horn，1996）。

第二，赞助和广告在影响消费者认知上的差异性。广告主要改变消费者对产品和品牌的认知，不同于广告的认知过程，消费者可能会因为赞助商对赞助对象（事件或活动）支持而产生积极情感反应（Meenaghan，2001），进而影响消费者对赞助商品牌的态度和信任。赞助是在改变赞助商品牌认知的基础上，间接改变消费者对赞助商产品和品牌的认知。相比广告使用直接的说服方式，赞助使用间接的说服方式，广告直接说服消费者容易导致消费者的抵触心理，而赞助则是以间接的方式说服顾客以及赞助所带来的认同和好感的共同作用，消费者抵触心理会有所下降（Harvey，Gray 和 Despain，2006）。同样，想要实现最佳的赞助效果，赞助商还需要借助赞助杠杆的作用，其中，赞助杠杆就包括对赞助和广告进行有效整合。赞助与广告的比较见表 2-2。

表 2-2 赞助与广告的比较

项目	赞助	广告
信息文本	无声、没有言辞的媒介	视觉影像、声音和文本融合来创建信息
目标人群	参与者、媒介人员、液晶平板电视观众、渠道	媒介受众
作用点	认知、联想、形象、高层公关、振奋士气	认知、识别、形象联想
表现形式	责任、爱心、企业公民	说服、介绍
方式	间接	直接
内容风险控制	不能	能
优缺点	容易接受，克服文化、语言、国别和民族等多种障碍	对商业广告的排斥

资料来源：邓里文. 体育赞助营销中赞助商品牌形象转移的研究［D］. 天津：南开大学，2010.

②赞助与销售促进的相似性和差异性。

销售促进是指使用各种激励工具刺激消费者或中间商更多或者更快地购买特定的产品或服务。市场的形态对销售促进的效果具有决定性作用，在品牌相似度较高的市场，销售促进可以促进短期销量增长，但是对长期销量的增长意义不大；而在品牌差异化较高的市场，销售促进可以长期影响市场份额，并且销售促进还可能在帮助产品销售的同时帮助建立品牌资产（Kotler 和 Keller，2015）。相对销售促进而言，赞助作用周期较长。赞助是希望将赞助对象的一些内在特质转移到赞助商品牌商，使赞助商品牌形象得以升华，进而促进品牌形象和品牌资产提升（Cornwell 等，2006；Meenaghan，2001）。赞助通过改变赞助品牌认知，间接改变消费者对赞助商产品的认知，进而促进产品销售。整合各种销售促进工具，促进赞助在产品销售环节的理想效果，也是赞助管理的重要课题，也是本书关注的核心内容。赞助与销售促进的比较见表 2-3。

表 2-3 赞助与销售促进的比较

项目	赞助	销售促进
周期	中长期	短期
目标人群	参与者、媒介人员、液晶平板电视观众、渠道	产品销售目标群体

表2-3(续)

项目	赞助	销售促进
作用点	认知、联想、形象、高层公关、振奋士气	建立消费者特许权
表现形式	责任、爱心、企业公民	特价、折扣、优惠券、赠品等
方式	间接	直接
内容风险控制	不能	能
优缺点	容易接受，克服文化、语言、国别和民族等多种障碍	可能造成品牌在消费者心中贬值

资料来源：本书基于现有文献整理。

③赞助与公共关系的相似性和差异性。

公共关系是指使用各种计划宣传和保护公司或产品形象，企业的沟通对象不仅有消费者、经销商和供应商，还有大量对企业感兴趣的公众，是对公司实现销售目标的任何有实际或潜在影响力的群体（Kotler 和 Keller，2015）。赞助使用间接的说服方式，赞助使赞助商品牌和赞助事件（活动）相联系，创造积极品牌联想，强化品牌认知，塑造品牌形象、增加赞助商品牌的感知价值，最终促进产品销售。作为事件营销的范畴，赞助与公共关系在作用周期、作用对象、作用方式上有较多相似性，不过相比较而言，赞助的作用周期相对更短，商业目的性更直接，目标人群相对集中。赞助与公共关系的比较见表 2-4。

表 2-4　赞助与公共关系的比较

项目	赞助	公共关系
周期	中长期	长期
目标人群	参与者、媒介人员、液晶平板电视观众、渠道	特定事件群体，部分公众
作用点	认知、联想、形象、高层公关、振奋士气	建立联系
表现形式	责任、爱心、企业公民	事件、新闻、公益
内容风险控制	不能	不能
优缺点	容易接受，克服文化、语言、国别和民族等多种障碍	容易接受、性价比高

资料来源：本书基于现有文献整理。

2.1.2 赞助的影响和作用

（1）赞助对赞助商品牌资产的影响

大量关联研究表明，企业进行赞助投资的主要目标是提高品牌知名度、提升品牌形象进而增加品牌资产（Crompton，2004；Gwinner 和 Eaton，1999；Meenaghan，1983；Sandler 和 Shani，1989）。Hoek，Gendall 和 West（1990）调查 19 家新西兰公司的赞助目标后发现，赞助目标依重要性排序分别为，增加品牌认知、提升企业形象、促进销售、提升管理兴趣和有助招聘员工。虽然这些企业分布在不同行业，但即使行业不同，提升品牌认知和企业形象也是企业最关注两个赞助目标。

首先，进建立赞助商和赞助事件的关联，提升赞助商品牌知名度是企业赞助投资最直接的目标。Bennett，Henson 和 Zhang（2002）调查体育赛事赞助效果，发现赛事观众对赛事赞助商品牌的识别率非常高；赛事观众对赛事的忠诚度与赞助商品牌认知度呈现显著的正相关关系，赛事观众对赛事的忠诚度越高，对赞助商品牌的认知度也越高。Pitts 和 Slattery（2004）通过调查美国橄榄球联盟赛事的季票观众发现，赛事进程影响消费者对赞助商品牌的认知，随着橄榄球联盟赛事进程推进，赞助商品牌认知度不断提高，并在赛季末达到高峰值。Cornwell 和 Roy（2005）对影响增强品牌资产的赞助效果进行细致区分，赞助商品牌知名度是其他赞助效果的基础，根据他们的分类，赞助效果可分为认知效果、情感效果和行为效果。其中，认知效果是指赞助能够通过认知处理提高品牌知名度，通过形象转移提升品牌形象。情感效果是指赞助可以增进消费者的品牌情感；行为效果是指赞助可以增进消费者对产品的购买意愿。

除提高赞助商品牌知名度之外，赞助还可以促进其他维度品牌资产的内容。McDonald（1991）直接指出，提高品牌知名度只是低层次的赞助效果，赞助对于提升消费者对赞助商品牌认知和品牌形象具有重要促进作用。Cornwell 和 Maignan（1998）指出，企业赞助行为向消费者表明，企业与消费者有共同的兴趣，影响消费者对赞助商品牌的认同。Gwinner（1997）认为，赞助可以把赞助对象的个性和精神等特质转移到赞助商品牌，使赞助商品牌内涵更加丰富，从而强化或改变消费者对赞助商品牌形象的认识。Walliser（2003）认为，赞助商品牌形象的改变取决于消费者对赞助商和赞助事件关联的感知、赞助商在事件中的能见度和消费者涉入赞助活动的程度等多种因素影响。Smith（2004）指出，赞助商往往以赛事品牌形象转移的形式树立赞助商品牌的形象。

（2）赞助对股票市值和投资回报率的影响

相关金融领域的研究使用事件分析法（Event Study Methodology，ESM）分析资本市场表现，表明企业对外披露赞助赛事活动的信心，可以引发投资者的积极反应（Miyazaki 和 Morgan，2001）。Deitz，Evans 和 Hansen（2013）研究显示，赞助关联信息对股票市值变化的影响是非连续的，首次发布赞助关联信息能促进股价提升，而再次发布则没有效果。Jensen，Cobbs 和 Groza（2014）研究企业赞助 F1 赛事过程中的股价表现，发现赞助商的投资回报率（Return On Investment，ROI）与所赞助车队的水平高低相关，同时对于高赞助级别的非汽车制造企业的投资回报率提升作用明显。Eisdorfer 和 Kohl（2017）研究赞助美国国家橄榄球联盟（National Football League，NFL）赛事回报发现，赛事结果对赞助商的股票收益变化具有一定的影响。

（3）赞助对赞助商产品销售的影响

相关研究表明，企业进行赞助投资除了间接影响公司品牌资产，而且可能直接影响消费者对赞助商产品的购买意愿（Barros 和 Silvestre，2006；Pope 和 Voges，2000）。Speed 和 Thompson（2000）发现，赞助关联直接影响消费者对赞助商的态度，而消费者态度又直接决定其购买赞助商产品的意愿。Alexandris，Tsaousi 和 James（2007）调查美国职业篮球联赛（National Basketball Association，NBA）观众，分析观众对赛事的态度、喜好度以及对赞助商的信任是否对赞助商形象、品牌知名度以及赞助商产品购买意向产生影响，结果表明，消费者对赛事的喜好程度以及对赞助商的信任程度显著促进消费者购买赞助商产品的意愿。

（4）赞助对其他利益相关者公共关系的影响

除了增加赞助商品牌资产和促进赞助商产品销售外，赞助还有助于改善企业同利益相关者的公共关系。Meenaghan（1991）指出，企业赞助行为容易引起赞助对象（如赛事）爱好者的关注，作为赛事利益相关者，赛事爱好者容易产生对赞助商的好感和感激。Palmatier 等（2009）认为企业安排赛事的利益相关者参加公司赞助的赛事，可以引起赛事利益相关者的好感和回馈行为。Walraven，Koning 和 Van Bottenburg（2012）也认为安排利益相关者参加企业赞助的活动有助于企业建立和维护与利益相关者的关系，这种做法也是赞助在关系营销领域（relationship marketing）的应用。

2.1.3 赞助效果的影响因素

（1）消费者和受众的相关因素

①赞助态度。

第一，消费者对赞助商的态度影响赞助的整体效果。Speed 和 Thompson（2000）指出，消费者对赞助商的态度会显著影响消费者对整个赞助事件的态度，进而影响消费者对赞助商产品的购买意愿。Lee 和 Cho（2009）比较赞助前消费者对赞助商的态度、赛事的态度以及赞助商和赛事个性的匹配程度等多个方面对赞助赛事和赞助商品牌态度的影响，发现消费者对赞助商品牌态度（赞助前）是最具有影响力的因素。Olson（2010）发现，消费者对赞助商的态度影响消费者对赞助活动的态度，消费者对赞助商的感知真诚有显著的正向影响。

第二，消费者对赞助事件的态度同样影响赞助的整体效果。Murray 和 Vogel（1997）发现，赞助商的社会责任信息会积极影响消费者对赞助商产品的购买意愿。Lafferty 和 Goldsmith（1999）发现，环保或慈善等企业社会责任信息对消费者购买意愿和品牌形象都有显著的正向影响。Bhattacharya 和 Sen（2004）发现，赞助企业社会责任的意愿和行动对消费者对企业品牌的认同感具有显著的积极影响。消费者对赞助的态度并非一直都是正面的。Meenaghan 和 Shipley（1999）发现赞助情境的商业化程度影响消费者的态度，高度商业化的赞助情境反而可能会增加消费者的不信任，甚至产生负面的情感反应。Sen 和 Bhattacharya（2001）认为，其实消费者对企业社会责任行为持有漠视和怀疑的态度，企业大量宣传其支持社会责任信息可能会导致消费者反感，消费者可能会将这种做法视作伪善行为。对此，Speed 和 Thompson（2000）和 Olson（2010）都指出，消费者对赞助事件的评价源于消费者的个人信念（belief），消费者能否感知到赞助商的真诚和承诺会显著影响消费者对赞助活动的响应。

②赞助涉入度。

消费者的涉入度是影响消费者对赞助商和赞助活动的态度以及赞助效果的重要前置变量（Gwinner 和 Bennett，2008；Olson，2010），消费者的涉入水平影响消费者处理赞助关联信息，高涉入度的消费者对赞助活动的信息更加关注和认可（Crimmins 和 Horn，1996；Sandler 和 Shani，1989），对赞助关联信息的处理程度越高（Wakefield，Becker-Olsen 和 Cornwell，2007）。Alexandris，Tsaousi 和 James（2007）以篮球赛事研究对象，调查美国职业篮球联赛

（National Basketball Association，NBA）观众对赞助商的看法，发现赛事涉入度水平的高低显著影响观众对赞助商的口碑和对赞助商产品的购买意愿。Wakefield，Becker-Olsen 和 Cornwell（2007）分析赞助匹配和消费者涉入交互对赞助活动效果的影响，发现消费者涉入程度显著影响赞助活动的认知和评价。Ko 等（2008）发现消费者对赞助赛事活动的涉入度显著影响赞助商的品牌认知、品牌形象和产品购买意愿。Close 等（2012）发现，具有社群意识的赛事参加者对赞助商和赞助活动评价更高，对赞助商产品拥有更高的购买意愿。

③品牌熟悉度。

消费者和受众对赞助商品牌的熟悉度是影响消费者认知处理赞助信息和赞助态度的重要变量（Walraven，Koning 和 Van Bottenburg，2012）。相关研究表明，品牌熟悉度对消费者在赞助过程中识别和记忆赞助商品牌有显著的正向影响（Barros 和 Silvestre，2006；Johar 和 Pham，1999），具体而言，相比不知名品牌，消费者更容易记忆和回忆起知名品牌。Carrillat，Lafferty 和 Harris（2005）指出，消费者对赞助商品牌熟悉度意味着消费者和品牌联想组织化更强，赞助同时深化和强化了消费者的积极态度和购买意愿。虽然知名度低的品牌在赞助过程中的形象转移效应更明显，但对于高知名度品牌而言，赞助是验证消费者品牌联想的有力工具（如品牌实力），赞助对负面感知的品牌态度改变和影响能力有限。

④赞助感知质量。

感知质量是消费者对产品或服务优越性的判断，感知质量是品牌资产的重要组成部分（Jin，Lee 和 Lee，2013），感知质量是一个相对概念，感知质量是由消费者进行比较所得到的（Zeithaml，1988）。感知质量常用于测量赞助专业性和赞助效果的重要变量（Gwinner，1997）。Smith（2004）指出，消费者对赞助质量的感知影响赞助过程中的形象转移效应，即使赞助商品牌和赞助事件的匹配性不是很高，但只要感知消费者到赞助事件具有较高的策划和组织的质量，仍然对赞助商品牌资产提升会起到积极促进影响。

⑤人口统计特征。

虽然人口统计特征并非赞助研究的重点，但相关证据表明人口统计变量，例如，性别、年龄、教育程度等对赞助效果存在显著影响。Kinney，Mcdaniel 和 Degaris（2008）调查人口统计特征和赞助商品牌识别和回想的关系，发现女性比男性的品牌回想表现更好，较高的教育水平的消费者对赞助商品牌的识别率更好；年轻人比老年人更容易理解赞助商和赞助对象的关系。

（2）赞助对象相关的影响因素

①赞助事件质量。

赞助事件质量是目标受众对赞助对象整体质量水平的感知（Gwinner，1997），事件质量的近似概念还有事件地位（Speed 和 Thompson，2000）、活动质量（徐玖平和朱洪军，2008）和活动影响力（李建军，2009）等。上述概念在命名上有所区别，但是核心内容十分接近，都强调赞助对象的社会影响力以及消费者和其他受众对赞助对象的关注程度。Gwinner（1997）指出，消费者对赛事质量的感知受赛事规模、参赛者专业性、赛事传统和赛事收入等多种因素的影响。Ko 和 Pastore（2004）发展出体育赛事质量的评价模型，从赛事质量、交互质量、结果质量和环境质量四个指标综合评价赛事的整体感知质量。相关研究表明，赞助商消费者和赞助事件受众对赞助事件质量的感知显著影响整体赞助效果。Jin，Lee 和 Lee（2013）以大型体育赛事为研究对象，发现赞助事件质量影响消费者对赞助商品牌和产品的感知价值与消费倾向。国内学者主要从赛事观众的角度对赞助事件质量展开研究，柴红年和张林（2007）把赛事质量定义为"满足消费者合理需求的能力"，他们认为赛事本质上是一种产品或服务，消费者是赛事的服务对象，并把消费者满意可以作为衡量赛事感知质量的有效指标。徐玖平和朱洪军（2008）发现事件质量和赞助匹配的交互效应对赞助商品牌产品感知质量、品牌联想和品牌体验均具有显著影响，其中事件质量比赞助匹配的影响更大。杨洋，方正和江明华（2015）发现赛事定位清晰度在赛事赞助影响赞助商品牌资产的过程中起到中介作用。

事件质量作用主要有说服理论（persuasion theoty）和晕轮效应（halo effect）等解释。Hemsley 和 Doob（1978）指出，信源的可信度是影响说服力的关键因素，高质量事件即是影响说服效果的可靠信源。Balzer 和 Sulsky（1992）认为消费者对认知对象的正面影响可以泛化到相关实物，进而影响消费者对实物的评价，表现在赞助作用上即是事件质量影响消费者对赞助商品牌的印象（Ko 和 Pastore，2004；Yong 等，2011），从而影响赞助商品牌资产和消费者的购买意愿（Gwinner，1997；徐玖平和朱洪军，2008）。

②赞助匹配度。

赞助匹配是赞助领域极为重要的概念，从概念发展上，Johar 和 Pham（1999）认为是赞助方和被赞助方的"关联性和兼容性"；Rifon 等（2004）认为是赞助方和被赞助方在感知上的"关联性"；Coppetti 等（2009）认为是赞助方和被赞助方在产品属性、功能和形象的相似性。从概念形式上，Gwinner（1997）提出功能匹配和形象匹配两种匹配形式；Skard（2010）提出功能匹配、符号匹配和地理匹配三种匹配策略；卢长宝（2009）提出品牌匹配、市场匹配和产品匹配三种匹配形式；Simmons 和 Becker-Olsen（2006）提出天然匹配和创造匹配两种状态。

赞助匹配的达成促使赞助事件和赞助商品牌构成关联图示、提升形象转移效果（Becker-Olsen 和 Simmons，2002；Close 和 Lacey，2013；Han 等，2013；Lacey 和 Close，2013），进而促进赞助商品牌认同（Grohs，Wagner 和 Vsetecka，2004）、积极品牌态度和赞助商形象评价（Becker-Olsen 和 Simmons，2005）、赞助商产品选择和购买意愿（Pracejus 和 Olsen，2004）、赞助商股价收益（Cornwell，Pruitt 和 Van Ness，2001）等多种效果。

赞助匹配的强度同样影响赞助效果，Alain 和 Pierre（1995）发现赞助商和赞助活动的匹配度与受众对赞助商的形象感知是非线性关系；Zdravkovic，Magnusson 和 Stanley（2010）认为赞助匹配度过高反而可能导致消费者对赞助动机的怀疑和否定。Jagre，Watson 和 Watson（2001）表明赞助商品牌和赞助事件形象中等程度匹配时，消费者对赞助商品牌的评价最高。此外，赞助匹配与赞助性质紧密相关，例如，虽然赞助商和赞助事件关联度较高（例如香烟品牌和肺癌基金会），但关联方向则是负关联（Habel 等，2016）。当然，一些观点认为赞助匹配与否并非那么重要，Crimmins 和 Horn（1996）观察发现，许多赞助的事件和赞助商的形象并不存在自然和逻辑上的联系，但是依旧取得了不错的效果。

③赞助方式。

除赞助事件的质量和类型，赞助商和赞助对象匹配程度，采取何种赞助方式对整体赞助也有显著的影响，常见的赞助方式有赞助冠名权、独家经营权、赞助费用支持以及赞助实物支持等。Mowen，Kyle 和 Jackowski（2007）调查公众对企业赞助公共部门组织的评价发现，公众对赞助商是当地企业非常在意，对赞助商提供免费产品的赞助商评价最高，而对拥有冠名权（naming rights）、独家经营权（exclusivity）和使用经费（user fee）的赞助商评价较低，表明赞助方式确实影响消费者对赞助商的评价。

（3）赞助商相关的影响因素

①赞助杠杆。

赞助关系达成后，赞助方和被赞助方需要共同传播建立的赞助关系或者开发赞助相关的活动，从实现提高赞助效果的目的，这种做法就是使用赞助杠杆（Fahy，Farrelly 和 Quester，2004）。Wakefield，Becker-Olsen 和 Cornwell（2007）指出，赞助商恰当地使用赞助杠杆有助于提升消费者对赞助事件和赞助商的知晓度。Weeks，Cornwell 和 Drennan（2008）同样发现，使用赞助杠杆可以促进消费者的积极响应。赞助杠杆的作用与赞助匹配相关性较高，Han 等（2013）以世界杯（World Cup）足球赛事庆祝活动为研究对象，发现庆祝活动匹配（cheering event fit）积极影响消费者的赞助反应，但是庆祝活动匹配和赞助形象匹配（image congruence）存在负交互效应。Uhrich，Koenigstorfer 和 Groeppel‐Klein（2014）研究企业社会责任（Corporate Social Responsibility，CSR）关联赞助对消费者态度的影响，发现只有在赞助商和赞助事件在低赞助匹配的情况下，消费者 CSR 和品牌信任的中介效应才能体现，赞助杠杆才能发挥作用。

②共同赞助。

共同赞助（concurrent sponsorship）是指多个赞助商同时或先后对同一个事件、赛事或活动进行赞助的现象（Carrillat，Harris 和 Lafferty，2010；Groza，Cobbs 和 Schaefers，2012）。共同赞助是高质量事件赞助的常态现象，但是却可能导致赞助商品牌相互干扰，进而影响整体赞助效果。Ruth 和 Simonin（2003）发现其他赞助商可能影响消费者对赞助事件的感知，从而影响赞助事件特质和赞助商品牌之间的形象转移。Carrillat，Solomon 和 D'Astous（2015）发现共同赞助可以导致赞助商之间的形象转移进而影响赞助效果。Cornwell 和 Relyea（2000）发现共同赞助影响消费者的认知，赞助商数量影响目标受众对赞助商品牌的关注和赞助关系的记忆。Chien，Cornwell 和 Pappu（2011）发现共同赞助影响消费者对赞助事件与赞助商、赞助商与其他赞助商关系的评价。不过，也有学者认为共同赞助可以产生积极的赞助效果。Carrillat，Lafferty 和 Harris（2005）发现，消费者对赞助商品牌的态度和购买意向没有受到共同赞助的影响，说明共同赞助同时出现多个赞助商并不会稀释赞助效果。同时，他们认为赞助商之间可能出现形象转移现象——可能是有利的形象转移也可能是不利的形象转移，具体而言，赞助商之间同质性和相似性（例如，赞助商同属一个行业）会强化形象转移效果（Carrillat，Harris 和 Lafferty，2010；Carrillat，Solomon 和 D'Astous，2015），而赞助商之间的差异性（例如，赞助商品牌显著度、熟悉度、相关性和消费者品牌情感强度）会促使消费者对各品牌进行比较和评价，使得各个赞助商品牌的赞助效果产生差异（Wakefield 和 Bennett，2010）。

③多重赞助。

多重赞助（multiple sponsorship）是同一个赞助商对多个事件、赛事、活动和个人进行赞助，建立与各种目标受众的联系（Chien，Cornwell 和 Pappu，

2011）。不同于共同赞助，多重赞助出现多个或多种事件，赞助组合的交互对消费者产生影响，促进（或阻碍）事件和赞助商品牌之间的形象转移效果（Chien，2007；Chien，Cornwell 和 Pappu，2008）。Chien，Cornwell 和 Pappu（2011）以"赞助类别（sponsorship category）"和"事件个性（event person-ality）"对赞助组合进行区分，研究两类组合的匹配对赞助商品牌评价的影响，发现赞助类型和赞助事件个性两种组合匹配有助于塑造一致的品牌个性以及提升品牌内涵一致性和清晰度。Vance，Raciti 和 Lawley（2016）发现，消费者会主动对赞助组合中的赞助类型（例如，社区公益赞助和商业赞助）进行比较，赞助商的慷慨赞助行为会强化赞助的晕轮效应，综合提升整体赞助效果。

④赞助持续。

持续赞助是指一个赞助商对某个事件、赛事、活动不间断地持续赞助的现象。对于赞助商的持续性赞助是否对赞助效果产生影响，现有研究具有不一致的观点。Crimmins 和 Horn（1996）认为赞助的持续性可以对赞助效果产生积极影响。Cornwell，Pruitt 和 Van Ness（2001）认为企业持续赞助可以提升消费者对赞助商的感知真诚，对形象转移有促进作用。Pope，Voges 和 Brown（2009）认为从长远看，持续赞助可以提升消费者对赞助商品牌的质量感知，但在很大程度上受赞助实体（sponsored entity）绩效的影响。Carrillat 和 D'Astous（2012）认为，如果企业持续赞助，那么消费者对其再次赞助的一致性评价较高，消费者可能认为企业热衷赞助从而产生善意推断（good will infer-ence）；但如果企业从不赞助，消费者对其赞助一致性评价较低，消费者可能认为企业赞助的目的是谋求利益，进而产生负面推断（negative inference）。

同时一些学者持有赞助持续对赞助效果无效，甚至起负面作用的观点。Sleight（1989）认为，持续赞助增加了消费者对赞助商品牌的熟悉度，但是也意味着赞助商品牌名称和赞助事件名称的相似性和同义性的增加，反而不利于事件和赞助商品牌之间的形象转移。Meenaghan（1991）从赞助关系的传播视角出发，认为企业首次赞助可能导致媒体的好奇而关注和传播赞助事件，持续赞助可能导致媒体失去兴趣，甚至可能削弱赞助商和赞助事件的联系。Pitts 和 Slattery（2004）认为，赞助持续不利于消费者对赞助商和赞助事件之间赞助关系的认知加工，进而可能降低消费者对赞助关系的认知，持续赞助的效用存在递减的可能。

2.2 事件质量

2.2.1 事件质量的定义

根据国际事件组织（International Events Group，IEG）的定义，赞助方式的统计范畴分类主要有体育赞助、娱乐赞助、事业赞助、艺术赞助、节事赞助以及协会和组织赞助六大类，并且有进一步细分的趋势。事件（event）则是赞助对象的概括性表述，形容赞助事件的重要指标即事件质量（event quality）。关于事件质量的定义，Gwinner（1997）认为是"消费者对赞助事件质量水平的整体性主观感知"；Getz（2005）认为事件质量不是单维概念，是一系列事件项目和服务质量的复合概念，Foroughi 等（2014）在 Getz（2005）概念的基础上，把事件质量定义为"消费者对赞助事件的绩效表现、娱乐性、附加服务、服务人员、服务交付系统等的整体印象"。

另有一些学者对特定赞助事件（例如，体育赛事）的事件质量进行了界定。Speed 和 Thompson（2000）使用赛事地位的概念，将其定义为"一个受众（respondent）可以间接地获得赛事利益"，可能受众对赞助赛事没有任何个人喜好成分，但同样可能获得一些利益。我国学者柴红年和张林（2007）以体育赛事为对象，将赛事质量定义为"满足消费者合理需求的能力"，他们认为赛事本质上是一种产品或服务，消费者是赛事的服务对象，既然作为产品或服务，那么赛事质量可以使用消费者满意度作为衡量指标。

还有些学者使用与事件质量相近的概念，徐玖平和朱洪军（2008）使用活动质量的概念，认为活动质量是"消费者对赞助活动质量的感知"。李建军（2009）使用活动影响力的概念，将活动影响力定义为"被赞助活动或项目自身的影响范围、影响程度、影响持续时间以及媒体和公众的关注度"。尽管上述概念表述上有所差异，但表达的核心内容非常接近，都是指赞助对象的社会影响力以及消费者或其他公众对赞助对象的感知水平和关注程度。

学者们基于不同的研究对象和研究内容依据不同事件类型定义赞助对象的质量。本研究使用"事件质量（event quality）"的概念，该概念具有较高权威性和认可度（Foroughi 等，2014；Getz，2005；Gwinner，1997），而且对不同类型的赞助事件对都有较好的适用性。基于 Gwinner（1997）的经典定义，本研究把"事件质量"界定为"消费者对赞助对象质量水平的感知"。

2.2.2 事件质量的构成维度

赞助是一个相对宽泛的概念，依据赞助事件的具体类型，我们可进一步将赞助细分为体育赞助、娱乐赞助、事业赞助、艺术赞助、节事赞助、协会和组织赞助等，事件质量的构成维度与具体事件是紧密相关的。Getz（2005）认为，事件质量可能不是一个单维概念，而是特定事件的一系列项目和服务质量的复合概念。Schofield（1983）基于 17 篇文献，分别从经济、人口特征、赛事吸引力和观众偏好四个维度对赞助事件质量进行评估。Gwinner（1997）以体育赛事为对象，认为消费者对赞助事件质量的感知取决于四个方面的表现，分别是赛事规模、参赛者专业性、赛事传统和赛事收入。Ko 和 Pastore（2004）以体育赛事为对象，分别使用项目质量（program quality）、互动质量（interaction quality）、结果质量（outcome quality）和环境质量（environment quality）四个指标构建事件质量评估模型。其中，项目质量包括项目范围、运营时间和信息等；互动质量包括员工和观众以及观众之间的互动；结果质量包括物理变化、效价和社交属性等；环境质量主要包括外界条件、设计和设备等。Foroughi 等（2014）使用比赛质量（game quality）、附加服务质量（augmented service quality）、互动质量（interaction quality）、结果质量（outcome quality）和物理环境质量（physical environment quality）五个维度测量事件质量。其中，比赛质量指观众对赞助事件核心产品的感知，包括"技术性绩效"和"运营时间"两个子维度；附加服务质量指观众对赞助事件次级产品的感知，包括"娱乐性"和"特许经营"两个子维度；互动质量关注服务人员，包括"员工"（观众和员工互动）和"粉丝"（观众和观众互动）两个子维度；结果质量指观众与事件的互动产生的利益，包括"社交性"和"效价性"两个子维度；物理环境质量是指观众对赞助事件服务设施的评价，包括"气氛""设计"和"引导标识"三个子维度。出于研究目的使然，本研究依据 Gwinner（1997）的消费者对赞助事件质量水平的整体性主观感知的定义进行事件质量水平的操控。

2.2.3 事件质量的影响

（1）事件质量是赞助效果的先决条件

赞助涉及的相关主体主要包括赞助商、被赞助商、消费者和利益相关者等，赞助营销主要探讨赞助对被赞助商和消费者的影响，其中，赞助事件质量是影响赞助效果的基础要素。Richelieu 和 Pitts（2004）指出，赛事地位和影响力是赛事品牌资产的基础，只有当赛事具备较高的地位和影响力时，赛事管理者才能够使用赛事品牌进行相关的营销推广活动。Smith（2004）指出，即使赞助方和被赞助方的关系不是很紧密，但只要消费者能够感知到被赞助的事件具有较高的策划和组织质量，赞助活动依然能对赞助商的品牌资产产生促进影响。

（2）事件质量对品牌资产的影响

Gwinner（1997）认为事件（赛事活动）质量是衡量赞助对象专业性的重要参数，事件质量会以某种方式直接或间接影响赞助商的品牌资产。Stipp（1998）发现赛事地位和影响力会影响消费者对赞助商的态度，例如，相比其他赛事活动，奥运会和世界杯等特殊的、社会地位较高的赛事，消费者相对比较重视，无论消费者是否真正地喜欢该项赛事活动，消费者都有可能对赞助活动进行回应，消费者对赞助商品牌更加认可。Smith（2004）指出，赞助事件能够让消费者感知到具有较高的策划和组织质量，即使赞助方和被赞助方的关系不是很紧密，其仍然对品牌资产具有较大影响。Ko 和 Pastore（2004）发现消费者对赞助事件质量的感知显著影响消费者对赞助商的品牌印象。

我国学者对赞助事件的影响研究同样比较深入，徐玖平和朱洪军（2008）发现，赛事质量和赞助匹配分别对感知质量、品牌联想和品牌体验等品牌资产构成维度均有显著影响，相比而言，赛事质量对品牌资产的影响比赞助匹配更加显著；同时，赛事质量和赞助匹配在影响品牌资产的过程中存在交互效应，赞助匹配越高，赛事质量影响越低；赞助匹配越低，赛事质量影响越高。李建军（2009）发现赞助活动的影响力对消费者的品牌态度、品牌认知都有显著正向影响，活动影响力对消费者的品牌共鸣具有影响但不显著。张黎，林松和范亭亭（2007）发现，消费者对赞助事件（节目）质量和赞助匹配的感知影响形象转移效应，消费者涉入度以及对赞助事件曝光度的感知只影响消费者对赞助事件的评价，并不影响消费者对赞助商品牌的评价。

（3）事件质量对消费者和受众的影响

Jin，Lee 和 Lee（2013）以大型体育赛事为研究对象，发现消费者对赞助事件质量的感知显著影响消费者对赞助商品牌感知价值以及赞助商产品的消费意愿。Foroughi 等（2014）分别检验了比赛质量、附加服务质量、互动质量、结果质量和物理环境质量五个事件质量的维度对赛事消费者满意度的影响，发现事件质量的所有维度都显著影响赛事消费者的满意度和赛事消费参与的意愿。

2.3 溢价支付意愿

2.3.1 溢价和溢价支付意愿

（1）溢价

"溢价"（price premium）最初是金融领域的概念，随后逐步延伸并发展成市场营销领域的重要概念。关于溢价的含义，Netemeyer 等（2004）认为溢价是相对于其他品牌而言的，是消费者愿意为某个品牌的产品或服务支付额外的费用。Shocker，Srivastava 和 Ruekert（1994）认为，溢价是一种量化品牌资产的形式，但是品牌溢价并不等同品牌资产，品牌资产除溢价之外，还包括额外的市场份额、销售收入、股东价值和现金流等方面。Klein 和 Leffler（1981）认为产品产生溢价的合理性依据是，溢价既是企业保证产品品质的手段，也是维持品牌信誉的激励方式。

（2）溢价支付意愿

支付意愿（Willingness to Pay，WTP）最初是新古典经济学中用于衡量消费者剩余（consumer surplus）的重要变量，消费者剩余是指消费者在购买中感觉所获得额外的利益，是消费者对特定产品所愿意支付的最高价和实付价的差额（Hicks，1941）。Anderson（1996）认为，支付意愿本质上是消费者愿意为特定产品支付或者转换到其他替代产品所能承受的最高价格。

关于溢价支付意愿（willingness to pay premium）的概念，Netemeyer 等（2004）认为，溢价支付意愿是在同等包装规格、同等或更低档次的品牌条件下，消费者愿意为特定品牌所支付的更高价格的意愿。Chaudhuri 和 Ligas（2009）持有类似的观点，把溢价支付意愿界定为消费者为某个品牌支付比其他品牌更高价格的意愿。Sethuraman（2001）和 Steenkamp 和 Geyskens（2010）比较消费者对制造商品牌和自有品牌的溢价支付意愿，认为溢价支付意愿代表两者之间合理的价格差异，是同类产品中，消费者为制造商品牌比自有品牌愿意支付的最高价格。国内学者也对溢价支付意愿的概念进行了相关阐述，何佳讯（2006）把溢价支付意愿定义为相比相同功能价值的其他品牌产品，消费者为特定品牌产品支付更高差价的意愿。施晓峰和吴小丁（2011）把溢价支付意愿定义为消费者对某个特定商店的产品支付更高价格的倾向。

综合上述概念，本研究认为溢价支付意愿是消费者愿意为特定产品或服务比其他同类产品或服务支付更高的额外价格的意愿。溢价与溢价支付意愿是两种不同视角对同一个现象的解读，溢价（产品溢价或品牌溢价）是企业视角的概念，而溢价支付意愿是消费者视角的概念，是消费者对产品和品牌溢价能力的感知，是影响企业收益的重要变量。

2.3.2　溢价支付意愿的测量

对于溢价支付意愿的测量，各研究因为研究对象的不同，例如产品、服务、商店等，测量的方法和测项的表述也不尽相同。

（1）产品品牌溢价支付意愿的测量

Chaudhuri 和 Holbrook（2001）使用相对价格测量，即消费者为某个品牌支付的零售价与为竞争品牌支付的零售价的比值。Netemeyer 等（2004）测量消费者对产品品牌的溢价支付意愿使用四个测项——"即使该品牌价格有一些提高，我也不会购买其他产品品牌""我愿意为该产品品牌支付比其他产品更高的价格""我愿意为该产品品牌支付超过其他品牌的价格，0%，5%，10%，15%，20%，25%，30%或者更高""我愿意为该产品品牌支付比其他产品品牌更高的价格"。Steenkamp 和 Geyskens（2010）直接询问消费者对制造商品牌的溢价支付意愿，"你愿意为制造商品牌支付超过自有品牌多少比例的价格"。Suwelack，Hogreve 和 Hoyer（2011）测量消费者对产品品牌的溢价支付意愿使用两个测项，"我愿意支付更高价格购买该产品""即使产品价格有些提高，我也愿意购买该产品"。

（2）服务品牌溢价支付意愿的测量

Zeithaml，Berry 和 Parasuraman（1996）在关于服务质量的研究中，测量消费者对服务提供商的溢价支付意愿使用三个测项，"除 XYZ 之外，我还与其他报价更低的公司交易（负项）""即使 XYZ 报价有些上涨，我也愿意和它继续交易""即使 XYZ 的竞争对手报价更低，我也愿意为 XYZ 支付相对更高的价格"。Zhang 和 Bloemer（2008）在关于银行服务质量的研究中，测量消费者对银行的溢价支付意愿使用两个测项，"即使该银行价格上升，我也愿意与其继续交易""相比其他等同利益银行，我愿意向该银行支付更高价格"。Baker 和 Crompton（2000）测量消费者对企业节庆活动的溢价支付意愿使用两个测项"即使入场价格上涨，我也愿意继续参加该节事活动""相比同区域其他节事活动，我愿意为此支付更高价格"。Chaudhuri 和 Ligas（2009）以零售商店为对象，测量消费者对零售店的溢价支付意愿使用两个测项，"相比其他商店，我愿意在该店支付更高价格""即使其他店价格更低，我也愿意在该商店购买"。

2.3.3 溢价支付意愿的影响因素

（1）感知质量对溢价支付意愿的影响

研究表明，感知质量是影响消费者溢价支付意愿的重要因素，Netemeyer 等（2004）发现，感知质量和感知价值是影响消费者溢价支付意愿的因素中最重要两个因素。Steenkamp 和 Geyskens（2010）认为，消费者对制造商品牌和自有品牌的感知质量的差距导致消费者对两种品牌溢价支付意愿的差异。不过，Rao 和 Sieben（1992）认为感知质量对溢价支付意愿的影响并不是绝对的，产品类型在其中起调节作用，对于体验品，溢价支付意愿随着消费者质量意识提升而增加，而对于搜索品，溢价支付意愿随着消费者质量意识下降而增加，质量意识和溢价作为质量保证是相互替代的关系，而非互补关系。

（2）感知价值对溢价支付意愿的影响

研究表明，感知价值同样是影响消费者溢价支付意愿的重要因素，Chaudhuri 和 Ligas（2009）认为溢价支付意愿为消费者为某个品牌支付比其他品牌更高价格的意愿，并且认为只有消费者感知到高价值，才愿意支付更高价格。Netemeyer 等（2004）发现，感知价值和感知质量是比品牌独特性对消费者溢价支付意愿影响更加重要的两个因素。Zhang 和 Bloemer（2008）研究服务质量时发现感知价值对消费者的品牌忠诚具有显著影响，其中，溢价支付意愿、重复购买意愿以及正面口碑是共同组成品牌忠诚的三个维度。

（3）品牌信任对溢价支付意愿的影响

Klein 和 Leffler（1981）对重复交易的企业和消费者的博弈进行分析，消费者重复购买导致企业产生长期收益。企业为获取长期收益会降低交易欺诈行为，消费者认为价格越高，得到优质产品可能性越高，因此愿意为此支付溢价。Ba（2002）以电子商务为研究对象，表明恰当的反馈机制可以产生累积的信任，信任能够减少信息不对称以及降低交易感知风险，所以声誉良好的销售者具有更高的溢价能力，研究表明信任对溢价具有实质性的影响。Pavlou 和 Dimoka（2006）认为在线评论机制为具有声誉的销售者提供了溢价基础，他们使用内容分析法对在线评论文本内容进行分析，发现在线评论机制构造了销售者善行和可信，消费者对销售者的认可使销售者具有更高的溢价能力。

（4）品牌忠诚和品牌情感对溢价支付意愿的影响

研究表明，品牌忠诚和品牌情感直接或间接地影响消费者溢价支付意愿，Chaudhuri 和 Holbrook（2001）指出，品牌信任和品牌情感影响消费者行为忠诚和态度忠诚，进而影响消费者的溢价支付意愿。何佳讯（2006）同样认为品牌情感会影响品牌忠诚，进而影响消费者溢价支付意愿。Chaudhuri 和 Ligas（2009）认为品牌情感对溢价支付意愿有直接影响作用，消费者对商店情感通过两条路径影响消费的溢价支付意愿，一条是影响品牌忠诚，进而间接影响消费者的溢价支付意愿，另一条路径是直接影响消费者的溢价支付意愿。Thomson，Macinnis 和 Park（2005）认为消费者对品牌的情感依恋会直接影响消费者的品牌忠诚和溢价支付意愿。

2.4　赞助匹配

2.4.1　赞助匹配的定义和类型

（1）赞助匹配的定义

McDonald（1991）首次提出赞助方和被赞助方之间"匹配（fit）"的概念。Johar 和 Pham（1999）认为赞助商和赞助事件的"关联性和兼容性"是赞助匹配的重要内容。Rifon 等（2004）认为赞助匹配源于消费者的特定感知，赞助匹配是赞助方和被赞助方感知上的"关联性"。Coppetti 等（2009）认为赞助匹配是赞助方和被赞助方双方之间的"相似性"。Han 等（2013）整合上述两种观点，认为赞助匹配是赞助方和被赞助方之间的关联性和相似性。以下是常见赞助"匹配"的近似性表达：一致性（congruence）和相关性（relatedness）（Han 等，2013；Johar 和 Pham，1999）、合适性（compatibility）（Ruth 和 Simonin，2003）、相似性（similarity）（Rifon 等，2004；Rifon 等，2006）、关联性（link）（Cornwell 和 Roy，2005；Gwinner，1997）。

虽然各个研究关于赞助匹配的概念界定和操作性定义存在不同，但是都用"匹配"概念描述了消费者对赞助商和赞助对象之间某些相似性的认知（Cornwell 和 Roy，2005；Han 等，2013；Rifon 等，2004）。综合上述学者的定义，本研究把赞助匹配定义为消费者对赞助商和赞助对象关联认知的"相似性和一致性"。

（2）赞助匹配的形式

随着赞助理论研究的不断深入，赞助匹配的概念和具体表现形式不断得到新的诠释。以下是本书对常见匹配形式的归纳：

①功能匹配和形象匹配。Gwinner（1970）提出直接关联和间接关联的概念，直接关联是基于功能的相似性（functional-based similariry），间接关联是基于形象的相似性（image-based similarity）。在 Gwinner（1970）"关联"概念

的基础上，Gwinner（1997）提出功能匹配和形象匹配两种赞助匹配形式。功能匹配是指赞助商品牌和赞助事件具有功能上的相似性，形象匹配是指赞助商品牌和赞助事件在形象上的相似性。对应地，功能匹配反映出赞助和产品的直接关联；形象品牌反映出赞助商品牌形象和赞助事件形象的间接关联。

②功能匹配、符号匹配和地理匹配。Park，Milberg 和 Lawson（1991）扩展了类别相似性的概念，认为同一类别的两个品牌可以产生不同的延伸匹配，延伸评价取决于类别相似性和品牌概念一致性。Skard（2010）发展了上述观点，将赞助匹配分为功能、符号和地理三种匹配策略：功能匹配是指赞助商和赞助事件在产品和专业知识上的关联；符号匹配则体现在事件、产品、市场技术，目标，细分或定位等方面的关联；地理匹配是指赞助商和赞助事件处于相同地理区域。

③自然匹配和创造匹配。Simmons 和 Becker-Olsen（2006）认为，赞助商和赞助事件的一致性可以是天然的，也可以是人为通过相互协作的营销传播创造出来的。对于自然一致性，赞助商不需要为创造一致性或解释一致性的任何相关要素进行推广宣传，因此具有更高的成本收益。Simmons 和 Becker-Olsen（2006）同时发现，部分企业的赞助没有很高的自然一致性，或者维持长时间的低匹配的赞助关系，特别是出于社会责任而赞助的一系列公益事业（例如教育，住房，健康）。同时，一些企业对创造匹配不感兴趣，其可能关注事业的社会意义而非商业价值，可能认为匹配不重要、成本效率不高、消费者信息接收情境难以控制，因此无需进行人为控制的自然匹配相对有吸引力。

④品牌匹配、市场匹配以及产品匹配。我国学者卢长宝（2009）认为，赞助商和赞助事件的匹配有品牌匹配、市场匹配和产品匹配三种类型。其中，品牌匹配是指赞助商品牌实力和赛事活动影响力相近；市场匹配是指赛事活动和赞助商的目标客群一致；产品匹配是指赞助商产品是赛事活动的使用产品。

2.4.2　赞助匹配的影响

（1）赞助匹配对形象转移影响

研究表明，赞助匹配可以促进形象转移效应的产生。Gwinner 和 Eaton（1999）发现，赞助商和赞助事件存在功能和形象上的匹配时，赞助商相关属性（如赛事体现的精神和品质）确实可以转移到赞助商品牌上。对此，Gwinner 和 Eaton（1999）解释，赞助方和被赞助方存在功能或形象匹配时，消费者对赞助事件的图式可能会整合到赞助商品牌的图式中，促使赞助方和被赞助方的图式趋近，甚至使赞助商品牌体现出之前不曾拥有的属性。形象转移效应可能是正向的也可能是负向的，即可能是事件向赞助商品牌的正向转移也可能是赞助商向事件的逆向转移。Coppetti 等（2009）发现赞助商和赞助事件功能或形象的一致性匹配较低会负向影响形象转移效果。Ruth 和 Simonin（2003）发现，赞助商的负面形象（例如烟草、酒水品牌）可能会破坏赞助事件的正面形象。

（2）赞助匹配对认知评价影响

赞助匹配的图式效应比较符合消费者的认知模式，促进消费者进行赞助信息的关联和记忆联想（Cornwell 等，2006；Johar 和 Pham，1999；Rifon 等，2004；Simmons 和 Becker-Olsen，2006）。Barone，Norman 和 Miyazaki（2007）指出，消费者常使用赞助匹配作为评价工具对赞助整体效果进行评价判断。当匹配程度较高时，消费者就有可能使用事件有利的形象评估赞助商品牌和赞助活动；赞助匹配较低时，其可能会出乎消费者意料进而刺激消费者的认知阐述（Hastie，1984）。当赞助匹配较低时，消费者进行认知阐述则可能产生更多负面信念，促使消费者在随后的赞助评价中输入更多负面信息，消费者的负面评价和态度对品牌资产产生负面影响（Simmons 和 Becker-Olsen，2006）。同时 Simmons 和 Becker-Olsen（2006）还指出，消费者甚至可能对以友好的、积极的属性特征为主题，并精心准备的事件，不像赞助商预期那样产生有利的形象转移，除非是消费者感知到赞助商品牌和赞助事件在某些维度上存在高度一致的匹配。

（3）赞助匹配强度的影响

关于赞助商和赞助对象的匹配强度对赞助效果的影响，Crimmins 和 Horn（1996）观察到现实中一些赞助商的产品类型和品牌形象与事件并没有逻辑和自然的联系；Alain 和 Pierre（1995）同样认为赞助匹配和消费者对赞助商品牌的形象感知并不是线性相关关系；Simmons 和 Becker-Olsen（2006）也指出一些社会事业赞助中赞助方和被赞助方虽然不匹配但赞助效果表现不错；Nan 和 Heo（2007）发现赞助匹配性对消费者的情感反应没有显著影响；Lafferty（2007）发现，不管赞助商信誉水平高低，赞助商和赞助事件的匹配性对消费者的态度和购买意愿均没有显著影响，甚至，过高的匹配性可能会适得其反；Zdravkovic，Magnusson 和 Stanley（2010）发现，赞助商和赞助事件存在极高的匹配性可能影响消费者对企业的赞助动机产生动机；Jagre，Watson 和 Watson（2001）比较不同程度的赞助匹配，发现赞助商品牌和赞助事件中等匹配时，消费者对赞助商品牌的评价最积极。

2.4.3 赞助匹配的影响因素

（1）营销传播对赞助匹配的影响

不匹配的赞助方式不利于消费者对赞助的认知和形象转移效应，当赞助关系达成后，赞助双方需要使用广告、公共关系、促销和推销等营销工具对赞助双方关系进行解释，甚至创造特定的赞助匹配关系。Crimmins 和 Horn（1996）观察大量赞助后发现，赞助商和赞助事件在产品类别、品牌形象上没有自然和逻辑关系。Smith（2004）指出，虽然企业进行赞助投资的目的在于提升品牌形象，但赞助事件和赞助商品牌没有自然或逻辑关系的赞助是普遍存在的，或者企业赞助的事件可能有某种关联但与赞助商品牌形象可能不相符。而恰当的沟通方式以及赞助杠杆的使用可以降低不匹配导致的负面影响（Coppetti 等，2009；Cornwell 等，2006）。

（2）归因对赞助匹配的影响

赞助杠杆的作用成效还取决于消费者归因。为实现赞助关联的价值最大化，赞助方和被赞助方会使用赞助杠杆传播赞助关系或者开发赞助关联的活动（Fahy，Farrelly 和 Quester，2004），赞助杠杆的适当使用能促进消费者形成有利的认知和反应（Wakefield，Becker - Olsen 和 Cornwell，2007；Weeks，Cornwell 和 Drennan，2008），而赞助杠杆的过度使用可能会产生不利的影响。Rifon 等（2004）发现，归因条件影响消费者对赞助动机的推断，消费者总体上倾向推断赞助商的利他动机，在利他归因条件下，赞助杠杆使用越多，赞助效果越好；而在商业归因条件下，过度使用赞助杠杆可能损害品牌形象和赞助效果（Carrillat，Lafferty 和 Harris，2005）。

（3）解释水平对赞助匹配的影响

赞助匹配的作用成效还受到解释水平的影响，解释水平理论（Construal Level Theory，CLT）认为，个体解释事物有"高/低解释水平"两种途径，高解释水平体现事物的核心特征，而低解释水平体现事物的表面特征（Trope 和 Liberman，2003）。解释水平可以调节不同匹配类型（范例性匹配和原型性匹配）对品牌延伸评价的影响，解释水平较低的消费者对范例性匹配评价更高，解释水平较高的消费者对原型性匹配评价更高（柴俊武，赵广志和何伟，2011）。赞助匹配与品牌延伸匹配的原理基本一致，消费者对赞助匹配的感知依赖于产品（具体）和品牌（抽象）信息。刘英，张剑渝和杜青龙（2014）证明了解释水平高低影响消费者对赞助匹配类型的评价，低解释水平条件下，消费者对功能性匹配的态度和评价更高；高解释水平条件下，消费者对形象性匹配的态度和评价更高。

2.4.4 赞助匹配的构建策略

赞助匹配促进形象转移效应和消费者认知评价，但是自然形成的匹配毕竟是少数，Crimmins 和 Horn（1996）观察现实中的大量赞助后发现，赞助商与赞助的事业不具有逻辑或自然联系。Smith（2004）指出许多公司希望借赞助实现品牌形象的提升，然而寻找与赞助商自然匹配的事件并非易事，其需要使用广告、公共关系、促销和推销来解释赞助事件和赞助商的联系，使用适当的营销沟通和赞助杠杆，减轻不匹配的负面影响（Coppetti 等，2009；Cornwell 等，2006；Simmons 和 Becker-Olsen，2006）。

（1）解释赞助关系

赞助关系解释（sponsorship relationship articulation）是创建消费者记忆的关联途径，帮助消费者回想的过程（Cornwell 等，2006）。Cornwell 等（2006）发现，发布赞助商、事件和受众关系的声明可以增强受众对赞助关系的记忆。他们使用回想变量的依赖性测试发现，接触简短新闻稿的被试比起接触简单声明的受众回想效果更好；特别是赞助商和赞助事件关系一致性较低时，回想效果的差异更明显。Weeks，Cornwell 和 Drennan（2008）认为，赞助关系解释可以增强赞助关联信息的记忆，但由于可记忆的信息可能并非都是有利的，因而其对消费者态度的影响相对复杂。Cornwell 等（2006）使用图式理论解释赞助关系解释的作用机制，认为合适的赞助关系解释可以帮助消费者扩展图式容纳新信息，扩展图式进而在实体间创造匹配。赞助商和赞助对象图式之间的匹配，将有助于积极形象从赞助对象转移到赞助商身上，帮助赞助商收获多种利益，例如，认知、回想、形象转移和积极态度（Coppetti 等，2009）。

赞助关系解释有包装设计、公关、促销、广告、直销等多种途径（Cornwell 等，2006）。进行赞助关系解释，赞助商要明确赞助关系基于什么以及对赞助商的价值（Coppetti 等，2009）。Weeks，Cornwell 和 Drennan（2008）认为，选择赞助关系解释信息要基于赞助商和赞助事件匹配关系和沟通工具（激活或非激活工具），激活工具比非激活工具作用时间更长，赞助商甚至可以借助商业动机表达提高消费者对匹配性的感知。Bridges，Keller 和 Sood（2000）指出，不同类型的品牌联想可以使用不同的沟通策略，比起没有提供信息的联想，对基于产品属性的延伸品牌和非产品属性的主导品牌联想，关系型沟通策略（relational communication strategy）将导致更高的匹配；对基于非产品属性的延伸品牌和产品属性的主导品牌联想，阐释型沟通策略（elaborational communication strategy）将导致更高的赞助匹配。

（2）创造匹配关系

寻找与自身匹配的赞助是赞助商一项重要的赞助管理目标，这甚至催生出了为赞助商和专业协会提供复杂匹配算法的在线服务（例如，IEG sponsor direct 在线赞助市场），然而，大量产品类型与赞助事件（体育、艺术和事业）并没有逻辑或显而易见的联系，很多赞助商都在努力寻找或创造某种匹配关系的基础（Cornwell 等，2006）。Becker-Olsen 和 Simmons（2002）设计出一种"创造匹配"的赞助实验，比如，赞助特殊奥林匹克运动会（特奥会）的 Alpo（狗粮品牌），特奥会与 Alpo 并没有自然匹配，而向参与者捐赠宠物食物并宣传"关爱宠物能够增加自尊"衍生出的匹配关系产生了与自然匹配相似效果。

（3）信息重复曝光

企业推出延伸品牌时，往往会投放大量延伸品牌的广告，研究表明，匹配度较低的延伸品牌（类别相似性低）负面影响随着广告曝光以及消费者创造信息的增加而降低（Klink 和 Smith 2001；Lane 2000）。虽然赞助关系比品牌延伸的宣传力度相对小一些，但即使如此，小规模的重复曝光和优质信息的提供确实可以弥补低赞助匹配的影响力不足，例如，金融机构对艺术和文化活动赞助，消费者和公众可以通过赞助关联信息的重复曝光知道赞助商和赞助对象的关系。

（4）创造赞助体验

利益相关者良好的赞助体验增加赞助匹配的感知，赞助可以让赞助商、事件和参与者形成亲密的沟通，赞助商可以借助信息站台、酒店服务、赞助活动等手段，为事件参与者提供有吸引力的和难忘的赞助体验，为赞助商品牌和参与者提供更多的互动机会（Aaker 和 Joachimsthaler，2000）。品牌节日的赞助体验研究为赞助体验提供了相关支持，Mcalexander，Schouten 和 Koenig（2002）研究了戴姆勒克莱斯勒公司组织的吉普越野旅行（camp jeep）活动，发现越野旅行给参与者带来了个人成长和成就感，消费者对吉普品牌意义有了进一步了解，积极地参与体验给参与者带来感激和亏欠感，进而提升消费者对品牌的好感和忠诚。万事达信用卡（Master Card）赞助 1994 年足球世界杯时，在美国 36 个城市组织家庭足球节，参与者的积极体验（例如乐趣、兴奋、个人成长和人际关系的感觉）引起消费者对 Master Card 及其对世界杯的赞助有了更高评价，表明有吸引力的赞助体验可以改善消费者对赞助商品牌的反应。良好的赞助体验可以促进消费者情感从事件图式转移到品牌图式，帮助赞助商品牌建立赞助前不存在的赞助关联，此外，良好的赞助体验还可以促进从产品形象到品牌形象的转移（Coppetti 等，2009；Gwinner 和 Eaton，1999）。

2.5 品牌熟悉度

2.5.1 品牌熟悉度的定义

品牌熟悉度（brand familiarity）是衡量消费者对特定品牌熟悉程度的有效指标。Alba 和 Hutchinson（1987）把品牌熟悉度定义为"消费者对某个品牌累积的经验"。Baker 等（1986）认为，品牌熟悉度是一个单维度概念，品牌熟悉度与消费者处理品牌信息相关的事件有关，与处理信息的内容和类型没有关系。Lafferty，Goldsmith 和 Hult（2004）认为，品牌熟悉度是消费者直接或间接的体验产品而积累的产品相关的知识，是消费者记忆中的品牌联想集。Tam（2008）认为，品牌熟悉度是消费者直接或间接的体验品牌的数量。综合上述概念，可知品牌熟悉度由消费者品牌体验后产生，是消费者对某个品牌体验后积累的品牌经验和品牌知识，是消费者记忆中关于特定品牌的联想集。

2.5.2 品牌熟悉度的影响

（1）品牌熟悉度对品牌资产的影响

在消费者行为领域中，大量研究表明，品牌熟悉度对消费者的品牌信任、品牌认知、品牌态度和品牌评价都有显著影响。Laroche，Kim 和 Zhou（1996）认为，品牌熟悉度影响消费者对目标品牌的态度，进而影响消费者的品牌信心以及购买意愿，不过，消费者对其他品牌的态度也会影响消费者对目标品牌的购买意愿。Rubinstein 和 Griffiths（2001）认为品牌熟悉度增加消费者对目标品牌的信任度，降低消费者对目标品牌的感知风险。Griffith 和 Gray（2002）以网络商店为研究对象，发现消费者熟悉的品牌显著影响消费者对网络商店质量的感知和信任度。Dawar 和 Lei（2009）发现品牌熟悉度越高，消费者对信息的自动化加工程度越高，消费者对品牌态度的稳定性越强。品牌熟悉的作用并非线性的，可能呈现曲线变化，Campbell 和 Keller（2003）发现随着品牌熟悉度的提高，消费者对产品信息的反应呈下降趋势，产品信息对消费者态度改变的影响出现下降。在赞助相关研究中，Alba 和 Hutchinson（1987）指出，消费者对赞助关联信息的处理受消费者对赞助商品牌熟悉度的影响，进而影响消费者对赞助商品牌的评价。Walraven，Koning 和 Van Bottenburg（2012）认为，品牌熟悉度是影响消费者处理赞助关联信息的关键因素，消费者对赞助商品牌的熟悉与否直接决定消费者对赞助商品牌的识别和记忆。

（2）品牌熟悉度对消费者决策的影响

消费者对品牌的熟悉度在购买决策环节的影响尤为明显。态度可接近理论（attitude accessibility theory）认为，个体对事物的态度的强烈程度影响其对相关记忆信息的提取（Fazio，Powell 和 Williams，1989）。Maheswaran 等（1992）使用启发分析模型（heuristic-systematic model）解释品牌熟悉度对消费者决策的影响，他们认为品牌是与产品质量和售后等信息相关的消费者先验知识结构，同时，消费者信息处理动机水平决定信息处理方式，当信息处理动机水平较低时，消费者主要采取启发式的信息处理方式，此时品牌对消费者决策具有显著影响；而当信息处理动机水平较高时，消费者主要采取分析式的信息处理方式，其更倾向于使用产品属性相关信息作为决策线索，此时品牌对消费者决策没有影响。Rubinstein 和 Griffiths（2001）指出，品牌熟悉度可以降低消费者的感知决策风险，影响消费者对决策信息的需求水平。Hardesty 和 Bearden（2002）认为品牌熟悉度会影响消费者的记忆联想。品牌熟悉度较高时，消费者记忆联想比较广泛，品牌信息容易提取，消费者的信息处理和评价容易改变。Benedicktus 等（2010）研究购物情境后发现，临场感对消费者信任和购买意向有一定的影响，而品牌熟悉度在其中起到调节作用，品牌熟悉度越低，临场感对消费者信任和购买意向的作用效果越明显。

2.5.3 品牌熟悉度影响的对立观点

（1）品牌熟悉度的正向影响

一些研究表明，品牌熟悉度对消费者的影响总体是正向的，即品牌熟悉度是品牌认知在消费者视角的反映。不同消费者的品牌知识是不同的，熟悉品牌比不熟悉品牌更有认知和信息处理的优势。消费者对熟悉品牌拥有更多的认知资源，所付出的认知努力更少，信息相对更容易检索和存储，熟悉的品牌比不熟悉的品牌拥有更高的认知和情感优势（Dahlén 和 Lange，2004）。赞助领域的研究也有相似结论，即品牌熟悉度对赞助效果的影响是正向的，品牌熟悉度越高，消费者对赞助事件和赞助商品牌的评价越高。Lafferty，Goldsmith 和 Hult（2004）以慈善赞助活动为研究对象，发现相比低熟悉度的品牌，高熟悉度的品牌更容易影响消费者对慈善赞助活动的评价。

（2）品牌熟悉度的负向影响

一些学者持不同甚至相反的观点，认为品牌熟悉度对消费者品牌评价的影响可能是负向的。Low 和 Lamb（2000）认为，消费者对不同熟悉度的品牌的认知是不同的，消费者对熟悉品牌的认知是以高结构化联想为特征的，消费者对品牌的熟悉程度会影响消费者的品牌态度，熟悉的品牌意味着消费者记忆中有着广泛而且稳定的联想，即使接收到新的信息也不会改变消费者的品牌态度（Campbell 和 Keller，2003）；对于不熟悉的品牌，消费者的态度尚未形成，因为其品牌联想不够稳定和丰富，从而导致其品牌态度不稳定，当新信息出现时，对于不熟悉的品牌，消费者的品牌联想是微弱的或不存在的，其态度就容易发生改变（Lafferty，2009）。Fazio，Powell 和 Williams（1989）指出，消费者对熟悉品牌的认知是刚性的，当消费者对赞助商品牌的熟悉度较高时，消费者对赞助商品牌的态度可能不会受到赞助活动的影响；当消费者对赞助商品牌的熟悉度较低时，消费者对赞助商品牌的态度更加积极。Carrillat，Lafferty 和 Harris（2005）认为，品牌熟悉度影响消费者处理赞助商品牌联想的能力，消费者对赞助商品牌越熟悉，则处理赞助商品牌联想的认知能力就越高，则分配用于处理新信息的认知资源相对减少。在品牌熟悉度较高的情况下，消费者对赞助事件和赞助商品牌的联想和赞助商品牌的态度可能会有所不同。刘玉崟等（2014）研究赞助方式和品牌熟悉度的交互作用后发现，共同赞助比独家赞助更能提升消费者对低熟悉度赞助商品牌的态度和购买意向。共同赞助分为相似性和非相似的赞助方式，非相似性共同赞助比相似性共同赞助更能提升消费者对低熟悉度赞助商品牌的态度和购买意愿，而其对高熟悉度的赞助商品牌的影响则是负面的，消费者的态度和购买意愿反而会有所下降。

（3）品牌熟悉度矛盾观点的评析

本研究对于品牌熟悉度不同影响的结论的总结如下：首先，一个可能因素是品牌熟悉度的影响作用并非线性的，可能呈现曲线变化。Campbell 和 Keller（2003）发现随着品牌熟悉度提高，消费者对产品信息的反应呈下降趋势，产品信息对消费者态度改变的影响出现下降趋势。具体原因可能是不同熟悉度的品牌的品牌联想（Campbell 和 Keller，2003）和认知资源（Carrillat，Lafferty 和 Harris，2005）等差异导致消费者的反映出现变化。其次，一个可能因素是不同赞助类型的影响，商业赞助比慈善赞助的商业性更强，赞助商更注重赞助投资的回报。两种类型的赞助都关注形象转移，慈善赞助对熟悉品牌的形象转移效果更好，消费者更关注有能力的品牌的企业社会责任，相对认可熟悉品牌对慈善事业的支持。而在商业赞助中，企业期望获得赛事等事件强有力的背书效应，强势品牌本身就具有较高的品牌认知度和品牌形象，因此，商业赞助对弱势品牌形象转移效果更好。此外，多重赞助可能存在对比效应，朱翊敏和周延风（2013）研究了赞助方式和熟悉度的交互对消费者对赞助的品牌态度和购买意向影响后发现，在单独赞助方式中，消费者对熟悉度较低的赞助商品牌的态度和购买意向有显著的提升，对熟悉品牌的态度和购买意向没有显著变化；在共同赞助方式中，消费者对熟悉度较低的赞助商品牌的态度和购买意向却有显著的降低，对熟悉品牌的态度和购买意向没有显著变化。

2.6　评价模式

2.6.1　单独评价和共同评价

个体决策实质上就是在不同的选项中做出选择，即使在独立的环境中以及只有一个选项的决策，作出决策行为的主体都需要进行潜在的权衡（Hsee 等，1999）。基于个体决策情境的不同，Hsee 等（1999）把个体同时比较和评价共同出现多个选项的情境称为共同评价模式（joint evaluation mode）；个体单独评价一个单一选项的情境称为单独评价模式（separate evaluation mode）。

基于两种评价模式的组合，个体决策情境主要有三种：共同评价、单独评价和综合评价，例如，消费者进行购买决策时，对同类产品的属性和价格信息进行比较，此时，消费者处于共同评价模式的购买情境中；而消费者选择是否需要出去购物的决策，并非在各种计划安排中做出选择的情境则是单独评价模式。或者消费者在购买过程中比较多个同类产品的属性和价格信息后（共同评价模式），都感觉没有自己想要的产品，并决定是否需要去其他商店看看（单独评价），那么消费者在整个购买过程中处于综合评价模式。

事实上，绝大部分的决策都是处于单独评价模式和共同评价模式的中间段，而非是两种评价模式的极端值，Hsee 等（1999）指出，单独—共同评价模式事实上并非一个绝对的分类变量，而是一个连续变量的分布区间（Hsee 等，1999）。消费者处于单独评价和共同评价的分布区间对消费者购买决策起着不同的影响。

2.6.2　评价模式与偏好反转

评价模式关联研究表明，单独评价和共同评价两种评价模式影响消费者的偏好，甚至发生偏好翻转效应（preference reversal effect）（Mellers 等，1992；Tversky 和 Griffin，1991）。偏好反转理论认为，当个体分别处于单独评价模式和共同评价模式的情境时，对同一事物或评价对象的偏好评价可能会发生变化，甚至出现截然相反的偏好评价（Hsee，1996；Hsee 等，1999）。Bazerman，Loewenstein 和 White（1992）比较了两种评价模式对个体偏好评价的影响，并分别模拟两位邻居就住房中间空地的收入分配纠纷的情境，让被试者想象自己是其中一位，并对不同的问题解决办法进行评价，然后让被试对两个方案的接受度进行评分。两种解决办法的收益分配方案分别如下：J 选项——自己得600 美元，邻居得 800 美元；S 选项——自己得 500 美元，邻居得 500 美元。在单独评价模式中向被试展示其中的一个选项；在共同评价模式中向被试同时展示两个选项。研究结果表明，两种评价模式对消费者的方案评价确实产生反转作用：单独评价模式中有71%的被试者更接受 J 选项；而在共同评价模式中有75%的被试更接受 S 选项。

Hsee（1996）模拟咨询公司老板聘用不同员工的情境，检验评价模式能否产生翻转效应。研究让被试想象自己的公司正在招聘使用 KY 计算机编程语言的适合人才。现有两个合适候选人，均为应届大学生，但两人（分别为候选人 J 和候选人 S）在绩点（Grade Point Average，GPA）和 KY 编程语言的使用经验上存在差异（J 候选人：两年间使用 KY 语言编写程序 70 个，绩点为3.0；S 候选人：两年间使用 KY 语言编写程序 10 个，绩点为 4.9），然后让被试以老板的身份给出每位候选人的期望薪水。在单独评价模式中被试者只能看到一位候选人的信息，而在共同评价模式中同时向被试展示两位候选人的信息。结果表明，单独评价模式中的候选人 S 的薪水（3.27 万美元）高于候选人 J（2.68 万美元）；而共同评价模式中的候选人 J 的薪水（3.32 万美元）却高于候选人 S（3.12 万美元）。Hsee（1996）实验再次证明，单独评价和共同评价的决策情境确实影响个体的决策偏好，甚至产生偏好翻转效应。

2.6.3 评价模式的作用解释

单独评价和共同评价的决策情境为何可以影响个体的决策偏好，甚至产生偏好翻转的效应，以下理论和假设提供了解释依据。

（1）可评价性假设

可评价性假设（evaluability hypothesis）认为，产品属性的可评价信息数量是决定消费者在不同评价模式中赋予何种属性更高权重的关键（Hsee，1996；Hsee 等，1999）。可评价性假设认为，产品属性是否让人易于单独评价取决于消费者是否清楚产品属性的分布信息，消费者对某个产品的属性信息越熟悉就越容易对该产品属性进行单独评价。在单独评价模式中，易于单独评价的属性是影响消费者评价的最重要因素，消费者会赋予易于单独评价的产品属性更高权重；而在共同评价模式中，因为有比较参照属性信息，消费者对难以单独评价的属性的评价变得相对简单，消费者可能赋予难以单独评价的产品属性更高权重（Hsee 等，1999）。不同评价模式引起事物属性对消费者评价的重要性发生改变，进而引起消费者偏好的变化与反转。

同时，事物属性是否易于单独评价取决于事物属性信息的熟悉度，可评价信息数量决定事物属性的可评价函数，可评价函数主要有三种形态：①评价者不知道任何评价信息；②评价者知道属性的中间值；③评价者知道属性的中间值、最大值和最小值。消费者会基于不同的可评价函数对事物属性赋予不同的权重。第一种函数中，评价者不知道任何可评价属性信息，不掌握属性范围和分布形象，无法判断事物属性的好坏，属性评价函数呈一条直线。第二种函数中，评价者知道属性的中间值，其可能以中间值为参照点对事物属性进行判断，并可能会认为评价值高于中间值则事物属性是好的，低于中间值则事物属性是不好的，属性评价函数呈阶梯状。第三种函数中，评价者同时知道属性的中间值、最大值和最小值，其对事物属性的评价相对比较容易，此时的属性评价函数呈现一条单调递增的斜线。在第三种可评价函数中，属性值和属性的值域范围都会影响评价者的判断。属性评价的难易取决于评价者的属性程度，共同评价模式中，参照物比较让难以单独评价的属性变得相对容易，甚至产生消费者偏好翻转（Hsee 等，1999）。

（2）标准理论

标准理论（norm theory）认为，单独评价和共同评价两种评价模式实质上改变了个体判断事物的评价标准。在单独评价中，消费者设法理解评价选项内容，在没有外部参考标准比较的情况下，努力调用内部参照标准对选项进行评价。在共同评价中，两个或以上的选项则可能互为参照物，方便个体进行比较和评价。Ritov 和 Kahneman（1997）认为，在共同评价模式中，如果两个选项存在差异，那么对选项差异进行调和可能导致不同的评价结果。Ritov 和 Kahneman（1997）认为，在单独评价模式和共同评价模式中，个体可能赋予范畴内（within category）参照点和跨范畴（across category）参照点不同的权重。个体给予范畴内与跨范畴参照点的权重赋值决定最终评价结论。在单独评价模式中，消费者给予范畴内参照点的权重赋值更高；而在共同评价模式中，消费者给予跨范畴参照点的权重赋值更高。虽然标准理论对于评价模式的解释极具洞察力和表现力，但相较产品属性的可评价性假设，支持标准理论的直接证据相对较少。

（3）属性—任务适应性原则

属性—任务适应性（attribute-task compatibility）原则认为，不同评价模式影响评价者对属性权重的赋值，其主要取决于属性和任务的适应性（Nowlis 和

Simonson，1997）。首先，不同评价模式中的评价任务特征不同，共同评价模式中的评价任务是对多个选项比较判断（comparative judgment），消费者以事物属性为基础比较不同选项，共同评价任务类型是基于替代选项的信息处理（alternative-based processing）；在单独评价模式中，评价任务是对一个选项评价判断，消费者会提取记忆中的关联信息对特定选项进行评价判断（evaluative judgment），单独评价任务类型是基于属性的信息处理（attribute-based processing）。相应地，消费者对不同任务类型采取不同应对策略，单独评价模式即评价判断任务，对应策略应偏向于以选项为基础的跨属性比较。共同评价模式即比较判断任务，对应策略应偏向于以属性为基础的同属性比较型策略（Parker 和 Schrift，2011）。

（4）想要/应该主张

想要/应该主张（the want / should proposition）是 Bazerman，Tenbrunsel 和 Wadebenzoni（1998）用于解释个体"需要做什么"和"应该做什么"矛盾的观点，个体想要做什么的欲望和应该做什么的信念通常不一致。在评价模式情境中，单独评价缺失可平衡的替代选择，个体倾向于"想要做什么"；共同评价存在可比较的替代选择，个体倾向于"应该做什么"。Tenbrunsel，Wade-Benzoni 和 Bazerman（1998）使用相似甚至相同的材料，让被试评价不同选项，即基于想要/应该两种状态分别应该如何选择。结果表明，想要/应该与单独/共同评价模式是一致的。单独评价模式中，被试偏向选择"想要"的选项，共同评价模式中，被试偏向选择"应该"的选项（Tenbrunsel，WadeBenzoni 和 Bazerman，1998）。O'Connor 等（2002）从侧面验证想要/应该的区别，研究要求参与者事后回忆参与冲突的真实情况，让参与者报告当时想要做什么和应该做什么，绝大多数参与者回忆的是自己想要做什么；而如果参与者在行动前意识到应该做什么，那么其参与冲突的行为可能发生改变。

2.7　品牌声望

2.7.1　品牌声望的定义

声望（prestige）是利益相关者和公众对组织行为和成就给予的长期和一致的评价（Fombrun 和 Shanley，1990），声望体现公众对组织的评价是长期的和一致的。对于品牌声望（brand prestige），Zeithaml（1988）认为品牌声望是消费者所关注的重要的象征性利益要素。Park，Milberg 和 Lawson（1991）认为声望导向的品牌可以理解为帮助消费者树立自我概念和形象表达的品牌。Brucks，Zeithaml 和 Naylor（2000）认为品牌声望是指特定品牌在某种程度上体现了消费者及其所属社会群体的优越感。Simonin 和 Ruth（1998）则认为品牌声望是消费者对品牌知名度和熟悉度的态度和评价。Steenkamp，Batra 和 Alden（2003）认为品牌声望是某个与产品和服务关联的品牌拥有相对较高的身份定位，品牌声望会促使消费者产生上层阶级的归属感。Dubois 和 Czellar（2002）认为决定一个品牌有声望的关键是这个品牌产品的特定属性或整体性能关联的、独特的、卓越的制作工艺，品牌声望源于消费者对品牌独特的或卓越的成就的感知。Vigneron，Johnson 和 Monash（1999）认为声望品牌（prestige brand）是消费者与产品属性和象征价值相互作用而产生的，并依据不同声望水平把声望品牌分为高档品牌（upmarket brands）、溢价品牌（premium brand）和奢侈品牌（luxury brand），声望品牌比无声望品牌（non-prestige brand）的价格相对更高、购买频次更低。综合上述结论，本书认为品牌声望是指某个品牌拥有相对较高的身份定位，在一定程度上体现出消费者及其所属群体的优越感，促进消费者自我身份和形象的表达。

2.7.2 品牌声望的影响

（1）品牌声望对信息搜索的影响

购买过程的信息搜寻耗费消费者大量精力，而品牌声望可以作为评价产品的重要外部线索，进而有效降低消费者的信息搜寻成本（Baek，Kim 和 Yu，2010）。Brakus，Schmitt 和 Zarantonello（2009）指出，品牌声望可以减少消费者搜索其他品牌信息的时间以及信息搜寻成本，消费者对声望品牌的评价相对更积极，认为声望品牌更可靠，更值得信赖。Hwang 和 Hyun（2012）以高档酒店为研究对象，调查品牌声望的前因和后效，结果表明，品牌声望可以提高消费者的体验感知，降低消费者信息搜索成本以及强化感知价格的公平性，这些影响最终导致消费者的满意以及溢价支付意愿等。

（2）品牌声望对品牌体验的影响

Vigneron，Johnson 和 Monash（1999）认为，品牌声望可以为消费者提供五种价值，即感知显著性价值（展示消费者的财富、社会地位）、感知独特性价值（稀缺性）、感知社会价值（消费者和所属社会群体的联系）、感知享乐性价值和感知质量价值，前三种价值是品牌声望对消费者社会或人际的影响，后两种价值是品牌声望对消费者个人的影响。Gin，Seon 和 Hyun（2011）发现品牌声望对消费者和品牌关系的质量以及消费者的品牌忠诚（态度忠诚和行为忠诚）都有显著影响。

（3）品牌声望对购买意向的影响

Steenkamp，Batra 和 Alden（2003）发现消费者对品牌声望的感知影响对目标产品的满意度和购买意愿。Wong 和 Zhou（2006）发现特别是产品具有较高的社会展示价值（social display value）时，品牌声望对消费者购买意向有重要影响。Halliday 和 Kuenzel（2008）发现品牌识别在声望、满意和交流对消费者口碑意愿和购买意愿的影响关系中起完全中介作用。Gilaninia 等（2012）以日用品品牌为研究对象，发现品牌声望影响品牌忠诚、感知质量、感知风险和信息成本，进而影响消费者的购买意愿。

2.7.3 品牌声望的影响因素

品牌声望是消费者进行购买决策时比较关注的重要象征性利益要素（Zeithaml，1988）。什么因素促使一个品牌具有声望？相关研究基于不同产品或服务展开了探索。

（1）品牌资产关联的影响因素

Brucks，Zeithaml 和 Naylor（2000）认为，品牌知名度以及消费者对品牌的熟悉度是消费者感知一个品牌具有声望的重要原因。Dubois 和 Czellar（2002）认为影响品牌声望的关键因素是品牌的独特性和卓越性以及品牌的社会象征价值。Lye（2001）比较了品牌延伸对功能品牌和声望品牌两种类型品牌的影响差异，发现感知质量因素对声望品牌的影响要弱于功能品牌，因为消费者会假定声望品牌具有较高的感知质量，此外，品牌延伸对声望品牌的稀释作用要高于功能品牌，表明声望品牌延伸风险更高，延伸性更低。Gin，Seon 和 Hyun（2011）研究促使咖啡馆成为声望品牌的原因以及品牌声望对品牌关系和品牌忠诚的影响，结果表明品牌体验和品牌个性是促使品牌声望产生的关键因素。

（2）顾客体验关联的影响因素

Pracejus，Olsen 和 O'Guinn（2006）发现印刷广告留白可以让消费者有广告对象具有品牌声望、市场领导者、高质量和高可信度的感知。Hwang 和 Hyun（2012）以高档酒店为对象，检验感觉型和理智型两种顾客体验对品牌声望的影响。Hwang 和 Han（2014）进一步检验食物质量、服务质量、乘务吸引力、娱乐方式、基础设施、停泊港、儿童项目/场所、客舱质量八种促使豪华游轮具备品牌声望的关键要素，发现所有假设都得到支持。

2.8 感知质量

2.8.1 感知质量的定义

感知质量（perceived quality）是消费者对产品质量的评价（Olson 和 Jacoby，1972）。Zeithaml（1988）认为质量是消费者对产品价格、质量和相关的价值属性的主观判断，是消费者对产品整体优越性和卓越性的评价。Grönroos（1982）以服务为对象，认为服务感知质量是消费者对服务期望（expectation）和服务绩效（perceived performance）的比较，如果绩效高于期望，那么其认为服务感知质量较高（Grönroos，1994）。Kirmani 和 Baumgartner（2000）认为质量感知是消费者使用内部线索和外部线索对产品优越性的评价。Aaker（2000）把品牌的感知质量定义为一种特殊的品牌联想，能够体现品牌的实际盈利水平。Netemeyer 等（2004）认为感知质量是品牌资产的核心要素，是消费者对品牌整体表现卓越性和优异性的主观评价，感知质量不是基于产品属性的客观质量标准，而是在抽象层次的态度性评价。综上，本书认为感知质量是消费者使用信息线索对品牌和产品优越性的抽象的主观性评价，感知质量不是一个客观标准，而是消费者以自身关注的指标对同类竞争者进行比较的基础上的主观判断。

2.8.2 感知质量的影响

（1）感知质量对品牌资产的影响

Aaker（2000）认为感知质量是特殊的品牌联想，对消费者其他的品牌联想具有影响，Netemeyer 等（2004）认为感知质量是品牌资产的核心和重要因素。Homer（2008）发现产品感知质量和感知形象对消费者态度的作用方式是不同的，低品牌形象比低感知质量的负面作用更大，消费者享乐性态度主要是由感知形象驱动的，而功能性态度主要受感知质量主导；在感知质量和感知形象都低时，非属性品牌信念是享乐性态度的预测因子，而感知质量和感知形象无论高低，基于属性的品牌信念都是功能性态度的预测因子。

（2）感知质量对购买决策的影响

Mitra 和 Golder（2006）对感知质量和消费者满意进行比较，认为感知质量和消费者满意是具有明显区别的两个概念，感知质量的作用过程长于消费者满意，感知质量贯穿于整个购买过程，既有购买前的感知，也有购买中的感受以及购买后的比较，而消费者满意则主要是购买后的比较，感知质量对消费者满意有显著的影响。Babakus，Bienstock 和 Scotter（2004）以零售公司数家商店的真实数据检验消费者对商品和服务的感知质量的影响，他们使用商店的交易量和收入为结果变量，结果表明消费者对商店的感知质量，无论是商品感知质量还是服务感知质量，都显著促进商店的交易量和收入增长，消费者满意度在感知质量对商店交易量和收入增长的过程中起中介作用。Iglesias 和 Guillén（2004）以餐厅为对象，检验感知质量和总体感知价格对消费者满意的影响，结果表明感知质量对消费者满意具有直接正向影响，而总体感知价格没有影响。Jang 和 Namkung（2009）检验三种类型的感知质量（产品、氛围和服务）对餐厅消费者行为意向的影响，氛围和服务感知质量可以强化消费者的正面情感反应，产品感知质量可以有效降低消费者负面情感反应，积极情感反应在氛围和服务感知质量与消费者以后行为倾向的影响关系中起中介作用。Adcroft，Kang 和 Kwak（2009）检验自我形象一致性和感知质量对运动特许产品评价和购买的影响，结果表明，自我形象一致性和感知质量对消费者购买意向有直接影响，此外，感知质量在自我形象一致性和购买意向的影响关系中起中介作用。Žabkar，Brenčič 和 Dmitrovic（2010）使用一系列形成型和反映型指标构建结构方差，测量消费者对旅游地的感知质量、消费满意和行为意向，结果表明概念模型得到支持，消费者属性正向影响消费者对旅游地服务的感知质量，进而积极影响消费者满意度和行为意向。

2.8.3 感知质量的影响因素

本书从线索利用的视角展开感知质量影响因素分析，Dawar 和 Parker（1994）认为促使感知质量形成的直接原因是市场信息不对称，消费者为降低交易不确定性，使用启发性线索（heuristics cues）对产品或服务质量进行评估。Olson 和 Jacoby（1972）认为消费者主要使用内部线索（intrinsic cues）和外部线索（intrinsic cues）推测产品质量，内部线索是与产品物理特征相关的信息，例如，技术参数、外观设计、口味等；外部线索与产品相关但不属于产品物理特征的相关线索，例如，价格、广告、品牌声誉等。

（1）感知质量的内部线索因素

Rao 和 Monroe（1989）和 Rao 和 Sieben（1992）认为品牌名称是消费者评价产品和服务的重要线索。Richardson，Dick 和 Jain（1994）认为，消费者偏向使用内部线索还是外部线索评价产品质量取决于线索的预期价值（predictive value）和信心价值（confidence value），比较而言，外部线索容易确认因而信息价值相对更高。Swanson 和 Davis（2003）研究餐厅感知质量及其后续影响，发现服务员的责任心是重要外部线索，是影响感知质量的重要的评价因素。

（2）感知质量的外部线索因素

Rao 和 Monroe（1989）认为价格是消费者判断产品质量的重要线索，不过价格线索在评价熟悉产品和服务的重要性上会有所下降。Dodds，Monroe 和 Grewal（1991）指出，在其他信息线索缺失时，消费者会倾向于使用价格作为评价指标，不过价格线索的作用会随着其他信息线索的增加而降低。Shiv，Carmon 和 Ariely（2005）认为价格在消费者评估产品质量的过程中产生"安慰剂效应（placebo effects）"，消费者在无法评价产品质量时，对高价产品期望较高，主观判断高价产品是高质量产品。Kirmani（1997）认为广告也是消费者判断产品感知质量的重要线索之一，消费者会认为广告投入较高的产品是值得购买的高质量产品。

2.9　形象转移理论

2.9.1　形象转移理论概述

形象转移（image transfer）是指与一个主体相关联的含义和符号和另外一个主体联系起来的过程（Carrillat，Harris 和 Lafferty，2010）。形象转移效应是企业热衷赞助投资的一大动力，赞助商希望借助赞助让消费者深刻理解品牌内涵，并期望赞助事件的一些精神或特质转移到赞助商品牌上，达到提升品牌形象和增加品牌资产的目的（Gwinner 和 Eaton，1999）。形象转移效应是赞助商期望的赞助关联结果（Smith，2004）。形象转移是品牌领域的概念，Keller（1993）提出的基于消费者的品牌资产模型，对品牌形象进行比较明确的概念界定，即是指消费者对特定品牌的感知，以及消费者记忆中特定的品牌联想。品牌联想主要来源于产品使用、广告、包装和口碑等信息传播以及其他相关实体的联想。

McCracken（1989）研究名人代言说服力时，提出名人代言说服力的来源不仅是信息来源的可信度和吸引力，还包括消费者联想名人代言的意义产生的形象转移，名人代言特定产品可能实现名人的某些形象特征向代言产品转移，其中，名人的个体特质（例如，威严、男子气概、强壮、明智）等名人意义在液晶平板电视、电影、体育或军事活动角色等产品与活动中得到诠释，名人形象转移过程本质上是消费者对名人联想向对产品联想的过渡。

Gwinner（1997）借鉴名人代言的形象转移效应，构建赞助形象转移的模型，企业通过对不同类型事件的赞助，实现事件形象向赞助商形象的转移，其中，一个事件形象对应的是相应的消费者群体，代表一个特定的细分市场的整体主观感知。Gwinner（1997）认为，赞助事件的联想与McCracken（1989）名人代言的意义是相似的，不过，赞助的形象转移是消费者对赞助事件类型、事件特征等联想向对赞助商产品联想的过渡。

Gwinner和Eaton（1999）探讨赞助形象转移效应和名人代言形象转移效应的异同，指出：第一，赞助事件和名人代言特定的意义都可以让消费者联想和感知到，类似于消费者可以感知名人参与各种公共活动的意义，消费者同样可以联想和感知到赞助事件的意义（例如，事件的类型和特质等）；第二，赞助事件和名人代言形象转移的过程是基本一致的，类似于消费者会把名人意义和代言品牌放在一起联想，消费者同样可以把赞助事件意义和赞助商品牌放在一起联想。因此，当赞助事件形象和赞助商品牌形象产生关联并能够让消费者感知时，赞助的形象转移效应就会发生，如果赞助事件和赞助商品牌具有功能和形象上的一致性，则会进一步强化赞助事件和赞助商品牌之间的形象转移效应。

2.9.2 共同赞助中的形象转移效应

相比单独赞助中的形象转移效应，共同赞助中的形象转移更加复杂和多元。共同赞助（concurrent sponsorship）是指多个赞助商同时或先后对同一个事件和活动进行赞助（Carrillat, Harris和Lafferty, 2010; Groza, Cobbs和Schaefers, 2012）。共同赞助中，多个赞助商共同赞助某一个事件，形象转移效应不仅包括赞助事件对赞助商品牌的形象转移，还包括赞助商品牌之间的形象转移。

相比单独赞助，共同赞助则是常见赞助形态，形象转移赞助本质上是赞助商和赞助对象之间的资源交换（Cornwell和Relyea, 2000），共同赞助中的形象转移效应是学者关注的热点。Ruth和Simonin（2003）发现，共同赞助中多个赞助商是可以共同存在的，赞助形象转移效应取决于赞助商和赞助事件的关联，赞助商和赞助事件紧密关联可以提升消费者对赞助商品牌形象的态度。Carrillat, Lafferty和Harris（2005）则发现，共同赞助导致赞助商品牌形象到赞助事件形象的"逆转移"，消费者对赞助事件和赞助商品牌的共同认知影响形象转移效果。Zdravkovic（2008）发现共同赞助弱化了形象转移效应，相比共同赞助，单一赞助的形象转移效应更为明显。Aksoy（2012）则发现共同赞助比单一赞助的形象转移效果更加明显，Aksoy（2012）还比较了两种不同形态的形象转移，发现赞助事件到赞助商品牌的形象转移比赞助商品牌之间的形象转移更成功。综合共同赞助形象转移研究结论，相比单一赞助形式，共同赞助使赞助形象转移效率高了很多。多数研究认为共同赞助的赞助商可能是一个整体，但是赞助形象转移效应取决于赞助事件和赞助商品牌的关联度。

2.9.3 多重赞助中的形象转移效应

不同于共同赞助，多重赞助关系则是一个赞助商对应多个赞助事件。多重赞助（multiple sponsorship）是同一个赞助商对多个事件、活动和个人进行赞助，从而建立与各种目标受众的联系（Chien，Cornwell 和 Pappu，2011）。同一个赞助商对不同事件进行赞助，除了获得赞助事件向赞助商的形象转移的原因外，可能还因为不同事件交互作用，能共同影响消费者对赞助商品牌的认知。Chien，Cornwell 和 Stokes（2005）指出，多重赞助中的事件组合可能是独立的或不兼容的，例如，VISA 卡赞助奥运会和世界杯，试图塑造"全球支付通行证"的品牌形象与赞助美国国家橄榄球联盟和 NASCAR（纳斯卡车赛）试图强调男性化、强有力的形象兼容性相对较差。

Chien，Cornwell 和 Stokes（2005）指出，多重赞助是常态赞助现象，其相应的问题值得关注，他们以不同类型的事件（体育赛事和娱乐活动）为自变量，以品牌形象为因变量，以赞助匹配为调节变量构建多重赞助的形象转移模型。首先，不同事件形象的交互影响形象转移效应，当消费者接触某个品牌的多个赞助关联信息时，其会在记忆中检索并对各种信息进行比较，事件之间的交互作用决定形象转移效果。其次，赞助商和赞助事件间的匹配性在形象转移过程中起调节作用，当赞助商和赞助事件间的形象比较匹配时，会提升赞助事件到赞助商品牌的形象转移效应，提升消费者对赞助商品牌的评价。

2.9.4 形象转移的逆转移效应

形象转移并非只有赞助事件形象到赞助商品牌形象的单向转移，还存在赞助商品牌形象到事件形象的逆向转移。赞助的逆向形象转移效应在某种程度上影响了赞助商和赞助事件之间的相互选择。Gwinner 和 Eaton（1999）指出，虽然赞助的逆向形象转移效应存在，但是只要事件已具有强有力形象，赞助商形象到赞助事件的逆向转移的可能性就相对较小。同时，在赞助过程中，消费者和受众主要关注赞助事件而非赞助商，赞助事件形象相较赞助商形象更加深刻。Ruth 和 Simonin（2003）从赞助事件对赞助商选择的视角阐述了逆向形象转移效应，认为赞助事件不能盲目接受赞助请求，如果赞助商的品牌形象存在负面的信心（例如，酒精和烟草），则其可能产生逆向形象转移效应，损坏赞助事件的原有积极形象。

2.10 信号理论

2.10.1 信号理论概述

信号理论（signaling theory）起源于经济学中解决信息不对称（information asymmetry）的问题（Spence，2001），描述信息交换双方（个人或组织）信息传递的行为。例如，信息发送方如何发送信号或传递信号，信息接收方如何解释信号（Connelly 等，2015）。Spence（1973）以就业市场为对象，描述潜在雇主无法确认求职者工作能力，求职者使用可观察信息（教育文凭）为信号，表达不可观察的特征（工作能力），解决双方信息不对称的问题。高质量求职者比低质量求职者传递信息的成本更低。Spence（1973）的就业市场信号模型与经典人力资本理论（human capital theory）相悖，在该模型中，教育文凭主要起到表达求职者不可观察的能力特征的作用，而非强调教育对提高工作能力的作用。

Kirmani 和 Rao（2000）扩展了信号理论适用范围，他们对高质量和低质量两类企业进行区分，尽管两类企业作为局内人（insider）知道自己的真正实力，但局外人（outsider）（例如，投资者和顾客）却不知道。每个企业需要向局外人发送信号表明自身实力，当高质量企业发送信号时，它将获得回报 A，如果不发送信号，则获得回报 B；当低质量企业发送信号时，它将获得回报 C，如果不发送信号，则获得回报 D。因此，信息决策成为一个区别性的策略，当给定的情境是回报 A>B 而且 D>C，那么高质量企业具有发送信号的动机而低质量企业则没有，这将导致一个分离均衡（separating equilibrium），此时局外人容易据此对企业质量进行判断；当给定的情境是回报 A>B 而且 C>D，即两类企业均能从发送信号中获利，则可能导致一个混同均衡（pooling equilibrium），局外人无法对高质量和低质量企业进行区分。

为什么会产生信息不对称？Stiglitz（2002）认为，信息不对称源于"不同的人知道不同的事情"，信息不对称现象产生于拥有信息者和使用信息者之间，如果使用信息者掌握信息则可以做出明智的决策。Stiglitz（2000）强调质量（quality）信息和目的（intent）信息是两种特别重要的信息。质量信息中的信息不对称是一方不知道另一方的特征信息；目的信息中的信息不对称是一个关系中的一方不知道另一方的行为和行为意向。

信号理论在经济学中有广泛适用性，例如，在投资市场中，企业债务和股息分配是反映经营质量的有效信号，因为高质量企业拥有长期获利及分配股息的能力，而低质量企业没有能力维持高额的股息分配方案。局外人（例如，债权人和投资者）容易据此判断企业质量表现。站在信号发送者视角，质量信号超越质量本身，向局外人传递其需要和需求的不可观察的潜在能力。例如，Spence（1973）的模型中求职者使用教育信号传递不可观察的工作能力，Kirmani 和 Rao（2000）的模型中企业向投资者释放组织盈利能力等。

2.10.2 信号的核心要素

信号的发送、传递、接受和解释是一个时间序列过程，其核心要素可以用时间线形式表达。信号理论的核心要素主要有信息发送方、信息接收方、信号、信号反馈和信号环境等（Connelly 等，2015）。Heil 和 Robertson（1991）认为，影响信号解读的三要素分别为：信号发送者的特征（例如，发送者的承诺和声誉）、信号接收者的特征（例如，解读信号的专业性，发送者和接收者的形似性）和信号自身特征（例如，信号的一致性、明确性和进攻性）。本研究据此解读信号的核心要素。

（1）信号发送者

从经济学角度，信号发送者（signaler）是指拥有个人、产品和组织信息的局内人（Ross，1977；Spence，1973；Stiglitz，2000）。站在信息不对称的视角，局内人掌握的信息可能是正面的也可能是负面的，但无论如何，这些信息是局外人不知道和需要的。这些信息可能反映企业产品或服务的特殊性，也可能反映企业其他方面的信息，为局外人判断个人、组织或产品方面的质量提供有利的信息依据（Stiglitz，2000）。

（2）信号接收者

信号接收者（receiver）是指不知道个人、产品和组织等信息，但要使用这些信息的局外人。站在经济学视角，信号发送者和信号接收者是利益冲突的双方。局外人拥有这些信息产生的行为比没有这些信息产生的行为获得的利益更多，或者局内人拥有这些信号让自己获得利益或让局外人遭受损失。例如，在股票投资市场，信号发送是一种市场管理策略，局内人预判局外人接受信息之后的反应进行决策，例如，股东（Certo，Daily 和 Dan，2001）和债权人（Elliott，Prevost 和 Rao，2009）可能在预示未来有较高利润空间的信号作用下购买公司股票或进行借贷，消费者可能在体现高质量信号暗示下购买企业产品或服务（Basuroy，Desai 和 Talukdar，2006）。

（3）信号

经济学中，信号（signal）被定义为局内人和局外人需要处理的信息内容。营销学中，信号则是指产品质量、声誉、竞争者行为意向以及和定价相关的信息（Heil 和 Robertson，1991）。Porter（1980）从企业战略视角，将信号理解为竞争者直接或间接地提供有关行为、动机、目标和内部环境的指示。

作为正面或负面的私有信息，局内人需要权衡是否将其传递给局外人。信号理论强调局内人主动传递正面信息，避免传递负面信息。在资本市场中，局外人对信息的正面或负面的理解是相对的，例如，Myers 和 Majluf（1984）发现，通常投资者评价新股发行的信息为负面信号，因为公司股票价格被低估才可能发布新股。有用信号具备两个重要特征，即"信号可观察性"和"信号成本"。信号可观察性是指局外人能够注意到信号的程度，如果局内人的行为无法被局外人观察，则其很难使用这些行为与局外人进行沟通。不同的信号发送者使用的信号策略可能是不同的，例如，电商市场中，消费者可能因为物理环境限制难以对产品质量和销售者可信度作出评价，Mavlanova，Benbunan-Fich 和 Koufaris（2012）使用比较内容分析发现，低质量销售者使用信号的数量显著低于高质量销售者，而低质量消费者会避免使用那些高成本和容易证实的信号。

2.10.3 市场营销中的信号效应

信号理论在经济学、社会学和管理学等多个学科广泛应用。本书主要回顾市场营销学中的信号效应。Price 和 Dawar（2002）认为，理性选择质量信号可以提高消费者解读信号的可读性。企业要明确不同信号的区别、避免传递冗余信息，明确信号间干扰，确定信号的可信度、重要性和适用性。

（1）品牌的信号效应

作为重要的商业资产，品牌的信号效应一直备受关注。Erdem 和 Swait（1998）认为品牌是一种市场信号，促进消费者对产品属性的感知和品牌主张的信任。品牌信息可以告知消费者产品定位和产品主张。Wernerfelt（1988）认为，塑造品牌可以让企业以低成本传递产品质量信息，且多产品在信息传递过程具有规模经济效应。Erdem，Swait 和 Louviere（2002）比较了不同产品类型消费者对产品属性的不确定程度，发现品牌可信度能有效降低消费者对产品属性不确定的敏感性。Rao 和 Ruekert（1994）认为联合品牌的本质是信号机制，是一个品牌借助其他优质品牌信号表达本产品质量和声誉优越性的机制。

Besharat（2010）认为品牌资产影响质量信号的传递，低资产品牌和高资产品牌组成联合品牌可以影响消费者对联合品牌产品的评价。Özsomer 和 Altaras（2008）认为国际品牌比本土品牌信号可信度更高，国际品牌可信度与国际品牌质量、品牌社会责任、品牌声望和价格相关，影响消费者对国际品牌的态度和购买可能性。Calderonmonge 和 Huertazavala（2014）发现品牌价值和加盟商业绩是影响消费者决定是否加盟的两个最重要的信号。Pappu 和 Quester（2016）认为，创新是展示品牌效应、附加优势和履约能力的信号，创新对感知质量和品牌忠诚都具有显著影响。综合以上信息，我们可以推断，品牌是企业进行质量信号传递的重要工具，企业构建品牌资产的本质是利用和放大品牌的信号效应。

（2）广告的信号效应

作为最常见的品牌促销工具，广告具有显著的信号效应，甚至是用于广告费用的投资同样具有广告效应。Nelson（1974）指出，企业用于塑造品牌形象的高额广告支出，能向消费者传递产品质量的优越性，因为消费者倾向于理解为高质量的产品才值得投放广告。Tsui（2012）模拟手机消费市场，检验广告投放规模对产品感知质量和支付意愿的影响，发现广告投放规模显著提升消费者对产品质量的感知以及支付意愿，即使是低质量产品，广告投放也对消费者支付意愿具有促进作用。

（3）价格的信号效应

价格信息是商品价值的指示器，具有明显的信号效应。Bagwell 和 Riordan（1991）认为，价格可以作为表达产品质量的信号，他们模拟多种动态模型，高价和降价是预测消费者感知质量最稳健的两个指标。产品投放市场之初，高价可以有效表达产品质量信息，随着消费者知识增加，信息不对称效应降低，产品价格下降。Mitra 和 Fay（2010）指出，电子商务的物理属性阻碍消费者对在线服务的直接感知，网络零售商会使用不同的定价策略作为信号，影响消费者对不可观察的在线服务质量的期望。

（4）质量保证的信号效应

作为整体产品概念的延伸，质量保证同样具有显著的信号效应。Esther（1989）认为，产品质量保证是有效的信号，特别是当产品内在属性既不太密集也不太离散时候。Boulding 和 Kirmani（1993）检验质量保证对感知质量的影响，使用不同质保时间、质保范围和质保条件等信号，发现消费者对产品质量的感知取决于不同的市场均衡状态。Price 和 Dawar（2002）研究品牌和质量保证交互对感知质量的影响，发现正面质量保证调节了品牌信号的发送效应。

（5）专业认证的信号效应

第三方专业认证某种程度上是企业增强产品质量信息的信号。King，Lenox 和 Terlaak（2005）认为，在产品包装标识专业管理标准认证（例如，ISO14001 环境管理体系认证），是一种向消费者和外界传递质量信息的信号，展示某些容易观察的能力和特征，例如，绝不投机的承诺。专业管理标准认证可以降低（潜在）交易双方的信息不对称性，为消费者提供比较可靠的额外信息，进而降低消费者的感知风险。

2.10.4 赞助的信号效应

虽然形象转移问题是赞助研究领域的热点问题，但部分研究揭示，无论是商业赞助还是公益赞助都具有信号效应。

（1）商业赞助的信号效应

商业赞助的信号效应在资本市场得到了充分体现，Miyazaki 和 Morgan（2001）对比赞助前后赞助商股票市值的变化，发现赞助信息对企业财务价值提升具有显著的促进作用，企业公布赞助关联信息显著提升了投资者和公众的积极反应。Pruitt，Cornwell 和 Clark（2002）对 49 个赞助商进行调查研究后，发现企业宣布赞助体育赛事或公布冠名权协议可以引起股票价格的上升，赞助商企业的平均股票价格上升了 1.65%，对此，Pruitt，Cornwell 和 Clark（2002）解释道，体育赞助的真实附加价值是一个体现管理信心的有效或"诚实"的信号。Meenaghan（2001）使用信号理论解释赞助对消费者评价的影响，赞助信息向消费者传递出某种表明企业规模、地位、安全等相关企业价值的信号，消费者可能对此的理解是，只有相当规模和资金实力的企业才能支持高质量的赞助活动。

（2）公益赞助的信号效应

商业赞助是向社会公众传递企业实力的信号，而公益赞助是向社会传递出企业具有社会责任感的信号。Woźniak（2014）指出，企业赞助公益事业向外界传递企业热心公益的信号，不仅能提升企业的品牌形象，而且能提升企业的雇主形象，正面的公益赞助关联信息使企业雇主形象更具影响力。Su 等（2016）发现，赞助公益事业和财务绩效间具有显著正相关性，尤其在不发达和信息扩散程度较低的资本市场，公益事业赞助对财务绩效的影响更加显著。对此，他们解释道，在新兴经济体中，公益事业赞助向投资者传递出一种企业有额外能力应对公共事业机构的失效问题的积极信号。

2.11 本章小结

本章回顾与研究内容相关的文献，包括赞助相关研究、事件质量、溢价支付意愿、赞助匹配、品牌熟悉度、品牌声望、感知质量以及形象转移理论和信号理论两个基础理论，为概念模型构建和变量关系探索奠定基础。本章结构安排如下：

第一，赞助相关研究。本节从赞助概念入手，阐述不同学者对赞助的理解，归纳出赞助的本质特征，即赞助是赞助方和被赞助方资源互换、互惠合作、建立关联和传播价值的行为，并展开对赞助与广告、促销和公共关系的比较；分析赞助对品牌资产、股东价值、产品销售和利益相关者的影响，以及从消费者、事件和赞助商三个角度对赞助效果影响因素进行探讨。

第二，事件质量。本节从事件质量概念入手，对赞助事件质量以及相关概念进行介绍，不同学者因为研究内容不同对赞助事件质量的表述有所差异，例如，事件地位、活动质量、活动影响力等，但其表达的核心内容非常接近，都是指赞助对象的社会影响力以及公众的关注程度。紧接着本节对赞助事件质量的构成维度进行探讨，并从不同事件角度，介绍相关学者对赞助事件质量构成维度的研究，以及赞助事件质量对赞助商品牌和消费者行为等方面的影响。

第三，溢价支付意愿。本节首先介绍溢价、支付意愿和溢价支付意愿相关概念，归纳溢价支付意愿本质是消费者对产品和品牌溢价能力的感知。其次从产品品牌和服务品牌两个方面介绍学者对溢价支付意愿的不同测量方法，并梳理影响溢价支付意愿的五个重要因素：感知质量、感知价值、品牌信任、品牌情感和品牌忠诚。

第四，赞助匹配。本节首先探讨不同学者对赞助匹配的定义，即消费者对赞助商和赞助对象关联认知的相似性和一致性，并介绍四种主要的赞助匹配形式，其中自然匹配和创造匹配是本研究实验控制赞助匹配的两种重要方法。然后从品牌形象、认知评价和赞助匹配强度角度介绍赞助匹配的影响，接着从赞助策略、归因和解释水平角度分析赞助匹配的影响因素，最后提出四点赞助匹配构建和提升的策略。

第五，品牌熟悉度。本节首先梳理几位学者对品牌熟悉度的定义，品牌熟悉度是消费者对某个品牌体验积累的品牌经验和品牌知识，并从品牌态度和购买决策两个层面梳理品牌熟悉度的影响，并对品牌熟悉度影响的两种对立观点进行分析，认为可能是赞助性质的不同导致两种不同的结论。本节主要探讨商业赞助中品牌熟悉度的调节作用，认为品牌熟悉度起调节作用。

第六，评价模式。本节在 Hsee 等（1999）的基础上阐述了单独评价和共同评价两种评价模式的概念和内容，并对评价模式对偏好反转的现象进行介绍，从可评价假设、标准理论、想要/应该主张和属性—任务适应性原则四个方面对评价模式引起偏好反转的现象进行解释。

第七，品牌声望。本节从品牌声望的定义、影响和影响因素三个方面对品牌声望内容进行探讨。品牌声望是指某个品牌拥有相对较高的身份定位，在一定程度上体现了消费者及其所属群体的优越感。品牌声望可以作为消费者购买决策降低认知努力的重要外部线索，影响消费者的品牌评价和购买意愿。而品牌的独特性和卓越性是促使品牌具有声望的重要原因。

第八，感知质量。本节从感知质量的定义、影响和影响因素三个方面对感知质量内容进行探讨。感知质量是消费者使用信息线索对品牌和产品优越性的抽象的主观性评价，感知质量是品牌资产的重要构成维度，对消费者满意和购买意愿都有影响。本节从一些常见的外部线索（例如，品牌名称、价格、广告等）介绍感知质量的影响因素。

第九，形象转移理论。本节从形象转移的概念着手，介绍形象转移的起源以及形象转移从名人代言领域到赞助领域的发展过程，并对单一赞助中顺向和逆向形象转移进行介绍，对共同赞助和多重赞助中的形象转移研究进行回顾。

第十，信号理论。本节通过几个经典案例介绍了信号理论的概念及其发展历程，并分析了信号理论的三个关键要素，即信息发送者、信息接收者和信息本身，并探讨信号理论在市场营销领域的应用，例如，品牌、价格、广告、质量保证、专业认证以及赞助都具有信号效应，能影响消费者的认知评价和购买意愿。

综上，本章主要以概念、特征、影响和影响因素的结构对研究内容涉及的相关变量、基础理论以及相关逻辑关系进行梳理。以往文献聚焦于品牌层面的赞助影响，很少涉及赞助对购买决策的影响。本章在对相关变量梳理的基础上，明确研究机会和研究方向，并初步理解各变量的逻辑关系，为下一步的概念模型构建和假设推导奠定基础。

3　研究模型和假设

　　本书将系统回答赞助事件质量如何通过形象转移和信号效应影响消费者购买决策这一核心研究问题。由于溢价支付意愿可以作为衡量赞助商品牌溢价和消费者购买意愿变化的有效指标，本书将着重探讨赞助事件质量是如何影响消费者溢价支付意愿的。本书通过对核心变量的界定以及变量关系的梳理，构建赞助事件质量对消费者溢价支付意愿影响的概念模型。为细致研究赞助事件质量对消费者溢价支付意愿的影响，本书揭示了事件质量影响消费者溢价支付意愿过程中品牌声望和感知质量的中介作用，以及赞助匹配、品牌熟悉度、评价模式的调节作用。

　　为回答这些问题，本书分别设计五个情境实验，依次检验：①赞助事件质量对溢价支付意愿的影响以及品牌声望和感知质量的中介作用；②赞助匹配在事件质量影响消费者溢价支付意愿过程中的调节作用；③品牌熟悉度在事件质量影响消费者溢价支付意愿过程中的调节作用；④赞助匹配和品牌熟悉度在事件质量影响消费者溢价支付意愿过程中的双重调节作用；⑤验证评价模式在事件质量影响消费者溢价支付意愿过程中的调节作用。本书概念模型如图 3-1 所示。

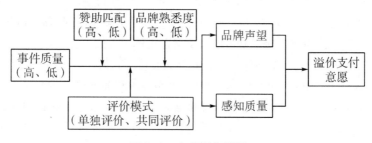

图 3-1　本书概念模型

3.1 研究一：赞助事件质量对消费者溢价支付意愿的影响及中介机制

3.1.1 赞助事件质量对消费者溢价支付意愿的影响

事件质量是消费者对赞助对象质量水平的感知（Gwinner，1997），是影响赞助效果的重要因素。Richelieu 和 Pitts（2004）认为，事件质量是品牌资产构建的基础，只有当赞助事件具备较高地位和影响力的前提下，管理者才可能使用事件的品牌进行赞助关系的推广。Ko 和 Pastore（2004）认为，消费者对赞助事件质量的感知影响消费者对赞助商的品牌印象。Smith（2004）认为，消费者如果感知到事件具有较高的策划和组织质量，那么就会对赞助商品牌资产产生影响，即使赞助商和赞助事件的关系不那么紧密。大量实证结果表明，赞助事件质量显著影响赞助商的品牌资产（Gwinner，1997；Richelieu 和 Pitts，2004；Smith，2004）、感知质量（Alexandris，Tsaousi 和 James，2007；徐玖平和朱洪军，2008）、感知价值（Jin，Lee 和 Lee，2013）和消费者购买意愿（Barros 和 Silvestre，2006；Pope 和 Voges，2000）。

溢价支付意愿指相比其他品牌、产品或服务，消费者为某个品牌、产品或服务支付更高价格的意愿（Chaudhuri 和 Ligas，2009；Sethuraman，2001；Steenkamp 和 Geyskens，2010），反映了消费者对特定品牌在感知质量、感知价值或品牌情感等方面与其他品牌的差异（Chaudhuri 和 Holbrook，2001；Netemeyer 等，2004；Thomson，Macinnis 和 Park，2005；Zhang 和 Bloemer，2008）。Chaudhuri 和 Ligas（2009）认为，消费者更愿意为有价值的品牌支付溢价。相关研究表明，感知质量（Netemeyer 等，2004）、感知价值（Zhang 和 Bloemer，2008）、品牌信任（Klein 和 Leffler，1981）、品牌忠诚和品牌情感（Chaudhuri 和 Ligas，2009）都是影响消费者溢价支付意愿的重要因素。

形象转移是指与一个主体相关联的含义和符号和另外一个主体联系起来的过程（Carrillat，Harris 和 Lafferty，2010）。企业进行商业赞助主要希望通过赞助让事件的一些精神和特质转移到自身品牌上（Gwinner 和 Eaton，1999）。事件质量高低是影响形象转移方向的决定因素，只有赞助事件具备强有力的形象，才能实现事件形象向赞助商品牌形象的转移（Gwinner 和 Eaton，1999）。信号理论认为，当交易一方不掌握对方信息时，其可以依据对方提供的信息进行判断和决策（Connelly 等，2015）。相关研究表明，赞助具有信号效应并影响赞助商股票市值变动，例如，Miyazaki 和 Morgan（2001）分析赞助前后股票市场反应，发现企业公布赞助赛事对企业财务价值具有显著促进作用。Pruitt，Cornwell 和 Clark（2002）认为，体育赞助的真实附加价值是一个体现管理有效或"诚实"的信号，影响投资者对赞助商的信心和积极反应。Meenaghan（2001）使用信号理论解释消费者对赞助价值的理解，赞助向消费者传递企业规模、地位和安全等相关信息，消费者可能理解为，只有具备相当规模和资金实力的企业才能支持高质量的赞助活动，此外，公益事业赞助研究提供了类似结论（Su 等，2016）。

基于以上结论，本书推测，高质量的赞助事件，一方面促进了形象转移效应，提升消费者对赞助商品牌形象的感知；另一方面借助赞助关联信息向消费者传递赞助商业绩相关的信息，提升消费者对产品质量的信任。消费者对赞助商品牌和质量的认可，可能提升消费者对赞助商产品的溢价支付意愿。本书提出如下假设：

H1：事件质量越高，消费者对赞助商产品的溢价支付意愿越高；事件质量越低，消费者对赞助商产品的溢价支付意愿越低。

3.1.2 品牌声望的中介作用

品牌声望是指某个品牌拥有相对较高的品牌身份定位（Steenkamp，Batra 和 Alden，2003），在一定程度上体现出消费者及其所属群体的优越感（Brucks，Zeithaml 和 Naylor，2000）。品牌声望的构成要素不仅包含一些有形产品特征，还包含一些能够表达产品形象和品牌形象的社会成分。Dubois 和 Czellar（2002）认为，决定品牌声望的关键因素是与该品牌产品特定属性或整体性能关联的、独特的、卓越的制作工艺，品牌的独特性和卓越性是影响消费者对品牌声望感知的决定性因素。

Baek，Kim 和 Yu（2010）指出，消费者会把品牌声望作为评价特定产品和品牌的重要外部线索，从而降低信息搜寻成本。Brakus，Schmitt 和 Zarantonello（2009）也认为，品牌声望能有效降低消费者搜索其他同类品牌信息时间，品牌声望显著影响消费者信任。Steenkamp，Batra 和 Alden（2003）也发现，品牌声望显著影响消费者满意度和购买意愿，消费者对具有声望的品牌评价更高并且购买意愿更强。Wong 和 Zhou（2006）发现当产品具有一定社会展示价值时，消费者的购买意愿更强。Gin，Seon 和 Hyun（2011）发现品牌声望影响品牌关系质量和品牌忠诚。Baek，Kim 和 Yu（2010）发现品牌可信度和品牌声望积极影响感知质量和消费者购买意愿。Gilaninia 等（2012）发现品牌声望影响品牌忠诚、感知质量、感知风险和信息成本，进而影响消费者的购买意愿。

综合上述结论和假设 H1，本书推测，高质量的事件促进形象转移效应，在一定程度上提升了赞助商品牌的身份定位和象征价值，增加赞助商的品牌声望，品牌声望显著影响消费者满意、品牌信任、感知质量、品牌忠诚（Brakus，Schmitt 和 Zarantonello，2009；Gin，Seon 和 Hyun，2011；Wong 和 Zhou，2006），进而影响消费者的溢价支付意愿。本书提出如下假设：

H2：品牌声望在赞助事件质量影响消费者溢价支付意愿的过程中起中介作用，即事件质量越高，消费者感知赞助商品牌声望越高，消费者对赞助商产品的溢价支付意愿越高。

3.1.3 感知质量的中介作用

感知质量是消费者对品牌整体表现的卓越性和优异性的主观评价，是品牌资产的核心和主要要素（Netemeyer 等，2004）。感知质量可以影响消费者的行为倾向（Zeithaml，1988），是影响消费者溢价支付意愿的主要影响因素。Netemeyer 等（2004）发现感知质量、感知价值、品牌独特性对消费者溢价支付意愿都有显著正向影响。Sethuraman（2001）认为相比自有品牌，消费者愿意为全国性品牌支付更高价格的根本原因在于消费者对两类品牌的感知质量存在差异。Peterson 和 Wilson（1985）认为，对于一些产品，消费者存在价格依赖模式（price reliance schema），即把高价格等同于高质量，这表明消费者的溢价支付意愿确实与消费者对产品的质量感知紧密相关，当消费者认同价格和质量关系时，消费者可能为高质量产品支付更高价格（Cole 和 Chancellor，2009）。

Dawar 和 Parker（1994）认为，信息不对称是感知质量产生的直接原因，为降低购买不确定性，消费者只能依赖相关启发性线索（heuristics cues）对产品或服务的质量进行评估。Olson 和 Jacoby（1972）指出，消费者主要通过内部线索（intrinsic cues）和外部线索（intrinsic cues）推测产品质量。Pruitt，Cornwell 和 Clark（2002）指出赞助具有信号效应，影响投资者对赞助商的信心和积极反应。Meenaghan（2001）认为赞助向消费者传递企业规模、地位和安全等相关信息，消费者可能理解为，只有具备相当规模和资金实力的企业才能支持高质量的赞助活动。基于信号理论，本书推测，在消费者购买决策环节，高质量的事件向消费者传递赞助商业绩相关的信息，提升了消费者对产品质量的感知和信任（Alexandris，Tsaousi 和 James，2007；徐玖平和朱洪军，2008），进而影响消费者的购买意愿和溢价容忍度（Erdem，Swait 和 Louviere，2002）。本书提出如下假设：

H3：感知质量在赞助事件质量影响消费者溢价支付意愿的过程中起中介作用，即事件质量越高，消费者对赞助商产品的感知质量越高，消费者对赞助商产品的溢价支付意愿越高。

3.2 研究二：赞助匹配的调节作用

尽管赞助匹配有多种不同的概念表述，但都使用相近的概念描述消费者对赞助方和被赞助方认知的"关联性和相似性"（Cornwell 和 Roy，2005；Han 等，2013；Rifon 等，2004）。大量实证结果表明，赞助匹配可以提高品牌评价（Grohs，Wagner 和 Vsetecka，2004）、提升品牌形象（Becker - Olsen 和 Simmons，2002）、促进品牌忠诚度（Groza，Cobbs 和 Schaefers，2012）、强化消费者购买意愿（Pracejus 和 Olsen，2004）以及提升投资者股价收益（Cornwell，Pruitt 和 Van Ness，2001）等。

学者常使用图式理论和形象转移理论解释赞助匹配的作用机制，图式类似于消费者记忆中的信息框架，赞助方和被赞助方信息不一致时会影响消费者的信息存储和取回（Coppetti 等，2009），消费者衡量赞助方和被赞助方的匹配也是基于图式的评价（Roy 和 Cornwell，2003）。Gwinner 和 Eaton（1999）认为赞助方和被赞助方具有功能或形象匹配性时，消费者可能会把事件的图式整合到赞助商品牌的图式中，从而促使双方图式趋近，赞助匹配促使事件的关联属性（如赛事体现的精神和品质）向赞助商品牌转移。Barone，Norman 和 Miyazaki（2007）也指出，赞助匹配促使消费者使用事件有利形象对赞助商品牌和赞助活动进行评估。

基于形象转移理论，本书推测，赞助匹配影响消费者对赞助方和被赞助方关系认知的相似性和一致性（Roy 和 Cornwell，2003），促进消费者使用事件有利形象对赞助商品牌和赞助事件进行评估（Barone，Norman 和 Miyazaki，2007），赞助匹配越高，消费者越有可能使用事件有利形象评估赞助商品牌和产品，进而提升其溢价支付意愿。本书提出如下假设：

H4：赞助匹配在赞助事件质量影响消费者溢价支付意愿的过程中起调节作用。

H4a：赞助匹配较高时，事件质量越高，消费者对赞助商产品的溢价支付意愿越高；事件质量越低，消费者对赞助商产品的溢价支付意愿越低。

H4b：赞助匹配较低时，赞助事件质量对消费者溢价支付意愿的影响没有差异。

3.3 研究三：品牌熟悉度的调节作用

品牌熟悉度是指消费者对特定产品的直接或间接的体验而积累的产品相关知识，是消费者记忆中的品牌联想集（Lafferty，Goldsmith 和 Hult，2004）。品牌熟悉度影响消费者的信息处理和品牌评价，Alba 和 Hutchinson（1987）认为，品牌熟悉度影响消费者对赞助关联信息的处理，进而影响对赞助商品牌的评价。Rubinstein 和 Griffiths（2001）发现，品牌熟悉度不仅影响消费者购买决策的感知，而且影响消费者对决策信息的需求。Hardesty 和 Bearden（2002）认为，品牌熟悉度影响消费者的记忆联想，品牌熟悉度越高，消费者记忆联想越广泛，品牌信息越容易提取，消费者的信息处理和评价就相对容易。

品牌熟悉度对消费者的影响存在两种矛盾观点，本书倾向于品牌熟悉度具有负向调节作用的观点。学者常使用态度可接近理论和启发分析模型解释品牌熟悉度的作用机制。态度可接近理论认为，个体对事物的态度的强烈程度影响其对相关记忆信息的提取（Fazio，Powell 和 Williams，1989）。启发分析模型认为，品牌是与产品质量和售后等信息相关的消费者先验知识结构，为减少购买决策过程的认知努力，消费者会把品牌作为启发式线索（Maheswaran 等，1992）。

Low 和 Lamb（2000）认为，熟悉品牌意味着消费者记忆中的品牌联想相对广泛而且稳定，即使接收新信息，也不能改变消费者的品牌态度（Campbell 和 Keller，2003）。对于不熟悉品牌，品牌联想不够稳定和丰富，品牌态度也不稳定，新信息容易导致消费者对品牌态度的改变（Lafferty，2009）。Carrillat，Lafferty 和 Harris（2005）认为品牌熟悉度影响消费者处理赞助商品牌联想的能力，消费者对熟悉品牌的认知能力较强，则分配用于处理新的信息的认知资源较少；对于不熟悉的品牌，消费者给予更多认知处理，分配用于处理新的信息的认知资源也更多。综合上述结论和形象转移理论，本书推测，消费者对高熟悉度的品牌联想丰富且稳定，事件质量信息不容易改变赞助商的品牌形象，形象转移效应不显著，而事件质量信息容易改变赞助商的品牌形象，进而影响消费者的溢价支付意愿。本书提出如下假设：

H5：品牌熟悉度在赞助事件质量影响消费者溢价支付意愿的过程中起调节作用。

H5a：品牌熟悉度较低时，事件质量越高，消费者对赞助商产品的溢价支付意愿越高；事件质量越低，消费者对赞助商产品的溢价支付意愿越低。

H5b：品牌熟悉度较高时，赞助事件质量对消费者溢价支付意愿的影响没有差异。

3.4 研究四：赞助匹配和品牌熟悉度的双重调节作用

假设 H4 推测，赞助匹配影响消费者对赞助方和被赞助方关系认知的相似性和一致性（Roy 和 Cornwell，2003），促进消费者使用事件有利形象对赞助商品牌和赞助事件进行评估（Barone，Norman 和 Miyazaki，2007），赞助匹配越高，消费者越有可能使用事件有利形象评估赞助商品牌和产品，进而影响消费者溢价支付意愿。假设 H5 推测，消费者对高熟悉度的品牌联想丰富且稳定，事件质量信息不容易改变赞助商的品牌形象，形象转移效应不显著，而事件质量信息容易改变赞助商的品牌形象，进而影响消费者的溢价支付意愿，

综合假设 H4 和 H5 推测，赞助匹配对赞助事件质量的调节作用是正向的（Smith，2004），即赞助匹配越高，赞助事件质量对消费者溢价支付意愿的影响越显著；品牌熟悉度对赞助事件质量的调节作用是负向的，即品牌熟悉度越低，赞助事件质量对消费者溢价支付意愿的影响越显著。赞助匹配和品牌熟悉度在赞助事件质量影响消费者溢价意愿过程中可能起到双重调节作用。

一些学者指出，赞助匹配的作用并没有那么重要，Crimmins 和 Horn（1996）观察现实中大量赞助活动后发现，某些赞助方和被赞助方都不具有逻辑和自然的联系，但同样取得了不错的效果。Smith（2004）认为即使赞助方和被赞助方关系不紧密，但只要消费者能够感知到事件具有较高策划和组织质量依然会对赞助商的品牌资产产生影响。因此，本书推测，赞助匹配和品牌熟悉度在赞助事件质量对消费者溢价支付意愿影响过程双重调节效应中，品牌熟悉度比赞助匹配的调节效应更显著，本书提出如下假设：

H6：事件质量和赞助匹配在赞助事件质量影响消费者溢价支付意愿的过程中起双重调节作用。

H6a：品牌熟悉度较低，赞助匹配较高时，事件质量越高，消费者对赞助商产品的溢价支付意愿越高。

H6b：品牌熟悉度较高，赞助匹配较低时，赞助事件质量对消费者溢价支付意愿的影响没有差异。

H6c：品牌熟悉度较低，赞助匹配较低时，事件质量越高，消费者对赞助商产品的溢价支付意愿越高。

H6d：品牌熟悉度较高，赞助匹配较高时，赞助事件质量对消费者溢价支付意愿的影响没有差异。

3.5　研究五：评价模式的调节作用

所有决策过程都是消费者在不同选项中做出选择，Hsee 等（1999）把个体比较和评价同时出现多个选项的情境称为共同评价模式；个体单独评价一个选项的情境称为单独评价模式（separate evaluation mode）。两种评价模式对消费者偏好存在显著影响，甚至出现偏好反转效应（Mellers 等，1992；Tversky 和 Griffin，1991）。

一些学者从不同角度解释评价模式的作用机制，"可评估性假设"认为，不同评价模式强调不同产品属性，有些属性在单独评价时很难衡量好坏，则这些属性在单独评价下的权重小于共同评价权重；而有些属性容易在单独评价模式中判断（Hsee 等，1999）。"标准理论"认为，个体评价一个选项时会设法理解选项内容，进而唤起一些内部参照标准进行评价；评价两个以上的选项时，不同选项间互为参照标准。"想要/应该主张"认为，单独评价缺失可平衡的替代选择，个体倾向于"想要做什么"；个体在共同评价模式中趋于作出合理选择，倾向于"应该做什么"。"属性—任务适应性原则"认为共同评价任务是对多个选项进行比较判断，单独评价任务是对一个选项进行评价判断。不同任务类型决定消费者策略，评价判断是以选项为基础的跨属性比较策略；比较判断是以属性为基础的同属性比较型策略（Nowlis 和 Simonson，1997）。

综合上述结论和信号理论，本书推测，共同评价任务是对多个选项进行比较判断，单独评价任务是对一个选项进行评价判断。在单独评价模式中，因为参照标准和"事件质量"属性取值分布信息不明确，消费者不容易对赞助商品牌和产品进行评价；在共同评价模式中，消费者是对两个以上的选项进行评价，不同选项间（事件质量高低）互为参照物，向消费者释放出相对明确的信号，为消费者提供互为参照标准的外部线索，消费者很容易赋予事件质量属性更高权重，进而强化不同事件质量的比较效应。本书提出如下假设：

H7：评价模式在赞助事件质量影响消费者溢价支付意愿的过程中起调节作用。

H7a：在共同评价模式中，事件质量越高，消费者对赞助商产品的溢价支付意愿越高；事件质量越低，消费者对赞助商产品的溢价支付意愿越低。

H7b：在单独评价模式中，赞助事件质量对消费者溢价支付意愿的影响没有差异。

4 研究一：赞助事件质量对消费者溢价支付意愿的影响及中介机制

4.1 实验设计

4.1.1 研究目的

研究一主要检验消费者在购买决策环节，赞助事件质量高低对消费者溢价支付意愿的影响（假设 H1），以及赞助事件质量影响消费者溢价支付意愿的中介作用机制，即品牌声望（假设 H2）和感知质量（假设 H3）在事件质量影响消费者溢价支付意愿过程中的中介作用。

4.1.2 实验设计

研究一采用 3（事件质量：高、中、低）组间因子设计。

由于现实中很难找到与本研究主题完全吻合的研究情境进行调查，所以本研究主要以情境实验法和调查问卷的方式进行实证数据的收集。情境实验是消费者行为研究中的常用方法，使用文字表述、图片或影像等形式操控自变量并获得被试在因变量的反应，可以比较理想地操控消费者的情境反应，降低无关变量干扰（Reis 和 Judd，2000）。情境实验法在企业赞助研究中被广泛使用（Simmons 和 Becker-Olsen，2006；徐玖平和朱洪军，2008）。

研究一主要检验消费者在购买决策环节，赞助事件质量对消费者溢价意愿的影响，即消费者对赞助商产品的溢价支付意愿是否会因为事件质量高低受到影响，本研究使用情境实验法，模拟消费者在商场购物的消费情境，让消费者想象自己正在购买特定产品，然后向消费者呈现刺激物信息（不同事件质量的赞助关联信息），随后测量消费者对目标产品的溢价支付意愿、品牌声望和感知质量。

4.2 刺激物设计

4.2.1 事件质量刺激物

研究一事件质量刺激物选择"西班牙足球甲级联赛（西甲）""荷兰足球甲级联赛（荷甲）""中国足球协会超级联赛（中超）"三大专业足球联赛作为不同质量水平的赞助对象。选择专业足球联赛作为刺激物，主要考虑到足球赛事的影响力比较大，消费者尤其是年轻消费者群体较为熟悉，有助于排除消费者对赞助事件类型熟悉度的影响，另外，专业足球联赛具有明确排名信息，赛事质量、赛事地位和影响力容易区分。研究一事件质量刺激物描述分别如下：

西班牙足球甲级联赛（简称"西甲"）成立于 1928 年，是西班牙最高等级的职业足球联赛，也是欧洲及世界最高水平的职业足球联赛之一，现有参赛球队 20 支。其标志如图 4-1 所示。

图 4-1　西甲标志

荷兰足球甲级联赛（简称"荷甲"）成立于 1956 年，是荷兰足协主办的荷兰国内最高级别的俱乐部赛事，现有参赛球队 18 支。其标志如图 4-2 所示。

图 4-2　荷甲标志

中国足球协会超级联赛（简称"中超"）成立于 2004 年，是中国大陆地区（除港、澳、台地区）最高级别的职业足球联赛，现有参赛球队 16 支。其标志如图 4-3 所示。

图4-3　中超标志

4.2.2　产品和品牌刺激物

本研究选择产品和品牌刺激主要考虑以下三个条件：①产品刺激物比较常见，消费者对产品类型比较熟悉；②行业中赞助体育赛事的现象比较普遍；③品牌熟悉度相对较低，消费者尚未形成固化的品牌知识，有助于剔除品牌熟悉度的干扰。

本研究组织4名博士和5名硕士进行小组访谈，让成员回忆印象比较深刻的赞助商及所属行业，确认赞助比较普遍的行业有食品（31.46%）、汽车（15.73%）、手机（11.24%）、体育用品（10.11%）、互联网（8.99%）、化妆品（5.62%）、生活日化（5.62%）、高档手表（3.37%）、金融（2.25%）、医药（2.25%）、家电（1.12%）、房地产（1.12%）等行业。结合事件刺激物（专业足球联赛）契合度以及学生群体对产品的熟悉度，本研究认为体育用品比较符合上述条件，并且体育用品是赛事赞助研究中的常用刺激物（Carrillat和D'Astous，2012；Olson，2010；杨洋，方正和江明华，2015）。

为防止真实品牌对实验造成干扰，本研究在产品描述时将品牌进行虚拟化（A品牌）处理，虚拟品牌有助于剔除消费者相关品牌知识、品牌卷入度和前期经验的干扰（Cornwell和Roy，2005），是消费者行为和企业赞助研究中常见品牌刺激物的设计方式（Carrillat和D'Astous，2012；Simmons和Becker-Olsen，2006），产品和品牌刺激物表述分别如图4-4、图4-5、图4-6所示。

图4-4　产品和品牌刺激物（高事件质量组）

图 4-5　产品和品牌刺激物（中事件质量组）

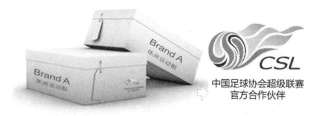

图 4-6　产品和品牌刺激物（低事件质量组）

4.3　实验过程

为了避免组内实验的记忆效应，实验使用 3（事件质量：高、中、低）组间因子设计，实验对象主要使用本科生作为被试，学生样本同质性高，便于控制个体差异以及有助于剔除职业、收入等因素对实验的干扰（Shuptrine，1975），此外，学生思维比较活跃，对社会活动和社会现象较为关注（刘英，张剑渝和杜青龙，2014）。借鉴国内外学者相关经验，本研究选择学生样本作为被试，被试被随机分为三个小组（事件质量：高、中、低）。实验按照以下步骤展开：

第一步，测量被试对赞助事件类型（专业足球赛事）的熟悉度（用于操控检验）以及对企业赞助足球联赛的接受度（用于操控检验）。

第二步，请被试阅读一段关于专业足球联赛的介绍（西甲、荷甲和中超），随后，请被试根据事件质量量表评价该足球联赛的质量水平（用于操控检验）。

第三步，请被试阅读一段模拟购买决策情境的信息，让被试想象"自己在商场购物，主要目的是为自己买一双运动鞋，浏览不同品牌后，发现一款 A

品牌运动鞋，而且产品包装印有'西甲/荷甲/中超联赛官方合作伙伴'"，然后，请被试对 A 品牌运动鞋的溢价支付意愿（用于假设检验）、品牌声望（用于假设检验）和产品质量（用于假设检验）做出评价。

第四步，测量被试填写问卷时的情绪状态（用于操控检验）。

第五步，参考 Vincent 和 Zikmund（1976）的建议，将人口统计特征等相对敏感信息测项设置于卷尾，请被试填写相关人口统计特征变量（用于操控检验）。

4.4　量表设计

在具体量表设计上，本研究遵循 Bollen（1989）的建议，在以往理论的基础上构建测量指标并使用成熟量表，并且详细说明观察指标或变量与所需解释的潜在概念或变量的关系，具体量表如下：

第一，事件质量，参考 Gwinner（1997）；Jin，Lee 和 Lee（2013）；Speed 和 Thompson（2000）；徐玖平和朱洪军（2008）等的量表，使用"西甲/荷甲/中超的赛事规模很大""西甲/荷甲/中超的运动水平很高""西甲/荷甲/中超的专业地位很高""西甲/荷甲/中超是国际重要赛事""西甲/荷甲/中超在我周围的人中具有很大影响力"5 个测项。

第二，溢价支付意愿，参考 Chaudhuri 和 Holbrook（2001）；Suwelack，Hogreve 和 Hoyer（2011）；Zeithaml，Berry 和 Parasuraman（1996）等的量表，使用"相比其他品牌，我愿意为 A 品牌支付更高价格""即使 A 品牌涨价我也愿意选择这个品牌""只有 A 品牌涨价较高时，我才会选择其他品牌""即使其他品牌价格更低，我也愿意选择 A 品牌"4 个测项。

第三，品牌声望，参考 Baek，Kim 和 Yu（2010）；Erdem 和 Swait（1998）等的量表，使用"A 品牌很有声望""A 品牌很有地位""A 品牌很有档次"3 个测项。

第四，感知质量，参考 Baek，Kim 和 Yu（2010）；Erdem 和 Swait（1998）等的量表，使用"A 品牌质量非常高""我对 A 品牌质量评价很高"2 个测项。

第五，事件类型熟悉度，参考 Heckler 和 Childers（1992）的量表，使用"我熟悉专业足球联赛（例如，西甲、荷甲和中超等）"1 个测项。

第六，赞助接受度，参考 Olson（2010）的量表，使用"我认为企业赞助专业足球联赛（例如，西甲、荷甲和中超等）是有利的"1 个测项。

第七，情绪状态，参考 Yeo 和 Park（2006）的量表，使用"我现在心情不错""我非常开心参加此次调查" 2 个测项。

4.5　前测实验

4.5.1　样本描述

前测实验以学生样本作为被试，学生样本的同质性较高，有助于排除职业、收入等方面的差异的影响。与正式实验样本来自同一总体的 65 名本科生参与前测实验，前测实验在成都某高校进行，其中，男生 36 名，占样本 55.4%，女生 29 名，占样本 44.6%，样本平均年龄为 21.71 岁，被试人口统计特征见表 4-1、表 4-2、表 4-3。

表 4-1　被试性别描述统计

		频率/次	百分比/%	有效百分比/%	累计百分比/%
	1	36	55.4	55.4	55.4
有效	2	29	44.6	44.6	100.0
	总计	65	100.0	100.0	

表 4-2　被试年龄描述统计

	个案数	最小值	最大值	平均值	标准差
年龄	65	19	24	21.71	1.568
有效个案数（成列）	65				

表 4-3　被试每月生活费用描述统计

		频率/次	百分比/%	有效百分比/%	累计百分比/%
	501~1 000 元	14	21.5	21.5	21.5
	1 001~1 500 元	19	29.2	29.2	50.8
有效	1 501~2 000 元	21	32.3	32.3	83.1
	2 000 元以上	11	16.9	16.9	100.0
	总计	65	100.0	100.0	

4.5.2 操控检验

第一，事件质量操控检验，单因素方差分析结果（见表4-4至表4-7）表明，不同实验组对赞助事件质量主效应显著［F（2，62）= 23.926，P < 0.001，$\eta^2 = 0.433$］，Tukey事后检验程序表明，事件质量在不同实验组具有显著差异，高事件质量组（西甲）（$M_{高事件质量} = 5.65$，SD = 0.660）显著高于中事件质量组（荷甲）（$M_{中事件质量} = 4.70$，SD = 0.768）和低事件质量组（中超）（$M_{低事件质量} = 3.99$，SD = 0.945），并且中事件质量组显著高于低事件质量组，事件质量组间差异性被成功操控。

表4-4 事件质量描述统计分析

事件质量

	个案数	平均值	标准差	标准误差	平均值的95%置信区间		最小值	最大值
					下限	上限		
1	22	5.65	0.660	0.141	5.36	5.95	4.40	7.00
2	21	4.70	0.768	0.168	4.35	5.05	3.00	5.60
3	22	3.99	0.945	0.201	3.57	4.41	2.20	5.60
总计	65	4.78	1.048	0.130	4.52	5.04	2.20	7.00

表4-5 事件质量方差齐性检验

事件质量

莱文统计	自由度1	自由度2	显著性
1.529	2	62	0.225

表4-6 事件质量单因素方差分析

事件质量

	平方和	自由度	均方	F	显著性
组间	30.642	2	15.321	23.926	0.000
组内	39.702	62	0.640		
总计	70.345	64			

表 4-7 事件质量事后多重比较

因变量：事件质量
图基 HSD

(I) 实验组	(J) 实验组	平均值差值(I−J)	标准误差	显著性	95%置信区间	
					下限	下限
1	2	0.949 78*	0.244 13	0.001	0.363 6	1.536 0
	3	1.663 64*	0.241 28	0.000	1.084 3	2.243 0
2	1	−0.949 78*	0.244 13	0.001	−1.536 0	−0.363 6
	3	0.713 85*	0.244 13	0.013	0.127 6	1.300 1
3	1	−1.663 64*	0.241 28	0.000	−2.243 0	−1.084 3
	2	−0.713 85*	0.244 13	0.013	−1.300 1	−0.127 6

注：* 表示平均值差值的显著性水平为 0.05。

第二，事件类型熟悉度操控检验，单因素方差分析结果（见表 4-8、表 4-9）表明，事件类型熟悉度在不同实验组无显著差异 [$M_{高事件质量} = 4.14$，$M_{中事件质量} = 3.76$，$M_{低事件质量} = 4.18$，$F_{(2, 62)} = 1.069$，$P = 0.349$]，事件类型熟悉度组间同质性被成功操控，被试对赞助事件类型（专业足球联赛）的熟悉度对实验干扰不大。

表 4-8 事件类型熟悉度描述统计分析

事件类型熟悉度

	个案数	平均值	标准差	标准误差	平均值的95%置信区间		最小值	最大值
					下限	上限		
1	22	4.14	1.167	0.249	3.62	4.65	2	6
2	21	3.76	1.136	0.248	3.24	4.28	2	6
3	22	4.18	0.733	0.156	3.86	4.51	3	5
总计	65	4.03	1.030	0.128	3.78	4.29	2	6

表 4-9 事件类型熟悉度单因素方差分析

事件类型熟悉度

	平方和	自由度	均方	F	显著性
组间	2.265	2	1.133	1.069	0.349
组内	65.673	62	1.059		
总计	67.938	64			

第三，赞助接受度操控检验，单因素方差分析结果（见表4-10、表4-11）表明，赞助接受度在不同实验组无显著差异［$M_{高事件质量}$ = 5.05，$M_{中事件质量}$ = 4.95，$M_{低事件质量}$ = 5.14，$F(2, 62)$ = 0.327，P = 0.722］，赞助接受度组间同质性被成功操控，被试对企业赞助专业足球联赛的接受度对实验干扰不大。

表4-10 赞助接受度描述统计分析

赞助接受度

	个案数	平均值	标准差	标准误差	平均值的95%置信区间		最小值	最大值
					下限	上限		
1	22	5.05	0.575	0.123	4.79	5.30	4	6
2	21	4.95	0.865	0.189	4.56	5.35	3	6
3	22	5.14	0.774	0.165	4.79	5.48	4	6
总计	65	5.05	0.738	0.092	4.86	5.23	3	6

表4-11 赞助接受度单因素方差分析

赞助接受度

	平方和	自由度	均方	F	显著性
组间	0.364	2	0.182	0.327	0.722
组内	34.498	62	0.556		
总计	34.862	64			

第四，情绪状态操控检验，单因素方差分析结果（见表4-12、表4-13）表明，情绪状态在不同实验组无显著差异［$M_{高事件质量}$ = 5.34，$M_{中事件质量}$ = 5.31，$M_{低事件质量}$ = 4.89，$F(2, 62)$ = 1.683，P = 0.194］，情绪状态组间同质性被成功操控，被试填写问卷时的情绪状态对实验干扰不大。

表4-12 情绪状态描述统计分析

情绪状态

	个案数	平均值	标准差	标准误差	平均值的95%置信区间		最小值	最大值
					下限	上限		
1	22	5.34	0.697	0.149	5.03	5.65	4.00	6.50
2	21	5.31	1.018	0.222	4.85	5.77	2.50	7.00
3	22	4.89	0.999	0.213	4.44	5.33	3.00	6.50
总计	65	5.18	0.925	0.115	4.95	5.41	2.50	7.00

表4-13　情绪状态单因素方差分析

	平方和	自由度	均方	F	显著性
组间	2.818	2	1.409	1.683	0.194
组内	51.897	62	0.837		
总计	54.715	64			

4.5.3　前测小结

前测实验操控检验表明，实验的刺激物操控有效，量表比较可靠，可以进行正式实验检验研究假设。

4.6　正式实验

正式实验采用3（事件质量：高、中、低）组间因子设计。前测实验表明，刺激物操控有效，基本满足实验要求，正式实验在前测实验基础上增加溢价支付意愿、品牌声望和感知质量的测量。为引导被试进行购买决策和考虑溢价支付意愿，本研究使用情境模拟的方法，以描述形式模拟消费者正在商场购物，想要购买一双运动鞋，并对一双鞋盒包装印有赞助关联信息的产品进行评价，接着填写问卷相关测项。

4.6.1 样本描述

正式实验在成都某高校进行，发放问卷200份，最后因错答甄别题项、漏答题项以及随意填答等原因删除22个样本，剩余178个有效样本，其中，男生119名，占总样本66.9%，女生59名，占总样本33.1%，被试平均年龄为21.63岁。样本人口统计特征见表4-14、表4-15、表4-16。

表4-14　被试性别统计描述

		频率/次	百分比/%	有效百分比/%	累计百分比/%
	男	119	66.9	66.9	66.9
有效	女	59	33.1	33.1	100.0
	总计	178	100.0	100.0	

表 4-15　被试年龄统计描述

	个案数	最小值	最大值	平均值	标准差
年龄	178	18	24	21.63	1.554
有效个案数（成列）	178				

表 4-16　被试每月生活支出统计描述

		频率/次	百分比/%	有效百分比/%	累计百分比/%
有效	501~1 000 元	38	21.3	21.3	21.3
	1 001~1 500 元	46	25.8	25.8	47.2
	1 500~2 000 元	52	29.2	29.2	76.4
	2 000 元以上	42	23.6	23.6	100.0
	总计	178	100.0	100.0	

4.6.2　变量描述

本研究以事件质量（高、中、低）的实验组设置，对实验中各操控变量和检验变量的均值和标准差进行测量，实验各变量数据如表 4-17 所示。

表 4-17　实验各变量描述统计

实验组		事件质量	溢价支付意愿	事件类型熟悉度	赞助接受度	品牌声望	感知质量	情绪状态
高	平均值	4.61	5.71	4.07	4.88	5.29	5.29	5.39
	个案数	59	59	59	59	59	59	59
	标准差	1.299	0.882	1.518	1.001	1.091	0.992	0.905
中	平均值	4.08	4.56	3.87	4.55	4.52	4.63	5.17
	个案数	60	60	60	60	60	60	60
	标准差	1.215	1.222	1.467	1.599	1.083	1.138	1.307
低	平均值	3.32	3.85	3.71	4.63	4.11	4.14	4.86
	个案数	59	59	59	59	59	59	59
	标准差	1.454	1.155	1.378	1.299	1.280	1.228	1.210
总计	平均值	4.01	4.71	3.88	4.69	4.64	4.69	5.14
	个案数	178	178	178	178	178	178	178
	标准差	1.421	1.334	1.455	1.324	1.248	1.212	1.168

4.6.3 信度检验

本研究对各变量信度进行分析，各变量的测试信度均大于 0.8，问卷的信度较高，各变量具体测试信度如表 4-18 所示。

表 4-18　正式实验量表信度

变量	克隆巴赫 Alpha	项数
事件质量	0.913	5
溢价支付意愿	0.947	4
品牌声望	0.955	3
感知质量	0.930	2
情绪状态	0.882	0.2

4.6.4 效度检验

本研究使用因子分析方法验证问卷建构效度，采用主成分分析法（principle component analysis），因子旋转方式利用直交旋转（方差最大旋转方式），在做因子分析之前，需使用 KMO（Kaiser-Meyer-Olkin）样本测度，检验样本是否适合做因子分析，针对变量进行效度检验，得到 KMO 和 Barlett 球形检验结果。

因子提取结果显示：事件质量可以解释 5 个测项 74.519% 的变差、溢价支付意愿可以解释 4 个测项 86.652% 的变差、品牌声望可以解释 3 个测项 91.754% 的变差、感知质量可以解释 2 个测项 93.456% 的变差、情绪状态可以解释 2 个测项 89.556% 的变差。综上，本研究各变量可以解释对应测项的变差均大于 70%，因子得分能够较好反映各变量的量表的测量数值，各变量的 KMO 和 Bartlett 球形检验和提取量分别如表 4-19 至表 4-28 所示。

表 4-19　事件质量的 KMO 和巴特利特检验

KMO 取样适切性量数		0.862
巴特利特球形度检验	近似卡方	701.134
	自由度	10
	显著性	0.000

表 4-20　事件质量测项的因子提取

表 4-20　事件质量测项的因子提取

成分	初始特征值			提取载荷平方和		
	总计	方差百分比	累积 %	总计	方差百分比	累积 %
1	3.726	74.519	74.519	3.726	74.519	74.519
2	0.564	11.273	85.792			
3	0.417	8.347	94.139			
4	0.177	3.546	97.685			
5	0.116	2.315	100.000			

提取方法：主成分分析法。

表 4-21　溢价支付意愿的 KMO 和巴特利特检验

KMO 取样适切性量数		0.857
巴特利特球形度检验	近似卡方	714.302
	自由度	6
	显著性	0.000

表 4-22　溢价支付意愿测项的因子提取

成分	初始特征值			提取载荷平方和		
	总计	方差百分比	累积 %	总计	方差百分比	累积 %
1	3.466	86.652	86.652	3.466	86.652	86.652
2	0.221	5.519	92.171			
3	0.207	5.176	97.347			
4	0.106	2.653	100.000			

提取方法：主成分分析法。

表 4-23　品牌声望的 KMO 和巴特利特检验

KMO 取样适切性量数		0.776
巴特利特球形度检验	近似卡方	557.769
	自由度	3
	显著性	0.000

表 4-24 品牌声望测项的因子提取

成分	初始特征值			提取载荷平方和		
	总计	方差百分比	累积 %	总计	方差百分比	累积 %
1	2.753	91.754	91.754	2.753	91.754	91.754
2	0.140	4.657	96.411			
3	0.108	3.589	100.000			

提取方法：主成分分析法。

表 4-25 感知质量的 KMO 和巴特利特检验

KMO 取样适切性量数		0.500
巴特利特球形度检验	近似卡方	247.110
	自由度	1
	显著性	0.000

表 4-26 感知质量测项的因子提取

成分	初始特征值			提取载荷平方和		
	总计	方差百分比	累积 %	总计	方差百分比	累积 %
1	1.869	93.456	93.456	1.869	93.456	93.456
2	0.131	6.544	100.000			

提取方法：主成分分析法。

表 4-27 情绪状态的 KMO 和巴特利特检验

KMO 取样适切性量数		0.500
巴特利特球形度检验	近似卡方	172.546
	自由度	1
	显著性	0.000

表 4-28 情绪状态测项的因子提取

成分	初始特征值			提取载荷平方和		
	总计	方差百分比	累积 %	总计	方差百分比	累积 %
1	1.791	89.556	89.556	1.791	89.556	89.556
2	0.209	10.444	100.000			

提取方法：主成分分析法。

4.6.5 操控检验

第一，事件质量操控检验，单因素方差分析结果（见表4-29、表4-32）表明，不同实验组对赞助事件质量主效应显著［$F(2, 175) = 43.384$，$P < 0.001$，$\eta^2 = 0.331$］，Dunnett C 的事后检验程序（各实验组不具有方差齐性）表明，事件质量在不同实验组具有显著差异，高事件质量组（西甲）（$M_{高事件质量} = 5.71$，$SD = 0.882$）显著高于中事件质量组（荷甲）（$M_{中事件质量} = 4.56$，$SD = 1.222$）和低事件质量组（中超）（$M_{低事件质量} = 3.85$，$SD = 1.155$），并且中事件质量组显著高于低事件质量组，事件质量组间差异性被成功操控。

表4-29　事件质量描述统计分析

事件质量

	个案数	平均值	标准差	标准误差	平均值的95%置信区间		最小值	最大值
					下限	上限		
1	59	5.71	0.882	0.115	5.48	5.94	3.20	7.00
2	60	4.56	1.222	0.158	4.25	4.88	2.20	7.00
3	59	3.85	1.155	0.150	3.55	4.15	2.00	6.20
总计	178	4.71	1.334	0.100	4.51	4.90	2.00	7.00

表4-30　事件质量方差齐性检验

事件质量

莱文统计	自由度1	自由度2	显著性
4.464	2	175	0.013

表4-31　事件质量单因素方差分析

事件质量

	平方和	自由度	均方	F	显著性
组间	104.404	2	52.202	43.384	0.000
组内	210.568	175	1.203		
总计	314.972	177			

表 4-32　事件质量事后多重比较

因变量：事件质量

邓尼特 T3

（I）实验组	（J）实验组	平均值差值（I-J）	标准误差	显著性	95%置信区间	
					下限	下限
1	2	1.148 53 *	0.195 15	0.000	0.675 5	1.621 6
	3	1.864 41 *	0.189 16	0.000	1.405 9	2.322 9
2	1	−1.148 53 *	0.195 15	0.000	−1.621 6	−0.675 5
	3	0.715 88 *	0.217 91	0.004	0.188 3	1.243 5
3	1	−1.864 41 *	0.189 16	0.000	−2.322 9	−1.405 9
	2	−0.715 88 *	0.217 91	0.004	−1.243 5	−0.188 3

注：＊表示平均值差值的显著性水平为 0.05。

第二，事件类型熟悉度操控检验，单因素方差分析结果（见表 4-33、表 4-34）表明，事件类型熟悉度在不同实验组无显著差异 [$M_{高事件质量} = 4.07$，$M_{中事件质量} = 3.87$，$M_{低事件质量} = 3.71$，F（2，175）= 0.887，P = 0.414]，事件类型熟悉度组间同质性被成功操控，被试对赞助事件类型（专业足球联赛）的熟悉度对实验干扰不大。

表 4-33　事件类型熟悉度描述统计分析

事件类型熟悉度

	个案数	平均值	标准差	标准误差	平均值的 95%置信区间		最小值	最大值
					下限	上限		
1	59	4.07	1.518	0.198	3.67	4.46	1	7
2	60	3.87	1.467	0.189	3.49	4.25	1	7
3	59	3.71	1.378	0.179	3.35	4.07	1	6
总计	178	3.88	1.455	0.109	3.67	4.10	1	7

表 4-34　事件类型熟悉度单因素方差分析

事件类型熟悉度

	平方和	自由度	均方	F	显著性
组间	3.759	2	1.879	0.887	0.414
组内	370.764	175	2.119		
总计	374.522	177			

第三，赞助接受度操控检验，单因素方差分析结果（见表4-35、表4-36）表明，赞助接受度在不同实验组无显著差异［$M_{高事件质量}$ = 4.88，$M_{中事件质量}$ = 4.55，$M_{低事件质量}$ = 4.63，F（2，175）= 1.017，P = 0.364］，赞助接受度组间同质性被成功操控，被试对企业赞助专业足球联赛的接受度对实验干扰不大。

表4-35　赞助接受度描述统计分析

赞助接受度

	个案数	平均值	标准差	标准误差	平均值的95%置信区间		最小值	最大值
					下限	上限		
1	59	4.88	1.001	0.130	4.62	5.14	1	7
2	60	4.55	1.599	0.206	4.14	4.96	1	7
3	59	4.63	1.299	0.169	4.29	4.97	1	7
总计	178	4.69	1.324	0.099	4.49	4.88	1	7

表4-36　赞助接受度单因素方差分析

赞助接受度

	平方和	自由度	均方	F	显著性
组间	3.566	2	1.783	1.017	0.364
组内	306.816	175	1.753		
总计	310.382	177			

第四，情绪状态操控检验，单因素方差分析结果（见表4-37、表4-38）表明，情绪状态在不同实验组无显著差异［$M_{高事件质量}$ = 5.39，$M_{中事件质量}$ = 5.17，$M_{低事件质量}$ = 4.90，F（2，175）= 2.770，P = 0.065］，情绪状态组间同质性被成功操控，被试填写问卷时的情绪状态对实验干扰不大。

表4-37　情绪状态描述统计分析

情绪状态

	个案数	平均值	标准差	标准误差	平均值的95%置信区间		最小值	最大值
					下限	上限		
1	59	5.39	0.905	0.118	5.15	5.63	2.00	7.00
2	60	5.17	1.307	0.169	4.83	5.50	2.50	7.00

表4-37(续)

	个案数	平均值	标准差	标准误差	平均值的95%置信区间		最小值	最大值
					下限	上限		
3	59	4.90	1.155	0.150	4.60	5.20	2.00	7.00
总计	178	5.15	1.147	0.086	4.98	5.32	2.00	7.00

表 4-38　情绪状态单因素方差分析

情绪状态

	平方和	自由度	均方	F	显著性
组间	7.147	2	3.574	2.770	0.065
组内	225.757	175	1.290		
总计	232.904	177			

4.6.6　假设检验

（1）赞助事件质量对消费者溢价支付意愿的影响

假设 H1 推测，赞助事件质量对消费者溢价支付意愿具有显著影响，事件质量越高，消费者对赞助商产品的溢价支付意愿越高；事件质量越低，消费者对赞助商产品的溢价支付意愿越低。

本研究对不同事件质量水平的溢价支付意愿进行单因素方差分析，单因素方差分析结果表明，不同赞助事件质量对溢价支付意愿的主效应显著 $[F(2, 175) = 14.155, P < 0.001, \eta^2 = 0.139]$，Tukey 事后检验程序表明，溢价支付意愿在不同实验组具有显著差异，高事件质量组（西甲）（$M_{高事件质量}$ = 4.61，SD = 1.299）和中事件质量组（荷甲）（$M_{中事件质量}$ = 4.08，SD = 1.215）显著高于低事件质量组（中超）（$M_{低事件质量}$ = 3.32，SD = 1.454）；中事件质量组（荷甲）（$M_{中事件质量}$ = 4.08，SD = 1.215）高于低事件质量组（中超）（$M_{低事件质量}$ = 3.32，SD = 1.454），不过两者差异的显著性不高，假设 H1 基本成立，即事件质量越高，消费者对赞助商产品的溢价支付意愿越高；事件质量越低，消费者对赞助商产品的溢价支付意愿越低。溢价支付检验相关结果见表 4-39 至表 4-42。

表 4-39　溢价支付意愿描述统计分析

溢价支付意愿

	个案数	平均值	标准差	标准误差	平均值的95%置信区间		最小值	最大值
					下限	上限		
高	59	4.61	1.299	0.169	4.28	4.95	1.50	7.00
中	60	4.08	1.215	0.157	3.77	4.39	1.25	7.00
低	59	3.32	1.454	0.189	2.94	3.70	1.00	6.00
总计	178	4.01	1.421	0.107	3.80	4.22	1.00	7.00

表 4-40　溢价支付意愿方差齐性检验

溢价支付意愿

莱文统计	自由度 1	自由度 2	显著性
2.822	2	175	0.062

表 4-41　溢价支付意愿单因素方差分析

溢价支付意愿

	平方和	自由度	均方	F	显著性
组间	49.761	2	24.881	14.155	0.000
组内	307.608	175	1.758		
总计	357.369	177			

表 4-42　溢价支付意愿事后多重比较

因变量：事件质量

图基 HSD

(I) 实验组	(J) 实验组	平均值差值 (I-J)	标准误差	显著性	95%置信区间	
					下限	下限
1	2	0.535 24	0.243 08	0.074	−0.039 4	1.109 8
	3	1.292 37*	0.244 10	0.000	0.715 4	1.869 4
2	1	−0.535 24	0.243 08	0.074	−1.109 8	0.039 4
	3	0.757 13*	0.243 08	0.006	0.182 5	1.331 7
3	1	−1.292 37*	0.244 10	0.000	−1.869 4	−0.715 4
	2	−0.757 13*	0.243 08	0.006	−1.331 7	−0.182 5

注：* 表示平均值差值的显著性水平为 0.05。

（2）品牌声望和感知质量的中介效应

假设 2 推测，品牌声望在赞助事件质量影响消费者溢价支付意愿的过程中起中介作用，即事件质量越高，消费者感知赞助商品牌声望越高，消费者对赞助商产品的溢价支付意愿越高。假设 3 推测，感知质量在赞助事件质量影响消费者溢价支付意愿的过程中起中介作用，即事件质量越高，消费者对赞助商产品的感知质量越高，消费者对赞助商产品的溢价支付意愿越高。

参照温忠麟，张雷和侯杰泰（2006）对检验中介效应分析的阐述，本研究使用"依次检验回归系数法"检验品牌声望和感知质量的中介效应，分别建立三个回归方程，依次进行自变量到因变量、自变量到中介变量、自变量和中介变量到因变量的回归分析。

第一步，构建自变量（事件质量）到因变量（溢价支付意愿）的回归方程，数据显示回归方程（见表 4-43）显著（$F = 139.505$，$P < 0.05$），并且事件质量到溢价支付意愿的回归系数（见表 4-44）显著（$\beta = 0.665$，$t = 11.811$，$P < 0.05$），表明事件质量与溢价支付意愿存在显著相关关系，事件质量正向影响消费者溢价支付意愿。

表 4-43　事件质量到溢价支付意愿的回归方程

模型		平方和	自由度	均方	F	显著性
1	回归	158.016	1	158.016	139.505	0.000[b]
	残差	199.353	176	1.133		
	总计	357.369	177			

a. 因变量：溢价支付意愿

b. 预测变量：（常量），事件质量

表 4-44　事件质量到溢价支付意愿的回归系数

模型		未标准化系数		标准化系数	T	显著性
		B	标准误差	Beta		
1	（常量）	0.672	0.293		2.291	0.023
	事件质量	0.708	0.060	0.665	11.811	0.000

a. 因变量：溢价支付意愿

第二步，构建自变量（事件质量）到中介变量（品牌声望、感知质量）的回归方程，数据显示事件质量到品牌声望的回归方程（见表 4-45）显著（$F = 133.639$，$P < 0.05$），并且事件质量到品牌声望的回归系数（见表 4-46）

显著（β = 0.657，t = 11.560，P<0.05）；事件质量到感知质量的回归方程（见表4-47）显著（F = 138.862，P<0.05），并且事件质量到感知质量的回归系数（见表4-48）显著（β = 0.664，t = 11.784，P<0.05）。

表4-45　事件质量到品牌声望的回归方程

模型		平方和	自由度	均方	F	显著性
	回归	118.916	1	118.916	133.639	0.000[b]
1	残差	156.610	176	0.890		
	总计	275.526	177			

a. 因变量：品牌声望

b. 预测变量：（常量），事件质量

表4-46　事件质量到品牌声望的回归系数

模型		未标准化系数		标准化系数	T	显著性
		B	标准误差	Beta		
1	（常量）	1.747	0.260		6.718	0.000
	事件质量	0.614	0.053	0.657	11.560	0.000

a. 因变量：品牌声望

表4-47　事件质量到感知质量的回归方程

模型		平方和	自由度	均方	F	显著性
	回归	114.643	1	114.643	138.862	0.000[b]
1	残差	145.303	176	0.826		
	总计	259.945	177			

a. 因变量：感知质量

b. 预测变量：（常量），事件质量

表4-48　事件质量到感知质量的回归系数

模型		未标准化系数		标准化系数	T	显著性
		B	标准误差	Beta		
1	（常量）	1.849	0.250		7.382	0.000
	事件质量	0.603	0.051	0.664	11.784	0.000

a. 因变量：感知质量

第三步，构建自变量（事件质量）和中介变量（品牌声望、感知质量）到因变量（溢价支付意愿）的回归方程，数据显示事件质量和品牌声望到溢价支付意愿的回归方程（见表 4-49）显著（F=152.990，P<0.05），事件质量到溢价支付意愿的回归系数（见表 4-50）显著（β=0.281，t=4.649，P<0.05），并且品牌声望到溢价支付意愿的回归系数（见表 4-50）也显著（β=0.584，t=9.660，P<0.05），因此，品牌声望在事件质量影响溢价支付意愿的过程中起到部分中介效应，假设 H2"品牌声望在事件质量影响溢价支付意愿的过程中起中介作用"部分成立。由于赞助事件质量对品牌声望以及品牌声望对溢价支付意愿回归方程的回归系数都为正数，因此，事件质量正向影响品牌声望进而影响消费者对赞助商品牌产品的溢价支付意愿，假设 H2 部分成立。

表 4-49　事件质量和品牌声望到溢价支付意愿的回归方程

模型		平方和	自由度	均方	F	显著性
1	回归	227.344	2	113.672	152.990	0.000[b]
	残差	130.026	175	0.743		
	总计	357.369	177			

a. 因变量：溢价支付意愿

b. 预测变量：（常量），品牌声望，事件质量

表 4-50　事件质量和品牌声望到溢价支付意愿的回归系数

模型		未标准化系数		标准化系数	T	显著性
		B	标准误差	Beta		
1	（常量）	-0.490	0.266		-1.841	0.067
	事件质量	0.299	0.064	0.281	4.649	0.000
	品牌声望	0.665	0.069	0.584	9.660	0.000

a. 因变量：溢价支付意愿

　　事件质量和感知质量到溢价支付意愿的回归方程（见表 4-51）显著（F=130.893，P<0.05），事件质量到溢价支付意愿的回归系数（见表 4-52）显著（β=0.313，t=4.888，P<0.05），并且感知质量到溢价支付意愿的回归系数（见表 4-52）也显著（β=0.530，t=8.286，P<0.05），因此，感知质量在事件质量影响溢价支付意愿的过程中起到部分中介效应，假设 H3"感知质量在事件质量影响溢价支付意愿的过程中起中介作用"部分成立。由于赞助事件

质量对感知质量以及感知质量对溢价支付意愿回归方程的回归系数都为正数，因此，事件质量正向影响感知质量进而影响消费者对赞助商品牌产品的溢价支付意愿，假设 H3 部分成立。

表 4-51　事件质量和感知质量到溢价支付意愿的回归方程

模型		平方和	自由度	均方	F	显著性
	回归	214.188	2	107.094	130.893	0.000[b]
1	残差	143.181	175	0.818		
	总计	357.369	177			

a. 因变量：溢价支付意愿

b. 预测变量：（常量），感知质量，事件质量

表 4-52　事件质量和感知质量到溢价支付意愿的回归系数

模型		未标准化系数		标准化系数	T	显著性
		B	标准误差	Beta		
	（常量）	-0.478	0.285		-1.674	0.096
1	事件质量	0.333	0.068	0.313	4.888	0.000
	感知质量	0.622	0.075	0.530	8.286	0.000

a. 因变量：溢价支付意愿

4.7　研究小结

本章主要介绍相关研究设计，包括实验设计、刺激物设计、量表设计、前测实验和正式实验。

第一，实验设计。研究一主要检验赞助事件质量对消费者溢价支付意愿的影响，以及品牌声望和感知质量在事件质量影响消费者溢价支付意愿过程中的中介作用，研究一采用 3（事件质量：高、中、低）组间因子设计。

第二，刺激物设计。实验一事件刺激物以"西班牙足球甲级联赛（西甲）""荷兰足球甲级联赛（荷甲）""中国足球协会超级联赛（中超）"三大专业足球联赛作为不同质量（高、中、低）的赞助对象；产品刺激物选取赛事赞助常用体育运动产品（运动鞋），并对品牌进行虚拟化处理以剔除品牌知识和品牌熟悉度等干扰，并相应模拟消费者购买决策的情境。

第三，量表设计。本研究使用或借鉴相关成熟量表，并根据研究内容进行相应地适应性调整，设计事件质量、溢价支付意愿、品牌声望、感知质量、事件类型熟悉度、赞助接受度量表。

第四，前测实验和正式实验。实验描述样本和变量数据的基本特征，包括样本描述、变量描述、量表信度、操控检验，数据分析结果显示量表信度、变量操控符合要求。

第五，假设检验，本研究检验假设 H1 推测，假设 H1 得到支持，事件质量越高，消费者对赞助商产品的溢价支付意愿越高；事件质量越低，消费者对赞助商产品的溢价支付意愿越低。检验假设 H2 推测，假设 H2 得到部分支持，即品牌声望在赞助事件质量影响消费者溢价支付意愿的过程中起中介作用，即事件质量越高，消费者感知赞助商品牌声望越高，消费者对赞助商产品的溢价支付意愿越高。检验假设 H3 推测，假设 H3 得到部分支持，即感知质量在赞助事件质量影响消费者溢价支付意愿的过程中起中介作用，即事件质量越高，消费者对赞助商产品的感知质量越高，消费者对赞助商产品的溢价支付意愿越高。研究一的假设检验结论见表 4-53。

表 4-53　研究一：假设检验结论

序号	假设内容	验证
1	H1：事件质量越高，消费者对赞助商产品的溢价支付意愿越高；事件质量越低，消费者对赞助商产品的溢价支付意愿越低。	支持
2	H2：品牌声望在赞助事件质量影响消费者溢价支付意愿的过程中起中介作用，即事件质量越高，消费者感知赞助商品牌声望越高，消费者对赞助商产品的溢价支付意愿越高。	部分支持
3	H3：感知质量在赞助事件质量影响消费者溢价支付意愿的过程中起中介作用，即事件质量越高，消费者对赞助商产品的感知质量越高，消费者对赞助商产品的溢价支付意愿越高。	部分支持

5 研究二：赞助匹配的调节作用

5.1 实验设计

5.1.1 研究目的

研究二主要检验消费者在购买决策环节，赞助匹配在事件质量影响消费者溢价支付意愿过程中的调节作用（假设 H4）：即赞助匹配较高时，事件质量越高，消费者对赞助商产品的溢价支付意愿越高；事件质量越低，消费者对赞助商产品的溢价支付意愿越低（假设 H4a）；赞助匹配较低时，赞助事件质量对消费者溢价支付意愿的影响没有差异（假设 H4b）。

5.1.2 实验设计

研究二采用 2（事件质量：高、低）×2（赞助匹配：高、低）的组间因子设计。出于实验设计和操作便利性和结果显著性考虑，研究二没有使用研究一 3（事件质量：高、中、低）三组，而使用 2（事件质量：高、低）两组的自变量设计。研究二主要检验消费者在购买决策情境中，赞助事件质量对消费者溢价支付意愿的过程中是否会受到赞助匹配的调节影响。

研究二使用情境实验法，模拟出消费者在商场购物的消费情境，让消费者想象自己正在购买特定产品（空调），然后向消费者呈现刺激物信息（不同事件质量的赞助关联信息），随后测量消费者对赞助事件质量、赞助匹配的感知以及对目标产品的溢价支付意愿。

5.2 刺激物设计

5.2.1 事件质量刺激物

研究二事件质量刺激物选择以"奥林匹克运动会（奥运会）""中华人民
共和国全国运动会（全运会）"两大综合体育赛事作为不同质量水平的赞助
对象。选择上述两种赛事作为事件质量刺激物，主要考虑以上两种赛事同属综
合体育赛事，赛事地位和影响力容易区分，并且相关赞助研究确认两种赛事在
事件质量上具有较高的区分度（徐玖平和朱洪军，2008；杨洋，方正和江明
华，2015），事件质量刺激物描述分别如下：

奥运会，即奥林匹克运动会（Olympic Games），由国际奥林匹克委员会主
办，是世界范围内规模最大、最高水平的综合性运动会，全球影响最大的国际
体育盛会，每4年举办1届。奥运会于1896年开始举办，已成功举办了31
届。第31届夏季奥运会于2016年7月27日至8月5日在巴西里约热内卢成功
举办。奥运会标志见图5-1。

图 5-1 奥运会标志

全运会，即中华人民共和国全国运动会（National Games of the People's Re-
public of China），是中国国内水平最高，规模最大的综合性运动会，承办城市
经不记名投票产生，每4年举办1届，全运会于1958年开始举办，已成功
举办了12届，第13届于2017年08月27日在中国天津举行。全运会标志见
图5-2。

图 5-2　全运会标志

5.2.2　产品和品牌刺激物

本研究选择产品和品牌刺激主要考虑以下三个条件：①产品刺激物比较常见，消费者对产品类型比较熟悉；②行业中赞助体育赛事的现象比较普遍；③品牌熟悉度相对较低，消费者尚未形成固化的品牌知识，有助于剔除品牌熟悉度的干扰。小组讨论综合性赛事比赛场馆建设与中央空调产品比较契合，而且空调品牌长期赞助大型赛事比赛场馆建设，本研究最终确定空调为产品刺激物。

研究二以操控刺激物描述的形式操控赞助匹配，资金赞助和实物赞助是赛事赞助中常见的两种形式（Carrillat 和 D'Astous，2012）。Becker-Olsen 和 Simmons（2005）认为，赛事中使用赞助商产品可以提升赞助的匹配度，产品功能匹配是赞助匹配的重要维度之一，为此，本研究使用描述赞助商产品在赛事设施中的使用情况对赞助匹配进行操控。

以此思路，在低赞助匹配组中使用"赛事官方合作伙伴"描述产品刺激物，在高赞助匹配组在使用"赛事官方合作伙伴"表述的基础上，增加描述"奥运会（全运会）比赛场馆中央空调唯一中国供应商"和"全面覆盖比赛场馆、奥（全）运村、媒体村和配套酒店项目"描述产品刺激物。

为防止真实品牌对实验造成干扰，本研究在产品描述时将品牌进行虚拟化（A 品牌）处理，虚拟品牌有助于剔除消费者相关品牌知识、品牌卷入度和前期经验的干扰（Cornwell 和 Roy，2005），是消费者行为和企业赞助研究中常见品牌刺激物的设计方式（Carrillat 和 D'Astous，2012；Simmons 和 Becker-Olsen，2006），产品和品牌刺激物表述见图 5-3 至图 5-6。

图 5-3　产品和品牌刺激物（高事件质量、高赞助匹配组）

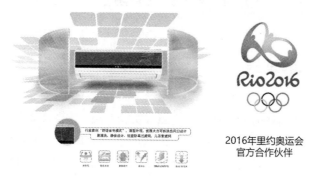

图 5-4　产品和品牌刺激物（高事件质量、低赞助匹配组）

图 5-5　产品和品牌刺激物（低事件质量、高赞助匹配组）

图 5-6 产品和品牌刺激物（低事件质量、低赞助匹配组）

5.3 实验过程

为了避免组内实验的记忆效应，正式实验使用 2（事件质量：高、低）×
2（赞助匹配：高、低）组间因子设计。为提高研究结论的外部效度，研究二
不使用学生样本，而是使用居民样本作为被试。本研究以网络问卷调查形式展
开，实验按照以下步骤展开：

第一步，测量被试对赞助事件类型（综合体育赛事）的熟悉度（用于操
控检验）以及企业赞助综合体育赛事的接受度（用于操控检验）。

第二步，请被试阅读一段关于综合体育赛事的介绍（奥运会、全运会），
随后，请被试根据事件质量量表评价该综合性赛事的质量水平（用于操控检验）。

第三步，请被试阅读一段模拟购买决策情境的信息，让被试想象"自己
在商场购物，主要目的是为自己买一台性能可靠、节能环保的家用空调，在浏
览不同品牌后，发现一款 A 品牌家用空调，而且产品包装印有'奥运会（全
运会）官方合作伙伴'以及'奥运会（全运会）比赛场馆中央空调唯一中国
供应商'和'全面覆盖比赛场馆、奥（全）运村、媒体村和配套酒店项
目'"，然后请被试对 A 品牌和赛事的匹配度进行评价（用于操控检验和假设
检验），以及对 A 品牌家用空调的溢价支付意愿（用于假设检验）。

第四步，测量被试填写问卷时的情绪状态（用于操控检验）。

第五步，参考 Vincent 和 Zikmund（1976）的建议，将人口统计特征等相
对敏感信息测项设置于卷尾，请被试填写相关人口统计特征变量（用于操控
检验）。

5.4 量表设计

第一，事件质量，参考 Gwinner（1997）；Jin，Lee 和 Lee（2013）；Speed 和 Thompson（2000）；徐玖平和朱洪军（2008）等的量表，使用"奥运会/全运会的赛事规模很大""奥运会/全运会的运动水平很高""奥运会/全运会的专业地位很高""奥运会/全运会是国际重要赛事""奥运会/全运会在我周围的人中具有很大影响力"5 个测项。

第二，溢价支付意愿，参考 Chaudhuri 和 Holbrook（2001）；Suwelack，Hogreve 和 Hoyer（2011）；Zeithaml，Berry 和 Parasuraman（1996）等的量表，使用"相比其他品牌，我愿意为 A 品牌支付更高价格""即使 A 品牌涨价我也愿意选择这个品牌""只有 A 品牌涨价较高时，我才会选择其他品牌""即使其他品牌价格更低，我也愿意选择 A 品牌"4 个测项。

第三，赞助匹配，参考 Olson（2010）；Simmons 和 Becker-Olsen（2006）的量表，具体包括 4 个测项："A 品牌与奥运会/全运会的契合程度较高""A 品牌与奥运会/全运会的互补程度较高""A 品牌与奥运会/全运会具有较强的逻辑关系""A 品牌与奥运会/全运会相似程度较高"。

第四，事件类型熟悉度，参考 Heckler 和 Childers（1992）的量表，使用"我熟悉大型综合性赛事（例如，奥运会、亚运会、全运会等）"1 个测项。

第五，赞助接受度，参考 Olson（2010）的量表，使用"我认为企业赞助大型综合性赛事（例如，奥运会、亚运会、全运会等）是有利的"1 个测项。

第六，情绪状态，参考 Yeo 和 Park（2006）量表，使用"我现在心情不错""我非常开心参加此次调查"2 个测项。

5.5 前测实验

5.5.1 样本描述

前测实验数据以网络问卷调查形式收集，与正式实验样本来自同一总体80 人参与前测实验，其中，男性 39 人，占总样本 48.8%，女性 41 人，占总样本 51.3%；被试平均年龄为 29.43 岁，最大年龄为 43 岁，最小年龄为 22 岁，被试人口统计特征见表 5-1 至表 5-4。

表 5-1 被试性别统计描述

		频率/次	百分比/%	有效百分比/%	累计百分比/%
	男	39	48.8	48.8	48.8
有效	女	41	51.3	51.3	100.0
	总计	80	100.0	100.0	

表 5-2 被试年龄统计描述

	个案数	最小值	最大值	平均值	标准差
年龄	80	22	43	29.43	3.337
有效个案数（成列）	80				

表 5-3 被试教育程度统计描述

		频率/次	百分比/%	有效百分比/%	累计百分比/%
	初中及以下	3	3.8	3.8	3.8
	高中	2	2.5	2.5	6.3
有效	大学专科	14	17.5	17.5	23.8
	大学本科	36	45.0	45.0	68.8
	研究生及以上	25	31.3	31.3	100.0
	总计	80	100.0	100.0	

表 5-4 被试每月收入统计描述

		频率/次	百分比/%	有效百分比/%	累计百分比/%
	2 000 元以下	6	7.5	7.5	7.5
	2 001~4 000 元	18	22.5	22.5	30.0
有效	4 001~6 000 元	21	26.3	26.3	56.3
	6 001~8 000 元	14	17.5	17.5	73.8
	8 000 元以上	21	26.3	26.3	100.0
	总计	80	100.0	100.0	

5.5.2 操控检验

第一，事件质量操控检验，本研究对高、低赞助匹配时的事件质量数据分别进行单因素方差分析，单因素方差分析结果（见表5-5至表5-8）表明：在高赞助匹配时，事件质量在不同实验组具有显著差异 [$M_{高事件质量*高赞助匹配}$ = 6.46，$M_{低事件质量*高赞助匹配}$ = 4.80，$F_{(1,38)}$ = 25.397，$P<0.001$]。在低赞助匹配时，事件质量在不同实验组具有显著差异 [$M_{高事件质量*低赞助匹配}$ = 6.64，$M_{低事件质量*低赞助匹配}$ = 4.23，$F_{(1,38)}$ = 95.875，$P<0.001$]。综上，事件质量组间差异性被成功操控。

表5-5　高赞助匹配时事件质量描述统计分析

事件质量

	个案数	平均值	标准差	标准误差	平均值的95%置信区间		最小值	最大值
					下限	上限		
1	19	6.46	0.578	0.132	6.18	6.74	5.00	7.00
2	21	4.80	1.328	0.290	4.20	5.40	1.20	7.00
总计	40	5.59	1.329	0.210	5.16	6.02	1.20	7.00

表5-6　高赞助匹配时事件质量单因素方差分析

事件质量

	平方和	自由度	均方	F	显著性
组间	27.592	1	27.592	25.397	0.000
组内	41.284	38	1.086		
总计	68.876	39			

表5-7　低赞助匹配时事件质量描述统计分析

事件质量

	个案数	平均值	标准差	标准误差	平均值的95%置信区间		最小值	最大值
					下限	上限		
3	20	6.46	0.749	0.167	6.11	6.81	4.40	7.00
4	20	4.23	0.691	0.154	3.91	4.55	2.80	5.20
总计	40	5.35	1.334	0.211	4.92	5.77	2.80	7.00

表 5-8　低赞助匹配时事件质量单因素方差分析

事件质量

	平方和	自由度	均方	F	显著性
组间	49.729	1	49.729	95.875	0.000
组内	19.710	38	0.519		
总计	69.439	39			

　　第二，赞助匹配操控检验，本研究对赞助匹配数据进行单因素方差分析，单因素方差分析结果（见表 5-9、表 5-10）表明：赞助匹配在不同实验组具有显著差异 [$M_{高赞助匹配}$ = 5.29，$M_{低赞助匹配}$ = 4.08，F（1，78）= 31.564，P < 0.001]，赞助匹配组间差异性被成功操控。

表 5-9　赞助匹配描述统计分析

赞助匹配

	个案数	平均值	标准差	标准误差	平均值的95%置信区间		最小值	最大值
					下限	上限		
1	40	5.29	0.928	0.147	5.00	5.59	3.25	7.00
2	40	4.08	1.001	0.158	3.76	4.40	1.00	5.50
总计	80	4.69	1.137	0.127	4.43	4.94	1.00	7.00

表 5-10　赞助匹配单因素方差分析

赞助匹配

	平方和	自由度	均方	F	显著性
组间	29.403	1	29.403	31.564	0.000
组内	72.659	78	0.932		
总计	102.063	79			

　　第三，事件类型熟悉度操控检验，单因素方差分析结果（见表 5-11、表 5-12）表明，事件类型熟悉度在不同实验组无显著差异 [$M_{高事件质量*高赞助匹配}$ = 4.84，$M_{低事件质量*高赞助匹配}$ = 4.52，$M_{高事件质量*低赞助匹配}$ = 4.55，$M_{低事件质量*低赞助匹配}$ = 4.60，F（3，76）= 0.194，P = 0.900]，事件类型熟悉度组间同质性被成功操控，被试对赞助事件类型（综合体育赛事）的熟悉度对实验干扰不大。

表 5-11 事件类型熟悉度描述统计分析

事件类型熟悉度

	个案数	平均值	标准差	标准误差	平均值的95%置信区间		最小值	最大值
					下限	上限		
1	19	4.84	1.015	0.233	4.35	5.33	3	7
2	21	4.52	1.721	0.376	3.74	5.31	1	7
3	20	4.55	1.701	0.380	3.75	5.35	1	7
4	20	4.60	1.231	0.275	4.02	5.18	2	6
总计	80	4.63	1.435	0.160	4.31	4.94	1	7

表 5-12 事件类型熟悉度单因素方差分析

事件类型熟悉度

	平方和	自由度	均方	F	显著性
组间	1.236	3	0.412	0.194	0.900
组内	161.514	76	2.125		
总计	162.750	79			

第四, 赞助接受度操控检验, 单因素方差分析结果 (见表 5-13、表 5-14) 表明, 赞助接受度在不同实验组无显著差异 [$M_{高事件质量*高赞助匹配}$ = 5.89, $M_{低事件质量*高赞助匹配}$ = 5.86, $M_{高事件质量*低赞助匹配}$ = 5.70, $M_{低事件质量*低赞助匹配}$ = 5.50, $F(3, 76) = 0.646$, $P = 0.588$], 赞助接受度组间同质性被成功操控, 被试对企业赞助综合体育赛事的接受度对实验干扰不大。

表 5-13 赞助接受度描述统计分析

赞助接受度

	个案数	平均值	标准差	标准误差	平均值的95%置信区间		最小值	最大值
					下限	上限		
1	19	5.89	1.197	0.275	5.32	6.47	3	7
2	21	5.86	0.964	0.210	5.42	6.30	4	7
3	20	5.70	0.979	0.219	5.24	6.16	4	7
4	20	5.50	0.827	0.185	5.11	5.89	4	7
总计	80	5.74	0.990	0.111	5.52	5.96	3	7

表 5-14　赞助接受度单因素方差分析

赞助接受度

	平方和	自由度	均方	F	显著性
组间	1.927	3	0.642	0.646	0.588
组内	75.561	76	0.994		
总计	77.488	79			

第五，情绪状态操控检验，单因素方差分析结果（见表 5-15、表 5-16）表明，情绪状态在不同实验组无显著差异 [$M_{高事件质量*高赞助匹配}$ = 5.92，$M_{低事件质量*高赞助匹配}$ = 5.88，$M_{高事件质量*低赞助匹配}$ = 5.80，$M_{低事件质量*低赞助匹配}$ = 5.60，$F(3, 76) = 0.500$，$P = 0.683$]，情绪状态组间同质性被成功操控，被试填写问卷时的情绪状态对实验干扰不大。

表 5-15　情绪状态描述统计分析

情绪状态

	个案数	平均值	标准差	标准误差	平均值的95%置信区间		最小值	最大值
					下限	上限		
1	19	5.92	0.838	0.192	5.52	6.32	4.50	7.00
2	21	5.88	1.036	0.226	5.41	6.35	4.00	7.00
3	20	5.80	0.965	0.216	5.35	6.25	4.00	7.00
4	20	5.60	0.718	0.161	5.26	5.94	4.50	7.00
总计	80	5.80	0.892	0.100	5.60	6.00	4.00	7.00

表 5-16　情绪状态单因素方差分析

情绪状态

	平方和	自由度	均方	F	显著性
组间	1.216	3	0.405	0.500	0.683
组内	61.584	76	0.810		
总计	62.800	79			

5.5.3　前测小结

前测实验操控检验表明，实验的刺激物操控有效，量表比较可靠，可以进行正式实验检验研究假设。

5.6 正式实验

研究二采用2（事件质量：高、低）×2（赞助匹配：高、低）的组间因子设计。前测实验表明，刺激物操控有效，基本满足实验要求。为引导被试进行购买决策和考虑溢价支付意愿，本研究使用情境模拟的方法，以描述形式模拟消费者正在商场购物，想要购买一台家用空调，并对一台海报印有赞助关联信息的产品进行评价，接着填写问卷相关测项。

5.6.1 样本描述

正式实验以网络问卷调查形式进行，共回收问卷276份，最后因错答甄别题项、随意填答等原因删除12份，剩余264个有效样本，其中，男性125名，占总样本47.3%，女性139名，占总样本52.7%；被试平均年龄为29.31岁，最大年龄为58岁，最小年龄为20岁，被试人口统计特征见表5-17至表5-20。

表5-17　被试性别统计描述

		频率/次	百分比/%	有效百分比/%	累计百分比/%
	男	125	47.3	47.3	47.3
有效	女	139	52.7	52.7	100.0
	总计	264	100.0	100.0	

表5-18　被试年龄统计描述

	个案数	最小值	最大值	平均值	标准差
年龄	264	20	58	29.31	5.171
有效个案数（成列）	264				

表5-19　被试教育程度统计描述

		频率/次	百分比/%	有效百分比/%	累计百分比/%
	初中及以下	8	3.0	3.0	3.0
	高中	5	1.9	1.9	4.9
有效	大学专科	37	14.0	14.0	18.9
	大学本科	121	45.8	45.8	64.8
	研究生及以上	93	35.2	35.2	100.0
	总计	264	100.0	100.0	

表 5-20 被试每月收入统计描述

		频率/次	百分比/%	有效百分比/%	累计百分比/%
有效	2 000 元以下	22	8.3	8.3	8.3
	2 001~4 000 元	52	19.7	19.7	28.0
	4 001~6 000 元	79	29.9	29.9	58.0
	6 001~8 000 元	37	14.0	14.0	72.0
	8 000 元以上	74	28.0	28.0	100.0
	总计	264	100.0	100.0	

5.6.2 变量描述

本研究对实验各组的操控变量和检验变量的均值和标准差进行测量，实验各变量数据如表 5-21 所示。

表 5-21 实验各变量描述统计

实验组		事件质量	溢价支付意愿	赞助匹配	事件类型熟悉度	赞助接受度	情绪状态
1	平均值	6.42	4.99	5.14	4.88	5.79	5.75
	个案数	66	66	66	66	66	66
	标准差	0.670	1.158	1.176	1.342	1.060	1.079
2	平均值	4.49	3.92	4.70	4.55	5.71	5.42
	个案数	66	66	66	66	66	66
	标准差	1.412	1.595	1.171	1.571	1.174	1.322
3	平均值	6.23	4.13	4.33	4.45	5.71	5.49
	个案数	65	65	65	65	65	65
	标准差	1.039	1.244	1.258	1.750	1.142	1.382
4	平均值	4.36	3.90	4.21	4.55	5.34	5.23
	个案数	67	67	67	67	67	67
	标准差	1.404	1.428	1.363	1.672	1.431	1.335
总计	平均值	5.37	4.23	4.59	4.61	5.64	5.47
	个案数	264	264	264	264	264	264
	标准差	1.507	1.431	1.290	1.590	1.216	1.291

5.6.3   信度检验

本研究对各变量信度进行分析，各变量的测试信度均大于0.8，问卷的信度较高，各变量具体测试信度如表5-22所示。

表 5-22   正式实验量表信度

变量	克隆巴赫 Alpha	项数
事件质量	0.951	5
赞助匹配	0.929	4
溢价支付意愿	0.920	4
情绪状态	0.930	0.2

5.6.4   效度检验

本研究使用因子分析方法验证问卷建构效度，采用主成分析法（principle component analysis），因子旋转方式利用直交旋转（方差最大旋转方式），在做因子分析之前，需使用 KMO（Kaiser-Meyer-Olkin）样本测度，检验样本是否适合做因子分析，针对变量进行效度检验，得到 KMO 和 Barlett 球形检验结果。

因子提取结果显示：事件质量可以解释5个测项84.289%的变差、溢价支付意愿可以解释4个测项80.623%的变差、赞助匹配可以解释4个测项82.406%的变差、情绪状态可以解释2个测项93.450%的变差。综上，本研究各变量可以解释对应测项的变差均大于70%，因子得分能够较好反映各变量的量表的测量数值，各变量的 KMO 和 Bartlett 球形检验和提取量分别如表5-23至表5-30所示。

表 5-23   事件质量的 KMO 和巴特利特检验

KMO 取样适切性量数		0.883
巴特利特球形度检验	近似卡方	1501.539
	自由度	10
	显著性	0.000

表 5-24　事件质量测项的因子提取

成分	初始特征值			提取载荷平方和		
	总计	方差百分比	累积 %	总计	方差百分比	累积 %
1	4.214	84.289	84.289	4.214	84.289	84.289
2	0.407	8.136	92.425			
3	0.170	3.407	95.832			
4	0.115	2.295	98.127			
5	0.094	1.873	100.000			

提取方法：主成分分析法。

表 5-25　溢价支付意愿的 KMO 和巴特利特检验

KMO 取样适切性量数		0.817
巴特利特球形度检验	近似卡方	832.273
	自由度	6
	显著性	0.000

表 5-26　溢价支付意愿测项的因子提取

成分	初始特征值			提取载荷平方和		
	总计	方差百分比	累积 %	总计	方差百分比	累积 %
1	3.225	80.623	80.623	3.225	80.623	80.623
2	0.386	9.647	90.271			
3	0.264	6.598	96.869			
4	0.125	3.131	100.000			

提取方法：主成分分析法。

表 5-27　赞助匹配的 KMO 和巴特利特检验

KMO 取样适切性量数		0.832
巴特利特球形度检验	近似卡方	857.482
	自由度	6
	显著性	0.000

表 5-28 赞助匹配测项的因子提取

成分	初始特征值			提取载荷平方和		
	总计	方差百分比	累积 %	总计	方差百分比	累积 %
1	3.296	82.406	82.406	3.296	82.406	82.406
2	0.333	8.314	90.720			
3	0.205	5.127	95.847			
4	0.166	4.153	100.000			

提取方法：主成分分析法。

表 5-29　情绪状态的 KMO 和巴特利特检验

KMO 取样适切性量数		0.500
巴特利特球形度检验	近似卡方	367.972
	自由度	1
	显著性	0.000

表 5-30　情绪状态测项的因子提取

成分	初始特征值			提取载荷平方和		
	总计	方差百分比	累积 %	总计	方差百分比	累积 %
1	1.869	93.450	93.450	1.869	93.450	93.450
2	0.131	6.550	100.000			

提取方法：主成分分析法。

5.6.5　操控检验

第一，事件质量操控检验，本研究对高、低赞助匹配时的事件质量数据分别进行单因素方差分析，单因素方差分析结果（见表 5-31 至表 5-34）表明：在高赞助匹配时，事件质量在不同实验组具有显著差异 $[M_{高事件质量*高赞助匹配}=6.42，M_{低事件质量*高赞助匹配}=4.49，F（1，130）=100.349，P<0.001]$。在低赞助匹配时，事件质量在不同实验组具有显著差异 $[M_{高事件质量*低赞助匹配}=6.23，M_{低事件质量*低赞助匹配}=4.36，F（1，130）=74.747，P<0.001]$。综上，事件质量组间差异性被成功操控。

表 5-31　高赞助匹配时事件质量描述统计分析

事件质量

	个案数	平均值	标准差	标准误差	平均值的95%置信区间		最小值	最大值
					下限	上限		
1	66	6.42	0.670	0.082	6.25	6.58	4.00	7.00
2	66	4.49	1.412	0.174	4.14	4.84	1.20	7.00
总计	132	5.45	1.466	0.128	5.20	5.71	1.20	7.00

表 5-32　高赞助匹配时事件质量单因素方差分析

事件质量

	平方和	自由度	均方	F	显著性
组间	122.575	1	122.575	100.349	0.000
组内	158.793	130	1.221		
总计	281.367	131			

表 5-33　低赞助匹配时事件质量描述统计分析

事件质量

	个案数	平均值	标准差	标准误差	平均值的95%置信区间		最小值	最大值
					下限	上限		
3	65	6.23	1.039	0.129	5.97	6.49	2.00	7.00
4	67	4.36	1.404	0.172	4.02	4.71	1.00	7.00
总计	132	5.28	1.548	0.135	5.02	5.55	1.00	7.00

表 5-34　低赞助匹配时事件质量单因素方差分析

事件质量

	平方和	自由度	均方	F	显著性
组间	114.572	1	114.572	74.747	0.000
组内	199.264	130	1.533		
总计	313.836	131			

第二，赞助匹配操控检验，本研究对赞助匹配数据进行单因素方差分析，单因素方差分析结果（见表 5-35、表 5-36）表明，赞助匹配在不同实验组具

有显著差异 [$M_{高赞助匹配}$ = 4.92，$M_{低赞助匹配}$ = 4.27，F（1，262）= 17.709，P < 0.001]，赞助匹配组间差异性被成功操控。

表 5-35　赞助匹配描述统计分析

赞助匹配

	个案数	平均值	标准差	标准误差	平均值的95%置信区间		最小值	最大值
					下限	上限		
1	132	4.92	1.190	0.104	4.71	5.12	2.00	7.00
2	132	4.27	1.308	0.114	4.04	4.49	1.00	7.00
总计	264	4.59	1.290	0.079	4.44	4.75	1.00	7.00

表 5-36　赞助匹配单因素方差分析

赞助匹配

	平方和	自由度	均方	F	显著性
组间	27.690	1	27.690	17.709	0.000
组内	409.661	262	1.564		
总计	437.351	263			

第三，事件类型熟悉度操控检验，单因素方差分析结果（见表 5-37、表 5-38）表明，事件类型熟悉度在不同实验组无显著差异 [$M_{高事件质量*高赞助匹配}$ = 4.88，$M_{低事件质量*高赞助匹配}$ = 4.55，$M_{高事件质量*低赞助匹配}$ = 4.45，$M_{低事件质量*低赞助匹配}$ = 4.55，F（3，260）= 0.923，P = 0.430]，事件类型熟悉度组间同质性被成功操控，被试对赞助事件类型（综合体育赛事）的熟悉度对实验干扰不大。

表 5-37　事件类型熟悉度描述统计分析

事件类型熟悉度

	个案数	平均值	标准差	标准误差	平均值的95%置信区间		最小值	最大值
					下限	上限		
1	66	4.88	1.342	0.165	4.55	5.21	1	7
2	66	4.55	1.571	0.193	4.16	4.93	1	7
3	65	4.45	1.750	0.217	4.01	4.88	1	7
4	67	4.55	1.672	0.204	4.14	4.96	1	7
总计	264	4.61	1.590	0.098	4.41	4.80	1	7

表 5-38　事件类型熟悉度单因素方差分析

事件类型熟悉度

	平方和	自由度	均方	F	显著性
组间	7.008	3	2.336	0.923	0.430
组内	658.023	260	2.531		
总计	665.030	263			

第四，赞助接受度操控检验，单因素方差分析结果（见表5-39、表5-40）表明，赞助接受度在不同实验组无显著差异［$M_{高事件质量*高赞助匹配}$ = 5.79，$M_{低事件质量*高赞助匹配}$ = 5.71，$M_{高事件质量*低赞助匹配}$ = 5.71，$M_{低事件质量*低赞助匹配}$ = 5.34，$F(3, 260) = 1.815$，$P = 0.145$］，赞助接受度组间同质性被成功操控，被试对企业赞助综合体育赛事的接受度对实验干扰不大。

表 5-39　赞助接受度描述统计分析

赞助接受度

	个案数	平均值	标准差	标准误差	平均值的95%置信区间		最小值	最大值
					下限	上限		
1	66	5.79	1.060	0.130	5.53	6.05	3	7
2	66	5.71	1.174	0.144	5.42	6.00	2	7
3	65	5.71	1.142	0.142	5.42	5.99	3	7
4	67	5.34	1.431	0.175	4.99	5.69	1	7
总计	264	5.64	1.216	0.075	5.49	5.78	1	7

表 5-40　赞助接受度单因素方差分析

赞助接受度

	平方和	自由度	均方	F	显著性
组间	7.980	3	2.660	1.815	0.145
组内	381.111	260	1.466		
总计	389.091	263			

第五，情绪状态操控检验，单因素方差分析结果（见表5-41、表5-42）表明，情绪状态在不同实验组无显著差异［$M_{高事件质量*高赞助匹配}$ = 5.75，$M_{低事件质量*高赞助匹配}$ = 5.42，$M_{高事件质量*低赞助匹配}$ = 5.49，$M_{低事件质量*低赞助匹配}$ = 5.23，

F（3，260）= 1.849，P = 0.139]，情绪状态组间同质性被成功操控，被试填写问卷时的情绪状态对实验干扰不大。

表 5-41　情绪状态描述统计分析

情绪状态

	个案数	平均值	标准差	标准误差	平均值的95%置信区间		最小值	最大值
					下限	上限		
1	66	5.75	1.079	0.133	5.48	6.02	3.00	7.00
2	66	5.42	1.322	0.163	5.10	5.75	2.00	7.00
3	65	5.49	1.382	0.171	5.15	5.83	1.00	7.00
4	67	5.23	1.335	0.163	4.91	5.56	1.00	7.00
总计	264	5.47	1.291	0.079	5.32	5.63	1.00	7.00

表 5-42　情绪状态单因素方差分析

情绪状态

	平方和	自由度	均方	F	显著性
组间	9.158	3	3.053	1.849	0.139
组内	429.157	260	1.651		
总计	438.314	263			

5.6.6　假设检验

（1）赞助事件质量对消费者溢价支付意愿的影响

假设 H1 推测，赞助事件质量对消费者溢价支付意愿具有显著影响，事件质量越高，消费者对赞助商产品的溢价支付意愿越高；事件质量越低，消费者对赞助商产品的溢价支付意愿越低。

本研究对不同事件质量水平的溢价支付意愿进行单因素方差分析，方差齐性检验结果（见表 5-43、表 5-44）显示，溢价支付意愿不具有方差齐性，所以赞助事件质量对消费者溢价支付意愿的影响是否具有显著差异要采用方差不齐情况下的非参数估计方法。在方差不齐情况下，要检验不同实验组溢价支付意愿是否具有显著差异，应采用独立样本 T 检验方法得到分析结果。独立样本 T 检验结果（见表 5-45）显示，赞助事件质量对溢价支付意愿存在显著影响 [$M_{高事件质量}$ = 4.56，$M_{低事件质量}$ = 3.91，t（256）= 3.795，P < 0.001]，假设 H1 再

次得到支持，即事件质量越高，消费者对赞助商产品的溢价支付意愿越高；事件质量越低，消费者对赞助商产品的溢价支付意愿越低。

表 5-43　溢价支付意愿方差齐性检验

溢价支付意愿

莱文统计	自由度 1	自由度 2	显著性
5.549	1	262	0.019

表 5-44　溢价支付意愿组统计

	事件质量	个案数	平均值	标准差	标准误差平均值
溢价支付意愿	1	131	4.56	1.273	0.111
	2	133	3.91	1.507	0.131

表 5-45　溢价支付意愿独立样本 T 检验

独立样本检验

		莱文方差等同性检验		平均值等同性 t 检验						
		F	显著性	t	自由度	显著性（双尾）	平均值差值	标准误差差值	差值95%置信区间	
									下限	上限
溢价支付意愿	假定等方差	5.549	0.019	3.790	262	0.000	0.651	0.172	0.313	0.990
	不假定等方差			3.795	256.056	0.000	0.651	0.172	0.313	0.989

（2）赞助匹配在赞助事件质量影响消费者溢价支付意愿的过程中起调节作用

假设 H4 推测，赞助匹配在赞助事件质量影响消费者溢价支付意愿的过程中起调节作用，具体而言，当赞助匹配较高时，事件质量越高，消费者对赞助商产品的溢价支付意愿越高；事件质量越低，消费者对赞助商产品的溢价支付意愿越低（H4a）；赞助匹配较低时，赞助事件质量对消费者溢价支付意愿的影响没有差异（H4b）。

本研究进行 2×2 组间方差分析，溢价支付意愿为因变量，事件质量（高、低）和赞助匹配（高、低），多元方差分析显示，事件质量的主效应显著 $[F_{(1, 263)} = 14.821, P<0.001]$，即赞助事件质量对溢价支付意愿存在显著影响；赞助匹配的主效应显著 $[F_{(1, 263)} = 6.999, P = 0.009<0.001]$，即赞助匹配对溢价支付意愿存在显著影响；事件质量和赞助匹配对溢价支付意

愿的交互效应显著 [F (3, 260) = 6.235, P = 0.013 < 0.05], 假设 H4 得到支持, 具体如表 5-46 所示。

表 5-46 事件质量和赞助匹配交互对溢价支付意愿影响多元方差分析

因变量: 溢价支付意愿

源	III 类平方和	自由度	均方	F	显著性
修正模型	52.549ᵃ	3	17.516	9.371	0.000
截距	4735.945	1	4735.945	2533.554	0.000
事件质量	27.704	1	27.704	14.821	0.000
赞助匹配	13.083	1	13.083	6.999	0.009
事件质量 * 赞助匹配	11.655	1	11.655	6.235	0.013
误差	486.015	260	1.869		
总计	5273.125	264			
修正后总计	538.564	263			

a. R 方 = .098 (调整后 R 方 = .087)

①检验假设 H4a, 检验事件质量和赞助匹配对溢价支付意愿的交互作用后需进行简单效应检验。本研究对高赞助匹配时的溢价支付意愿进行单因素方差分析, 方差齐性检验结果 (见表 5-47、表 5-48) 显示, 高赞助匹配时溢价支付意愿不具有方差齐性, 所以赞助事件质量对消费者溢价支付意愿的影响是否具有显著差异要采用方差不齐情况下的非参数估计方法。在方差不齐情况下, 要检验不同实验组溢价支付意愿是否具有显著差异, 应采用独立样本 T 检验方法得到分析结果。独立样本 T 检验结果 (见表 5-49) 显示, 当赞助匹配程度较高时, 赞助事件质量对溢价支付意愿存在显著影响 [$M_{高事件质量}$ = 4.99, $M_{低事件质量}$ = 3.92, t (119) = 4.403, P < 0.001], 假设 H4a 得到支持。

表 5-47 高赞助匹配时溢价支付意愿方差齐性检验

溢价支付意愿

莱文统计	自由度 1	自由度 2	显著性
11.975	1	130	0.001

表 5-48 高赞助匹配时溢价支付意愿统计

溢价支付意愿统计

	事件质量	个案数	平均值	标准差	标准误差平均值
溢价支付意愿	1	66	4.99	1.158	0.143
	2	66	3.92	1.595	0.196

表 5-49 高赞助匹配时溢价支付意愿独立样本 T 检验

独立样本检验

		莱文方差等同性检验		平均值等同性 t 检验					差值95%置信区间	
		F	显著性	t	自由度	显著性（双尾）	平均值差值	标准误差差值	下限	上限
溢价支付意愿	假定等方差	11.975	0.001	4.403	130	0.000	1.068	0.243	0.588	1.548
	不假定等方差			4.403	118.608	0.000	1.068	0.243	0.588	1.549

②检验假设 H4b，本研究对低赞助匹配时的溢价支付意愿进行单因素方差分析，溢价支付意愿在低赞助匹配时不同事件质量（高、低）组无显著差异 $[M_{高事件质量} = 4.13，M_{低事件质量} = 3.90，F(1, 130) = 0.925，P = 0.331]$，假设 H4b 得到支持，具体如表 5-50 至表 5-52 所示。

表 5-50 低赞助匹配时溢价支付意愿描述统计分析

溢价支付意愿

	个案数	平均值	标准差	标准误差	平均值的 95%置信区间		最小值	最大值
					下限	上限		
1	65	4.13	1.244	0.154	3.82	4.44	1.00	7.00
2	67	3.90	1.428	0.174	3.55	4.25	1.00	7.00
总计	132	4.01	1.340	0.117	3.78	4.24	1.00	7.00

表 5-51 低赞助匹配时溢价支付意愿方差齐性检验

溢价支付意愿

莱文统计	自由度 1	自由度 2	显著性
1.297	1	130	0.257

表 5-52　低赞助匹配时溢价支付意愿单因素方差分析

溢价支付意愿

	平方和	自由度	均方	F	显著性
组间	1.710	1	1.710	0.952	0.331
组内	233.523	130	1.796		
总计	235.233	131			

5.7　研究小结

本章介绍了相关研究设计，包括实验设计、刺激物设计、量表设计、前测实验和正式实验。

第一，实验设计。研究二主要检验赞助事件质量对消费者溢价支付意愿的影响，以及赞助匹配在事件质量影响消费者溢价支付意愿过程中的调节作用，研究二采用 2（事件质量：高、低）×2（赞助匹配：高、低）的实验组设计。

第二，刺激物设计。实验二事件刺激物以"奥林匹克运动会（奥运会）""中华人民共和国全国运动会（全运会）"两大综合体育赛事作为高、低不同质量的赞助对象；产品刺激物选取比赛场馆建设常使用的空调产品，并对品牌进行虚拟化处理以剔除品牌知识和品牌熟悉度等干扰，并相应模拟消费者购买决策情境。

第三，量表设计。本研究使用或借鉴相关成熟量表，并根据研究内容进行相应地适应性调整，设计事件质量、溢价支付意愿、品牌声望、感知质量、事件类型熟悉度、赞助接受度量表。

第四，前测实验和正式实验。实验描述样本和变量数据的基本特征，包括样本描述、变量描述、量表信度、操控检验，数据分析结果显示量表信度、变量操控符合要求。

第五，假设检验。本研究检验假设 H1 推测，假设 H1 得到支持，即事件质量越高，消费者对赞助商产品的溢价支付意愿越高；事件质量越低，消费者对赞助商产品的溢价支付意愿越低。检验假设 H4 推测，假设 H4 得到支持，即赞助匹配在赞助事件质量影响消费者溢价支付意愿的过程中起调节作用。检验假设 H4a 推测，假设 H4a 得到支持，即当赞助匹配较高时，事件质量越高，消费者对赞助商产品的溢价支付意愿越高；事件质量越低，消费者对赞助商产品的溢价支付意愿越低。检验假设 H4b 推测，假设 H4a 得到支持，即赞助匹配较低时，赞助事件质量对消费者溢价支付意愿的影响没有差异。研究二的假设检验结论见表 5-53。

表 5-53　研究二：假设检验结论

序号	假设内容	验证
1	H1：事件质量越高，消费者对赞助商产品的溢价支付意愿越高；事件质量越低，消费者对赞助商产品的溢价支付意愿越低。	支持
2	H4：赞助匹配在赞助事件质量影响消费者溢价支付意愿的过程中起调节作用。	支持
3	H4a：当赞助匹配较高时，事件质量越高，消费者对赞助商产品的溢价支付意愿越高；事件质量越低，消费者对赞助商产品的溢价支付意愿越低。	支持
4	H4b：当赞助匹配较低时，赞助事件质量对消费者溢价支付意愿的影响没有差异。	支持

6 研究三：品牌熟悉度的调节作用

6.1 实验设计

6.1.1 研究目的

研究三主要检验消费者在购买决策环节，品牌熟悉度在赞助事件质量影响消费者溢价支付意愿的过程中的调节作用（假设 H5）；品牌熟悉度较低时，事件质量越高，消费者对赞助商产品的溢价支付意愿越高；事件质量越低，消费者对赞助商产品的溢价支付意愿越低（假设 H5a）；品牌熟悉度较高时，赞助事件质量对消费者溢价支付意愿的影响没有差异（假设 H5b）。

6.1.2 实验设计

研究三采用 2（事件质量：高、低）的组间因子设计，品牌熟悉度以测项的中位数高低进行切半区分。研究三主要检验消费者在购买决策情境中，事件质量影响消费者对赞助商产品的溢价支付意愿的过程中是否会受到品牌熟悉度的影响。

研究三使用情境实验法，模拟出消费者在商场购物的消费情境，让消费者想象自己正在购买特定产品（液晶平板电视），然后向消费者呈现刺激物信息（不同事件质量的赞助关联信息），随后测量消费者对品牌熟悉度和赞助匹配的感知以及对目标产品的溢价支付意愿。

6.2 刺激物设计

6.2.1 事件质量刺激物

研究三事件质量刺激物选择以"国际足联世界杯（世界杯）""亚洲杯足球赛（亚洲杯）"两种大型足球杯赛作为不同质量水平的赞助对象。选择上述两种赛事主要考虑两种赛事同属大型足球杯赛，赛事地位和影响力容易区分，而且相关赞助研究确认两大赛事在事件质量上具有较高的区分度（徐玖平和朱洪军，2008；杨洋，方正和江明华，2015），事件质量刺激物描述分别如下：

世界杯，即国际足联世界杯（FIFA World Cup），是世界上最高荣誉、最高规格、最高竞技水平、最高知名度的足球比赛，与奥运会并称为全球体育两大顶级赛事。世界杯每四年举办一届，任何国际足联会员国（地区）都可以派出代表队报名参加，第21届世界杯足球赛将于2018年在俄罗斯举行，其标识见图6-1。

图 6-1　第 21 届世界杯标识

亚洲杯，即为亚洲杯足球赛（AFC Asian Cup），是由亚洲足联举办的国际性成年男子足球队比赛，亚洲杯是亚洲地区内最高级别的国家级赛事，亚洲杯是世界上除了美洲杯以外历史最悠久的洲际国家队比赛。亚洲杯每四年举办一届，参赛球队必须是亚洲足联成员，第17届亚洲杯将于2019年在阿联酋举行，其标识见图6-2。

图 6-2　2019 年亚洲杯标识

6.2.2 产品和品牌刺激物

产品和品牌刺激物选择的标准与研究一和研究二基本一致，本研究选择产品和品牌刺激主要考虑以下两个条件：①产品刺激物比较常见，消费者对产品类型比较熟悉；②行业中赞助体育赛事的现象比较普遍。

不同于研究一和研究二的是，本研究主要探索品牌熟悉度在事件影响消费者溢价支付意愿过程中的调节作用，在产品描述时使用真实品牌，选择品牌时尽量避免品牌知名度极高或极低的情况，消费者对品牌的熟悉度适中，便于对品牌熟悉度操控，本研究最终确定海信品牌的液晶平板电视作为两种赛事产品和品牌刺激物，产品和品牌刺激物表述如图6-3和图6-4所示。

图6-3　产品和品牌刺激物（高事件质量组）

图6-4　产品和品牌刺激物（高事件质量组）

6.3　实验过程

为了避免组内实验的记忆效应，正式实验使用2（事件质量：高、低）组间因子设计，为提高研究结论的外部效度，研究三以居民样本为被试。本研究以网络问卷调查形式展开，实验按照以下步骤展开：

第一步，测量被试对赞助事件类型（大型足球杯赛）的熟悉度（用于操控检验）以及企业赞助大型足球杯赛的接受度（用于操控检验）。

第二步，请被试阅读一段关于大型足球杯赛的介绍（世界杯、亚洲杯），随后，请被试根据事件质量量表评价该足球杯赛的质量水平（用于操控检验）。

第三步，请被试阅读一段模拟购买决策情境的信息，让被试想象"自己在商场购物，主要目的是买一台质量可靠的液晶平板电视机，在浏览不同品牌后，发现一款'海信'品牌液晶平板电视，而且产品画册上印有'世界杯/亚洲杯官方赞助商'"，然后请被试对海信品牌和赛事的匹配度进行评价（用于操控检验和假设检验），并测试其对海信品牌液晶平板电视的溢价支付意愿（用于假设检验）。

第四步，测量被试填写问卷时的情绪状态（用于操控检验）。

第五步，参考 Vincent 和 Zikmund（1976）的建议，将人口统计特征等相对敏感信息测项设置于卷尾，请被试填写相关人口统计特征变量（用于操控检验）。

6.4　量表设计

第一，事件质量，参考 Gwinner（1997）；Jin，Lee 和 Lee（2013）；Speed 和 Thompson（2000）；徐玖平和朱洪军（2008）等的量表，使用"世界杯/亚洲杯的赛事规模很大""世界杯/亚洲杯的运动水平很高""世界杯/亚洲杯的专业地位很高""世界杯/亚洲杯是国际重要赛事""世界杯/亚洲杯在我周围的人中具有很大影响力"5 个测项。

第二，溢价支付意愿，参考 Chaudhuri 和 Holbrook（2001）；Suwelack，Hogreve 和 Hoyer（2011）；Zeithaml，Berry 和 Parasuraman（1996）等的量表，

使用"相比其他品牌，我愿意为海信品牌支付更高价格""即使海信品牌涨价我也愿意选择这个品牌""只有海信品牌涨价较高时，我才会选择其他品牌""即使其他品牌价格更低，我也愿意选择海信品牌"4个测项。

第三，赞助匹配，参考 Olson（2010）；Simmons 和 Becker-Olsen（2006）的量表，具体包括4个测项："海信品牌与世界杯/亚洲杯的契合程度较高""海信品牌与世界杯/亚洲杯的互补程度较高""海信品牌与世界杯/亚洲杯具有较强的逻辑关系""海信品牌与世界杯/亚洲杯相似程度较高"。

第四，品牌熟悉度，参考 Park 和 Lennon（2009）的量表，具体包括3个测项："我见过并熟悉海信产品""我购买/使用过海信的产品""我了解海信产品的特点"。

第五，事件类型熟悉度，参考 Heckler 和 Childers（1992）的量表，使用"我熟悉大型足球杯赛（例如，世界杯、欧洲杯、亚洲杯等）"1个测项。

第六，赞助接受度，参考 Olson（2010）的量表，使用"我认为企业赞助大型足球杯赛（例如，世界杯、欧洲杯、亚洲杯等）是有利的"1个测项。

第七，情绪状态，参考 Yeo 和 Park（2006）的量表，使用"我现在心情不错""我非常开心参加此次调查"2个测项。

6.5 前测实验

6.5.1 样本描述

前测实验数据以网络问卷调查形式收集，与正式实验样本来自同一总体的52人参与前测实验，其中，男性34人，占总样本65.4%，女性18人，占总样本34.6%；被试平均年龄为30.60岁，最大年龄为65岁，最小年龄为19岁，被试人口统计特征见表6-1至表6-4。

表6-1 被试性别统计描述

		频率/次	百分比/%	有效百分比/%	累计百分比/%
	男	34	65.4	65.4	65.4
有效	女	18	34.6	34.6	100.0
	总计	52	100.0	100.0	

表 6-2　被试年龄统计描述

	个案数	最小值	最大值	平均值	标准差
年龄	52	19	65	30.60	6.512
有效个案数（成列）	52				

表 6-3　被试教育程度统计描述

		频率/次	百分比/%	有效百分比/%	累计百分比/%
有效	大学专科	6	11.5	11.5	11.5
	大学本科	25	48.1	48.1	59.6
	研究生及以上	21	40.4	40.4	100.0
	总计	52	100.0	100.0	

表 6-4　被试每月收入统计描述

		频率/次	百分比/%	有效百分比/%	累计百分比/%
有效	2 000 元以下	2	3.8	3.8	3.8
	2 001~4 000 元	6	11.5	11.5	15.4
	4 001~6 000 元	10	19.2	19.2	34.6
	6 001~8 000 元	11	21.2	21.2	55.8
	8 000 元以上	23	44.2	44.2	100.0
	总计	52	100.0	100.0	

6.5.2　操控检验

第一，事件质量操控检验。本研究对赞助事件质量数据进行单因素方差分析，方差齐性检验结果（见表 6-5、表 6-6）显示，高赞助匹配时消费者的溢价支付意愿不具有方差齐性。在方差不齐情况下，要检验不同实验组事件质量是否具有显著差异，应采用独立样本 T 检验方法得到分析结果。独立样本 T 检验结果（见表 6-7）显示，不同实验组事件质量具有显著差异 [$M_{高事件质量}$ = 6.38，$M_{低事件质量}$ = 4.48，t (36) = 6.876，P<0.001]，事件质量组间差异性被成功操控。

表 6-5　事件质量方差齐性检验

事件质量

莱文统计	自由度 1	自由度 2	显著性
5.463	1	50	0.023

表 6-6　事件质量组统计

	实验组	个案数	平均值	标准差	标准误差平均值
事件质量	1	26	6.38	0.631	0.124
	2	26	4.48	1.260	0.247

表 6-7　事件质量独立样本 T 检验

		莱文方差等同性检验		平均值等同性 t 检验						
		F	显著性	t	自由度	显著性（双尾）	平均值差值	标准误差差值	差值95%置信区间	
									下限	上限
溢价支付意愿	假定等方差	5.463	0.023	6.876	50	0.000	1.900	0.276	1.345	2.455
	不假定等方差			6.876	36.790	0.000	1.900	0.276	1.340	2.460

第二，品牌熟悉度操控检验。本研究将品牌熟悉度测项的均值从高到低排序，将均值大于中位数的值归为高品牌熟悉度组，小于等于中位数的值归为低品牌熟悉度组。独立样本 T 检验结果（见表 6-8、表 6-9）显示，不同实验组事件质量具有显著差异 [$M_{高品牌熟悉度}$ = 5.43，$M_{低品牌熟悉度}$ = 2.32，t（45）= 10.9216，P<0.001]，品牌熟悉度组间差异性被成功操控。

表 6-8　品牌熟悉度组统计

	品牌熟悉度	个案数	平均值	标准差	标准误差平均值
品牌熟悉度	1	27	5.43	0.876	0.169
	2	25	2.32	1.149	0.230

表 6-9　品牌熟悉度独立样本 T 检验

		莱文方差等同性检验		平均值等同性 t 检验						
		F	显著性	t	自由度	显著性（双尾）	平均值差值	标准误差差值	差值95%置信区间	
									下限	上限
品牌熟悉度	假定等方差	3.226	0.079	11.035	50	0.000	3.112	0.282	2.546	3.679
	不假定等方差			10.921	44.819	0.000	3.112	0.285	2.538	3.686

第三，赞助匹配操控检验。单因素方差分析结果（见表6-10至表6-11）表明，赞助匹配在不同实验组无显著差异［$M_{高事件质量}$ = 3.55，$M_{低事件质量}$ = 3.42，$F_{(1, 50)}$ = 0.106，P = 0.746］，赞助匹配对实验没有干扰。

表6-10　赞助匹配描述统计分析

赞助匹配

| | 个案数 | 平均值 | 标准差 | 标准误差 | 平均值的95%置信区间 | | 最小值 | 最大值 |
					下限	上限		
1	26	3.55	1.245	0.244	3.05	4.05	1.00	5.25
2	26	3.42	1.515	0.297	2.81	4.03	1.00	6.25
总计	52	3.49	1.374	0.191	3.10	3.87	1.00	6.25

表6-11　赞助匹配单因素方差分析

赞助匹配

	平方和	自由度	均方	F	显著性
组间	0.203	1	0.203	0.106	0.746
组内	96.099	50	1.922		
总计	96.302	51			

第四，事件类型熟悉度操控检验。单因素方差分析结果（见表6-12、表6-13）表明，事件类型熟悉度在不同实验组无显著差异［$M_{高事件质量}$ = 4.38，$M_{低事件质量}$ = 4.42，$F_{(1, 50)}$ = 0.006，P = 0.936］，事件类型熟悉度组间同质性被成功操控，被试对赞助事件类型（大型足球杯赛）的熟悉度对实验干扰不大。

表6-12　事件类型熟悉度描述统计分析

事件类型熟悉度

| | 个案数 | 平均值 | 标准差 | 标准误差 | 平均值的95%置信区间 | | 最小值 | 最大值 |
					下限	上限		
1	26	4.38	1.627	0.319	3.73	5.04	1	7
2	26	4.42	1.815	0.356	3.69	5.16	1	7
总计	52	4.40	1.706	0.237	3.93	4.88	1	7

表 6-13　事件类型熟悉度单因素方差分析

事件类型熟悉度

	平方和	自由度	均方	F	显著性
组间	0.019	1	0.019	0.006	0.936
组内	148.500	50	2.970		
总计	148.519	51			

第五，赞助接受度操控检验。单因素方差分析结果（见表6-14、表6-15）表明，赞助接受度在不同实验组无显著差异 $[M_{高事件质量} = 5.77, M_{低事件质量} = 5.85, F(1, 50) = 0.087, P = 0.769]$，赞助接受度组间同质性被成功操控，被试对企业赞助大型足球杯赛的接受度对实验干扰不大。

表 6-14　赞助接受度描述统计分析

赞助接受度

	个案数	平均值	标准差	标准误差	平均值的95%置信区间		最小值	最大值
					下限	上限		
1	26	5.77	0.951	0.187	5.39	6.15	3	7
2	26	5.85	0.925	0.181	5.47	6.22	3	7
总计	52	5.81	0.930	0.129	5.55	6.07	3	7

表 6-15　赞助接受度单因素方差分析

赞助接受度

	平方和	自由度	均方	F	显著性
组间	0.077	1	0.077	0.087	0.769
组内	44.000	50	0.880		
总计	44.077	51			

第六，情绪状态操控检验。单因素方差分析结果（见表6-16、表6-17）表明，情绪状态在不同实验组无显著差异 $[M_{高事件质量} = 5.44, M_{低事件质量} = 5.37, F(1, 50) = 0.044, P = 0.835]$，情绪状态组间同质性被成功操控，被试填写问卷时的情绪状态对实验干扰不大。

表 6-16　情绪状态描述统计分析

情绪状态

	个案数	平均值	标准差	标准误差	平均值的 95% 置信区间		最小值	最大值
					下限	上限		
1	26	5.44	1.116	0.219	4.99	5.89	3.50	7.00
2	26	5.37	1.507	0.296	4.76	5.97	1.00	7.00
总计	52	5.40	1.314	0.182	5.04	5.77	1.00	7.00

表 6-17　情绪状态单因素方差分析

情绪状态

	平方和	自由度	均方	F	显著性
组间	0.077	1	0.077	0.044	0.835
组内	87.942	50	1.759		
总计	88.019	51			

6.5.3　前测小结

前测实验操控检验表明，实验的刺激物操控有效，量表比较可靠，可以进行正式实验检验研究假设。

6.6　正式实验

研究四采用 2（事件质量：高、低）的组间因子设计。前测实验表明，刺激物操控有效，基本满足实验要求。为引导被试进行购买决策和考虑溢价支付意愿，本研究使用情境模拟的方法，以描述形式模拟消费者正在商场购物，想要购买一台液晶平板电视，并对产品画册印有赞助关联信息的产品进行评价，接着填写问卷相关测项。

6.6.1　样本描述

正式实验以网络问卷调查形式展开，共回收问卷 232 份，最后因错答甄别题项、随意填答等原因删除 21 份，剩余 211 个有效样本，其中，男性 135 名，占总样本 64.0%，女性 76 名，占总样本 38.5%；被试平均年龄为 28.91 岁，最大年龄为 65 岁，最小年龄为 18 岁，被试人口统计特征见表 6-18 至表 6-21。

表 6-18　被试性别统计描述

		频率/次	百分比/%	有效百分比/%	累计百分比/%
有效	男	135	64.0	64.0	64.0
	女	76	36.0	36.0	100.0
	总计	211	100.0	100.0	

表 6-19　被试年龄统计描述

	个案数	最小值	最大值	平均值	标准差
年龄	211	18	65	28.91	5.404
有效个案数（成列）	211				

表 6-20　被试教育程度统计描述

		频率/次	百分比/%	有效百分比/%	累计百分比/%
有效	初中及以下	1	0.5	0.5	0.5
	高中	6	2.8	2.8	3.3
	大学专科	21	10.0	10.0	13.3
	大学本科	90	42.7	42.7	55.9
	研究生及以上	93	44.1	44.1	100.0
	总计	211	100.0	100.0	

表 6-21　被试每月收入统计描述

		频率/次	百分比/%	有效百分比/%	累计百分比/%
有效	2 000 元以下	24	11.4	11.4	11.4
	2 001~4 000 元	32	15.2	15.2	26.5
	4 001~6 000 元	47	22.3	22.3	48.8
	6 001~8 000 元	37	17.5	17.5	66.4
	8 000 元以上	71	33.6	33.6	100.0
	总计	211	100.0	100.0	

6.6.2　变量描述

本研究对实验各组的操控变量和检验变量的均值和标准差进行测量，实验各变量数据如表6-22所示。

表6-22　实验各变量描述统计

事件质量		事件质量	品牌熟悉度	溢价支付意愿	赞助匹配	事件类型熟悉度	赞助接受度	情绪状态
	平均值	6.26	4.03	3.62	3.44	4.44	5.59	5.38
1	个案数	108	108	108	108	108	108	108
	标准差	1.028	1.095	1.859	1.483	1.687	1.297	1.313
	平均值	4.30	3.15	3.27	3.06	4.37	5.52	5.18
2	个案数	103	103	103	103	103	103	103
	标准差	1.230	1.402	1.860	1.484	1.815	1.356	1.522
	平均值	5.31	3.60	3.45	3.26	4.41	5.56	5.28
总计	个案数	211	211	211	211	211	211	211
	标准差	1.50	1.326	1.86	1.49	1.747	1.324	1.419

6.6.3　信度检验

本研究对各变量信度进行分析，各变量的测试信度均大于0.8，问卷的信度较高，各变量具体测试信度如表6-23所示。

表6-23　正式实验量表信度

变量	克隆巴赫 Alpha	项数
事件质量	0.954	5
品牌熟悉度	0.922	3
赞助匹配	0.949	4
溢价支付意愿	0.897	4
情绪状态	0.884	0.2

6.6.4　效度检验

本研究使用因子分析方法验证问卷建构效度，采用主成分分析法

（principle component analysis），因子旋转方式利用直交旋转（方差最大旋转方式），在做因子分析之前，使用 KMO（Kaiser-Meyer-Olkin）样本测度检验样本是否适合做因子分析，针对变量进行效度检验，得到 KMO 和 Barlett 球形检验结果。

因子提取结果显示：事件质量可以解释 5 个测项 85.208% 的变差、溢价支付意愿可以解释 4 个测项 76.535% 的变差、品牌熟悉度可以解释 3 个测项 86.811% 的变差、赞助匹配可以解释 4 个测项 86.714% 的变差、情绪状态可以解释 2 个测项 89.620% 的变差。综上，本研究各变量可以解释对应测项的变差均大于 70%，因子得分能够较好反映各变量的量表的测量数值，各变量的 KMO 和 Bartlett 球形检验和提取量分别如表 6-24 至表 6-33 所示。

表6-24　事件质量的 KMO 和巴特利特检验

KMO 取样适切性量数		0.887
巴特利特球形度检验	近似卡方	1259.021
	自由度	10
	显著性	0.000

表6-25　事件质量测项的因子提取

成分	初始特征值			提取载荷平方和		
	总计	方差百分比	累积 %	总计	方差百分比	累积 %
1	4.260	85.208	85.208	4.260	85.208	85.208
2	0.313	6.258	91.466			
3	0.246	4.919	96.385			
4	0.124	2.472	98.856			
5	0.057	1.144	100.000			

提取方法：主成分分析法。

表6-26　溢价支付意愿的 KMO 和巴特利特检验

KMO 取样适切性量数		0.807
巴特利特球形度检验	近似卡方	528.040
	自由度	6
	显著性	0.000

表 6-27　溢价支付意愿测项的因子提取

成分	初始特征值			提取载荷平方和		
	总计	方差百分比	累积 %	总计	方差百分比	累积 %
1	3.061	76.535	76.535	3.061	76.535	76.535
2	0.439	10.965	87.500			
3	0.312	7.791	95.292			
4	0.188	4.708	100.000			

提取方法：主成分分析法。

表 6-28　品牌熟悉度的 KMO 和巴特利特检验

KMO 取样适切性量数		0.756
巴特利特球形度检验	近似卡方	482.272
	自由度	3
	显著性	0.000

表 6-29　品牌熟悉度测项的因子提取

成分	初始特征值			提取载荷平方和		
	总计	方差百分比	累积 %	总计	方差百分比	累积 %
1	2.604	86.811	86.811	2.604	86.811	86.811
2	0.234	7.789	94.599			
3	0.162	5.401	100.000			

提取方法：主成分分析法。

表 6-30　赞助匹配的 KMO 和巴特利特检验

KMO 取样适切性量数		0.798
巴特利特球形度检验	近似卡方	907.412
	自由度	6
	显著性	0.000

表 6-31　赞助匹配测项的因子提取

成分	初始特征值			提取载荷平方和		
	总计	方差百分比	累积 %	总计	方差百分比	累积 %
1	3.470	86.741	86.741	3.470	86.741	86.741
2	0.311	7.772	94.513			
3	0.126	3.153	97.666			
4	0.093	2.334	100.000			

提取方法：主成分分析法。

表 6-32　情绪状态的 KMO 和巴特利特检验

KMO 取样适切性量数		0.500
巴特利特球形度检验	近似卡方	206.121
	自由度	1
	显著性	0.000

表 6-33　情绪状态测项的因子提取

成分	初始特征值			提取载荷平方和		
	总计	方差百分比	累积 %	总计	方差百分比	累积 %
1	1.792	89.620	89.620	1.792	89.620	89.620
2	0.208	10.380	100.000			

提取方法：主成分分析法。

6.6.5　操控检验

第一，事件质量操控检验。本研究对赞助事件质量数据进行单因素方差分析，方差齐性检验结果（见表 6-34、表 6-35）显示，高赞助匹配时溢价支付意愿不具有方差齐性。在方差不齐情况下，要检验不同实验组事件质量是否具有显著差异，应采用独立样本 T 检验方法得到分析结果。独立样本 T 检验结果（见表 6-36）显示，不同实验组事件质量具有显著差异 $[M_{高事件质量} = 6.32$，$M_{低事件质量} = 4.45$，$t(108) = 9.421$，$P < 0.001]$，事件质量组间差异性被成功操控。

表 6-34　事件质量方差齐性检验

事件质量

莱文统计	自由度 1	自由度 2	显著性
2.704	3	207	0.046

表 6-35　事件质量组统计

	实验组	个案数	平均值	标准差	标准误差平均值
事件质量	1	57	6.32	0.981	0.130
	2	53	4.45	1.108	0.152

表 6-36　事件质量独立样本 T 检验

		莱文方差等同性检验		平均值等同性 t 检验						
		F	显著性	t	自由度	显著性（双尾）	平均值差值	标准误差差值	差值95%置信区间 下限	上限
事件质量	假定等方差	1.688	0.197	9.421	108	0.000	1.878	0.199	1.483	2.273
	不假定等方差			9.380	104.071	0.000	1.878	0.200	1.481	2.274

第二，品牌熟悉度操控检验。本研究将品牌熟悉度测项的均值从高到低排序，将均值大于中位数的值归为高品牌熟悉度组，小于等于中位数的值归为低品牌熟悉度组。独立样本 T 检验结果（见表 6-37、表 6-38）显示，不同实验组事件质量具有显著差异［$M_{高品牌熟悉度} = 5.54$，$M_{低品牌熟悉度} = 2.27$，$t(188) = 24.337$，$P<0.001$］，品牌熟悉度组间差异性被成功操控。

表 6-37　品牌熟悉度组统计

	品牌熟悉度	个案数	平均值	标准差	标准误差平均值
品牌熟悉度	1	76	5.54	0.843	0.097
	2	135	2.27	1.082	0.093

表 6-38　品牌熟悉度独立样本 T 检验

		莱文方差等同性检验		平均值等同性 t 检验						
		F	显著性	t	自由度	显著性（双尾）	平均值差值	标准误差差值	差值95%置信区间 下限	上限
品牌熟悉度	假定等方差	10.690	0.001	22.719	209	0.000	3.268	0.144	2.984	3.551
	不假定等方差			24.337	188.069	0.000	3.268	0.134	3.003	3.533

第三，赞助匹配操控检验。单因素方差分析结果（见表6-39、表6-40）表明，赞助匹配在不同实验组无显著差异［$M_{高事件质量}=3.44$，$M_{低事件质量}=3.06$，$F(1, 209)=3.575$，$P=0.060$］，赞助匹配组间同质性被成功操控，赞助匹配对实验干扰不大。

表6-39　赞助匹配描述统计分析

赞助匹配

	个案数	平均值	标准差	标准误差	平均值的95%置信区间		最小值	最大值
					下限	上限		
1	108	3.44	1.483	0.143	3.16	3.73	1.00	7.00
2	103	3.06	1.484	0.146	2.77	3.35	1.00	7.00
总计	211	3.26	1.492	0.103	3.05	3.46	1.00	7.00

表6-40　赞助匹配单因素方差分析

赞助匹配

	平方和	自由度	均方	F	显著性
组间	7.863	1	7.863	3.575	0.060
组内	459.692	209	2.199		
总计	467.555	210			

第四，事件类型熟悉度操控检验。单因素方差分析结果（见表6-41、表6-42）表明，事件类型熟悉度在不同实验组无显著差别［$M_{高事件质量}=4.44$，$M_{低事件质量}=4.37$，$F(1, 209)=0.098$，$P=0.754$］，事件类型熟悉度组间同质性被成功操控，被试对赞助事件类型（大型足球杯赛）的熟悉度对实验干扰不大。

表6-41　事件类型熟悉度描述统计分析

事件类型熟悉度

	个案数	平均值	标准差	标准误差	平均值的95%置信区间		最小值	最大值
					下限	上限		
1	108	4.44	1.687	0.162	4.12	4.77	1	7
2	103	4.37	1.815	0.179	4.01	4.72	1	7
总计	211	4.41	1.747	0.120	4.17	4.64	1	7

表 6-42　事件类型熟悉度单因素方差分析

事件类型熟悉度

	平方和	自由度	均方	F	显著性
组间	0.301	1	0.301	0.098	0.754
组内	640.647	209	3.065		
总计	640.948	210			

第五，赞助接受度操控检验。单因素方差分析结果（见表 6-43、表 6-44）表明，赞助接受度在不同实验组无显著差异 $[M_{高事件质量} = 5.59$，$M_{低事件质量} = 5.52$，$F(1, 209) = 0.140$，$P = 0.709]$，赞助接受度组间同质性被成功操控，被试对企业赞助大型足球杯赛的接受度对实验干扰不大。

表 6-43　赞助接受度描述统计分析

赞助接受度

	个案数	平均值	标准差	标准误差	平均值的95%置信区间		最小值	最大值
					下限	上限		
1	108	5.59	1.297	0.125	5.35	5.84	1	7
2	103	5.52	1.356	0.134	5.26	5.79	1	7
总计	211	5.56	1.324	0.091	5.38	5.74	1	7

表 6-44　赞助接受度单因素方差分析

赞助接受度

	平方和	自由度	均方	F	显著性
组间	0.246	1	0.246	0.140	0.709
组内	367.763	209	1.760		
总计	368.009	210			

第六，情绪状态操控检验。单因素方差分析结果（见表 6-45、表 6-46）表明，情绪状态在不同实验组无显著差异 $[M_{高事件质量} = 5.38$，$M_{低事件质量} = 5.18$，$F(1, 209) = 0.999$，$P = 0.319]$，情绪状态组间同质性被成功操控，被试填写问卷时的情绪状态对实验干扰不大。

表 6-45　情绪状态描述统计分析

情绪状态

	个案数	平均值	标准差	标准误差	平均值的95%置信区间		最小值	最大值
					下限	上限		
1	108	5.38	1.313	0.126	5.12	5.63	1.00	7.00
2	103	5.18	1.522	0.150	4.88	5.48	1.00	7.00
总计	211	5.28	1.419	0.098	5.09	5.47	1.00	7.00

表 6-46　情绪状态单因素方差分析

情绪状态

	平方和	自由度	均方	F	显著性
组间	2.013	1	2.013	0.999	0.319
组内	420.990	209	2.014		
总计	423.002	210			

6.6.6　假设检验

（1）赞助事件质量对消费者溢价支付意愿的影响

假设 H1 推测，赞助事件质量对消费者溢价支付意愿具有显著影响，事件质量越高，消费者对赞助商产品的溢价支付意愿越高；事件质量越低，消费者对赞助商产品的溢价支付意愿越低。

本研究对不同事件质量水平的溢价支付意愿进行单因素方差分析，方差齐性检验结果（见表6-47、表6-48）显示，溢价支付意愿不具有方差齐性，所以赞助事件质量对消费者溢价支付意愿的影响是否具有显著差异要采用方差不齐情况下的非参数估计方法。在方差不齐情况下，要检验不同实验组溢价支付意愿是否具有显著差异，应采用独立样本 T 检验方法得到分析结果。独立样本 T 检验结果（见表6-49）显示，赞助事件质量对溢价支付意愿存在显著影响 [$M_{高事件质量}=4.03$，$M_{低事件质量}=3.15$，$t(193)=5.050$，$P<0.001$]，假设 H1 再次得到支持，即事件质量越高，消费者对赞助商产品的溢价支付意愿越高；事件质量越低，消费者对赞助商产品的溢价支付意愿越低。

表 6-47 溢价支付意愿方差齐性检验

溢价支付意愿

莱文统计	自由度 1	自由度 2	显著性
6.021	1	209	0.015

表 6-48 溢价支付意愿组统计

	事件质量	个案数	平均值	标准差	标准误差平均值
溢价支付意愿	1	108	4.03	1.095	0.105
	2	103	3.15	1.402	0.138

表 6-49 溢价支付意愿独立样本 T 检验

		莱文方差等同性检验		平均值等同性 t 检验						
		F	显著性	t	自由度	显著性（双尾）	平均值差值	标准误差差值	差值95%置信区间	
									下限	上限
溢价支付意愿	假定等方差	6.021	0.015	5.079	209	0.000	1	0	1	1
	不假定等方差			5.050	192.915	0.000	1	0	1	1

（2）品牌熟悉度在赞助事件质量影响消费者溢价支付意愿的过程中起调节作用

假设 H5 推测，品牌熟悉度在赞助事件质量影响消费者溢价支付意愿的过程中起调节作用；品牌熟悉度较低时，事件质量越高，消费者对赞助商产品的溢价支付意愿越高；事件质量越低，消费者对赞助商产品的溢价支付意愿越低（假设 H5a）；品牌熟悉度较高时，赞助事件质量对消费者溢价支付意愿的影响没有差异（假设 H5b）。

本研究进行 2×2 组间方差分析，溢价支付意愿为因变量，事件质量（高、低）和品牌熟悉度（高、低），多元方差分析显示，事件质量的主效应显著 [$F_{(1, 210)} = 16.406$，$P<0.001$]，即赞助事件质量对溢价支付意愿存在显著影响；品牌熟悉度的主效应显著 [$F_{(1, 210)} = 88.168$，$P<0.001$]，即品牌熟悉度对溢价支付意愿存在显著影响；事件质量和品牌熟悉度对溢价支付意愿的交互效应显著 [$F_{(3, 207)} = 8.776$，$P = 0.003<0.01$]，假设 H5 得到支持，具体如表 6-50 所示。

表 6-50 事件质量和品牌熟悉度交互对溢价支付意愿影响多元方差分析

因变量：溢价支付意愿

源	III 类平方和	自由度	均方	F	显著性
修正模型	142. 475[a]	3	47. 492	43. 325	0. 000
截距	2773. 711	1	2773. 711	2530. 351	0. 000
事件质量	17. 984	1	17. 984	16. 406	0. 000
品牌熟悉度	96. 648	1	96. 648	88. 168	0. 000
事件质量 * 品牌熟悉度	9. 620	1	9. 620	8. 776	0. 003
误差	226. 909	207	1. 096		
总计	3099. 625	211			
修正后总计	369. 383	210			

a. R 方 = 0.386（调整后 R 方 = 0.377）

①检验假设 H5a，检验事件质量和品牌熟悉度对溢价支付意愿的交互作用后需进行简单效应检验。本研究对低品牌熟悉度情况下消费者的溢价支付意愿进行单因素方差分析，单因素方差分析结果（见表 6-51 至表 6-53）表明，在低品牌熟悉度情况下，消费者的溢价支付意愿在不同实验组具有显著差异，高事件质量组（世界杯）的溢价支付意愿显著高于低事件质量组（亚洲杯）$[M_{高事件质量} = 3.63，M_{低事件质量} = 2.57，F(1, 133) = 40.435，P < 0.001]$，假设 H5a 得到支持。

表 6-51 低品牌熟悉度时溢价支付意愿描述统计分析

溢价支付意愿

	个案数	平均值	标准差	标准误差	平均值的 95% 置信区间		最小值	最大值
					下限	上限		
1	64	3. 63	0. 941	0. 118	3. 39	3. 86	2. 00	6. 00
2	71	2. 57	0. 994	0. 118	2. 33	2. 80	1. 00	4. 50
总计	135	3. 07	1. 102	0. 095	2. 88	3. 26	1. 00	6. 00

表 6-52 低品牌熟悉度时溢价支付意愿方差齐性检验

溢价支付意愿

莱文统计	自由度 1	自由度 2	显著性
0. 717	1	133	0. 399

表 6-53　低品牌熟悉度时溢价支付意愿单因素方差分析

溢价支付意愿

	平方和	自由度	均方	F	显著性
组间	37.963	1	37.963	40.435	0.000
组内	124.869	133	0.939		
总计	162.831	134			

②检验假设 H5b，研究对高品牌熟悉度情况下消费者的溢价支付意愿进行单因素方差分析（见表 6-54 至表 6-56），溢价支付意愿在高品牌熟悉度情况下不同事件质量（高、低）组无显著差异 [$M_{高事件质量}=4.60$，$M_{低事件质量}=4.44$，$F(1, 74)=0.365$，$P=0.548$]，假设 H5b 得到支持。

表 6-54　高品牌熟悉度时溢价支付意愿描述统计分析

溢价支付意愿

	个案数	平均值	标准差	标准误差	平均值的 95% 置信区间		最小值	最大值
					下限	上限		
1	44	4.60	1.054	0.159	4.28	4.92	2.50	7.00
2	32	4.44	1.323	0.234	3.96	4.91	1.25	7.00
总计	76	4.53	1.169	0.134	4.27	4.80	1.25	7.00

表 6-55　高品牌熟悉度时溢价支付意愿方差齐性检验

溢价支付意愿

莱文统计	自由度 1	自由度 2	显著性
1.457	1	74	0.231

表 6-56　高品牌熟悉度时溢价支付意愿单因素方差分析

溢价支付意愿

	平方和	自由度	均方	F	显著性
组间	0.503	1	0.503	0.365	0.548
组内	102.040	74	1.379		
总计	102.543	75			

6.7 研究小结

本章进行了研究设计，包括实验设计、刺激物设计、量表设计、前测实验和正式实验。

第一，实验设计。研究三主要检验赞助事件质量对消费者溢价支付意愿的影响，以及品牌熟悉度在事件质量影响消费者溢价支付意愿过程中的调节作用，研究四采用2（事件质量：高、低）的实验组设计。

第二，刺激物设计。实验三事件刺激物以"国际足联世界杯（世界杯）""亚洲杯足球赛（亚洲杯）"两种大型足球杯赛作为高、低不同事件质量的赞助对象；产品刺激物选取海信液晶平板电视，并相应模拟消费者购买决策情境。

第三，量表设计。本研究使用或借鉴相关成熟量表，并根据研究内容进行相应地适应性调整，设计事件质量、溢价支付意愿、品牌声望、感知质量、事件类型熟悉度、赞助接受度量表。

第四，前测实验和正式实验。实验描述样本和变量数据的基本特征，包括样本描述、变量描述、量表信度、操控检验，数据分析结果显示量表信度、变量操控符合要求。

第六，假设检验。本研究检验假设 H1 推测，假设 H1 得到支持，即事件质量越高，消费者对赞助商产品的溢价支付意愿越高；事件质量越低，消费者对赞助商产品的溢价支付意愿越低。检验假设 H5 推测，假设 H5 得到支持，品牌熟悉度在赞助事件质量影响消费者溢价支付意愿的过程中起调节作用；检验假设 H5a 推测，假设 H5a 得到支持，即品牌熟悉度较低时，事件质量越高，消费者对赞助商产品的溢价支付意愿越高；事件质量越低，消费者对赞助商产品的溢价支付意愿越低；检验假设 H5b 推测，假设 H5b 得到支持，品牌熟悉度较高时，赞助事件质量对消费者溢价支付意愿的影响没有差异。研究三的假设检验结论见表6-57。

表 6-57　研究三：假设检验结论

序号	假设内容	验证
1	H1：事件质量越高，消费者对赞助商产品的溢价支付意愿越高；事件质量越低，消费者对赞助商产品的溢价支付意愿越低。	支持
2	H5：品牌熟悉度在赞助事件质量影响消费者溢价支付意愿的过程中起调节作用。	支持
3	H5a：品牌熟悉度较低时，事件质量越高，消费者对赞助商产品的溢价支付意愿越高；事件质量越低，消费者对赞助商产品的溢价支付意愿越低。	支持
4	H5b：品牌熟悉度较高时，赞助事件质量对消费者溢价支付意愿的影响没有差异。	支持

7 研究四：赞助匹配
和品牌熟悉度的双重调节作用

7.1 实验设计

7.1.1 研究目的

研究四主要检验消费者在购买决策环节，赞助匹配和品牌熟悉度在赞助事件质量影响消费者溢价支付意愿的过程中起双重调节作用（假设 H6）；品牌熟悉度较低，赞助匹配较高时，事件质量越高，消费者对赞助商产品的溢价支付意愿越高（假设 H6a）；品牌熟悉度较高，赞助匹配较低时，赞助事件质量对消费者溢价支付意愿的影响没有差异（假设 H6b）；品牌熟悉度较低，赞助匹配较低时，事件质量越高，消费者对赞助商产品的溢价支付意愿越高（假设 H6c）；品牌熟悉度较高，赞助匹配较高时，事件质量越高，消费者对赞助商产品的溢价支付意愿越高（假设 H6d）。

7.1.2 实验设计

研究四采用 2（事件质量：高、低）×2（赞助匹配：高、低）组间因子设计。研究四主要检验消费者在购买决策情境中，赞助事件质量影响消费者溢价支付意愿的过程中是否会受到赞助匹配和品牌熟悉度的双重调节影响。

研究四模拟消费者在网上商城（京东）购物的消费情境，让消费者想象自己正在购买特定产品（运动鞋/护眼台灯），赞助匹配以自然匹配形式操控（Simmons 和 Becker-Olsen，2006），其中，高赞助匹配组使用运动鞋品牌，低赞助匹配组使用护眼台灯品牌，然后向消费者呈现刺激物信息（不同事件质量的赞助关联信息），随后测量消费者对赞助事件质量、赞助匹配、品牌熟悉度的感知以及对目标产品的溢价支付意愿。

7.2 刺激物设计

7.2.1 事件质量刺激物

研究四的事件质量刺激物选择以"美国男子职业篮球联赛（NBA）""中国男子篮球职业联赛（CBA）"两大篮球联赛作为不同质量水平的赞助对象。选择上述两种赛事作为事件质量刺激物，主要考虑两种赛事同属专业性体育赛事，赛事地位和影响力容易区分，事件质量刺激物描述分别如下：

NBA，美国男子职业篮球联赛（National Basketball Association），是世界上水平最高的篮球联赛，也是美国四大职业体育联盟之一，NBA 现拥有球队 30 支，其转播信号覆盖全球，其标志见图 7-1。

图 7-1　NBA 标志

CBA，中国男子篮球职业联赛（China Basketball Association），由中国篮球协会所主办的跨年度主客场制篮球联赛，是中国最高等级的篮球联赛，CBA现拥有球队 20 支，其标志见图 7-2。

图 7-2　CBA 标志

7.2.2 产品和品牌刺激物

产品和品牌刺激物选择的标准同研究三基本一致。本研究选择产品和品牌刺激物主要考虑以下三个条件：①产品刺激物比较常见，消费者对产品类型比较熟悉；②行业中赞助体育赛事的现象比较普遍。

不同于研究二的操控方式，研究四以产品和赛事构成自然匹配的形式操控赞助匹配。Simmons 和 Becker-Olsen（2006）认为，赞助商和赞助对象的匹配可以是自然的，也可以是设计的，自然匹配是公众对赞助商和赞助对象一致性的感知，自然匹配具有较高成本收益。小组讨论最终确定以德尔惠（运动鞋）和雷士（护眼台灯）分别作为高自然匹配和低自然匹配的两种刺激实物品牌（产品），两种品牌在刺激物描述中统一使用"NBA/CBA 官方合作伙伴"，产品和品牌刺激物表述如图 7-3 至图 7-6 所示。

图 7-3　产品和品牌刺激物（高事件质量、高赞助匹配组）

图 7-4　产品和品牌刺激物（低事件质量、高赞助匹配组）

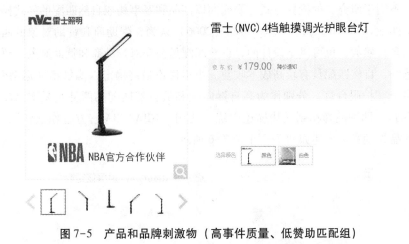

nVc雷士照明
雷士(NVC)4档触摸调光护眼台灯
京东价 ¥179.00 降价通知
NBA
NBA官方合作伙伴
选择颜色 黑色 白色

图 7-5　产品和品牌刺激物（高事件质量、低赞助匹配组）

nVc雷士照明
雷士(NVC)4档触摸调光护眼台灯
京东价 ¥179.00 降价通知
CBA官方合作伙伴
选择颜色 黑色 白色

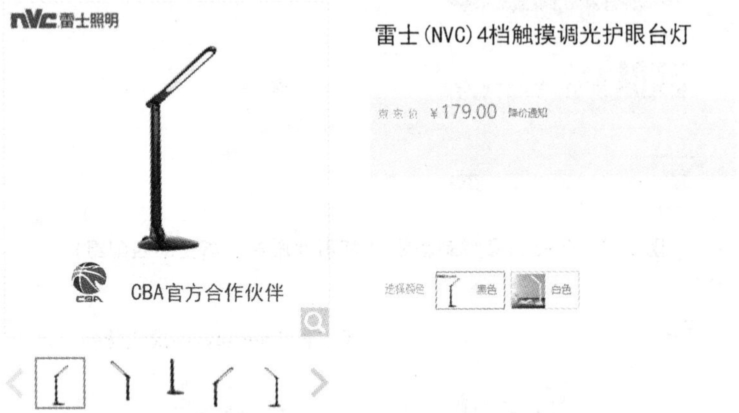

图 7-6　产品和品牌刺激物（低事件质量、低赞助匹配组）

7.3　实验过程

为了避免组内实验的记忆效应，正式实验使用 2（事件质量：高、低）× 2（赞助匹配：高、低）组间因子设计。为提高研究结论的外部效度，研究四选择居民样本作为被试，以网络问卷调查形式展开，实验按照以下步骤展开：

第一步，测量被试对赞助事件类型（大型篮球联赛）的熟悉度（用于操控检验）和企业赞助大型篮球联赛的接受度（用于操控检验）。

第二步，请被试阅读一段关于大型篮球联赛的介绍（NBA、CBA），随后，请被试根据事件质量量表评价该篮球联赛的质量水平（用于操控检验和假设检验）。

第三步，请被试阅读一段模拟购买决策情境的信息，让被试想象"自己在网上商城（京东）购物，主要目的是为自己（或家人）买一双质量可靠的运动鞋/一盏质量可靠的护眼台灯，在浏览不同品牌后，发现一款德尔惠的运动鞋/雷士品牌的护眼台灯，而且产品展示页面印有'NBA/CBA官方合作伙伴'"，然后请被试对德尔惠/雷士品牌和赛事的匹配度进行评价（用于操控检验和假设检验），并测试其对德尔惠品牌的运动鞋/雷士品牌的护眼台灯的溢价支付意愿（用于假设检验）。

第四步，测量被试填写问卷时的情绪状态（用于操控检验）。

第五步，参考 Vincent 和 Zikmund（1976）的建议，将人口统计特征等相对敏感信息测项设置于卷尾，请被试填写相关人口统计特征变量（用于操控检验）。

7.4　量表设计

第一，事件质量操控检验，参考 Gwinner（1997）；Jin，Lee 和 Lee（2013）；Speed 和 Thompson（2000）；徐玖平和朱洪军（2008）等的量表，使用"NBA/CBA的赛事规模很大""NBA/CBA的运动水平很高""NBA/CBA的专业地位很高""NBA/CBA是国际重要赛事""NBA/CBA在我周围的人中具有很大影响力"5个测项。

第二，溢价支付意愿，参考 Chaudhuri 和 Holbrook（2001）；Suwelack，Hogreve 和 Hoyer（2011）；Zeithaml，Berry 和 Parasuraman（1996）等的量表，使用"相比其他品牌，我愿意为德尔惠/雷士品牌支付更高价格""即使德尔惠/雷士品牌涨价我也愿意选择这个品牌""只有德尔惠/雷士品牌涨价较高时，我才会选择其他品牌""即使其他品牌价格更低，我也愿意选择德尔惠/雷士品牌"4个测项。

第三，赞助匹配，参考 Olson（2010）；Simmons 和 Becker-Olsen（2006）的量表，具体包括4个测项："德尔惠/雷士品牌与 NBA/CBA 的契合程度较高""德尔惠/雷士品牌与 NBA/CBA 的互补程度较高""德尔惠/雷士品牌与NBA/CBA 具有较强的逻辑关系""德尔惠/雷士品牌与 NBA/CBA 相似程度较高"。

第四，品牌熟悉度，参考 Park 和 Lennon（2009）的量表，具体包括 3 个测项："我见过并熟悉德尔惠/雷士产品""我购买/使用过德尔惠/雷士的产品""我了解德尔惠/雷士产品的特点"。

第五，事件类型熟悉度，参考 Heckler 和 Childers（1992）的量表，使用"我熟悉大型篮球联赛（例如，NBA、CBA 等）"1 个测项。

第六，赞助接受度，参考 Olson（2010）的量表，使用"我认为德尔惠/雷士品牌赞助大型篮球联赛（例如，NBA、CBA 等）是有利的"1 个测项。

第七，情绪状态，参考 Yeo 和 Park（2006）量表，使用"我现在心情不错""我非常开心参加此次调查"2 个测项。

7.5 前测实验

7.5.1 样本描述

前测实验数据以网络问卷调查形式收集，与正式实验样本来自同一总体 128 人参与前测实验，其中，男性 75 人，占总样本 58.6%，女性 53 人，占总样本 41.4%；被试平均年龄为 28.68 岁，最大年龄为 40 岁，最小年龄为 19 岁，被试人口统计特征见表 7-1 至表 7-4。

表 7-1　被试性别统计描述

		频率/次	百分比/%	有效百分比/%	累计百分比/%
	男	75	58.6	58.6	58.6
有效	女	53	41.4	41.4	100.0
	总计	128	100.0	100.0	

表 7-2　被试年龄统计描述

	个案数	最小值	最大值	平均值	标准差
年龄	128	19	40	28.68	4.137
有效个案数（成列）	128				

表 7-3　被试教育程度统计描述

		频率/次	百分比/%	有效百分比/%	累计百分比/%
有效	高中	2	1.6	1.6	1.6
	大学专科	13	10.2	10.2	11.7
	大学本科	62	48.4	48.4	60.2
	研究生及以上	51	39.8	39.8	100.0
	总计	128	100.0	100.0	

表 7-4　被试每月收入统计描述

收入

		频率/次	百分比/%	有效百分比/%	累计百分比/%
有效	2 000 元以下	10	7.8	7.8	7.8
	2 001~4 000 元	24	18.8	18.8	26.6
	4 001~6 000 元	26	20.3	20.3	46.9
	6 001~8 000 元	31	24.2	24.2	71.1
	8 000 元以上	37	28.9	28.9	100.0
	总计	128	100.0	100.0	

7.5.2　操控检验

第一，事件质量操控检验。本研究对高、低赞助匹配时的事件质量数据分别进行单因素方差分析，单因素方差分析结果（见表 7-5 至表 7-8）表明：在高赞助匹配时，事件质量在不同实验组具有显著差异［$M_{高事件质量*高赞助匹配}=5.93$，$M_{低事件质量*高赞助匹配}=4.32$，$F(1,61)=24.894$，$P<0.001$］。在低赞助匹配时，事件质量在不同实验组具有显著差异［$M_{高事件质量*低赞助匹配}=6.34$，$M_{低事件质量*低赞助匹配}=4.44$，$F(1,63)=61.833$，$P<0.001$］。综上，事件质量组间差异性被成功操控。

表 7-5　高赞助匹配时事件质量描述统计分析

事件质量

	个案数	平均值	标准差	标准误差	平均值的95%置信区间		最小值	最大值
					下限	上限		
1	32	5.93	1.256	0.222	5.4720	6.3780	1.40	7.00
2	31	4.32	1.293	0.232	3.8484	4.7968	1.80	6.60
总计	63	5.14	1.500	0.189	4.7587	5.5143	1.40	7.00

表 7-6　高赞助匹配时事件质量单因素方差分析

事件质量

	平方和	自由度	均方	F	显著性
组间	40.432	1	40.432	24.894	0.000
组内	99.074	61	1.624		
总计	139.506	62			

表 7-7　低赞助匹配时事件质量描述统计分析

事件质量

	个案数	平均值	标准差	标准误差	平均值的95%置信区间		最小值	最大值
					下限	上限		
3	32	6.34	0.653	0.115	6.11	6.58	4.80	7.00
4	33	4.44	1.207	0.210	4.01	4.87	1.00	7.00
总计	65	5.38	1.361	0.169	5.04	5.72	1.00	7.00

表 7-8　低赞助匹配时事件质量单因素方差分析

事件质量

	平方和	自由度	均方	F	显著性
组间	58.730	1	58.730	61.833	0.000
组内	59.839	63	0.950		
总计	118.570	64			

　　第二，赞助匹配操控检验。本研究对赞助匹配数据进行单因素方差分析，单因素方差分析结果（见表 7-9、表 7-10）表明，赞助匹配在不同实验组具有显著差异 $[M_{高赞助匹配} = 4.00, M_{低赞助匹配} = 2.98, F(1, 126) = 13.915, P < 0.001]$，赞助匹配组间差异性被成功操控。

表 7-9　赞助匹配描述统计分析

赞助匹配

	个案数	平均值	标准差	标准误差	平均值的95%置信区间		最小值	最大值
					下限	上限		
1	63	4.00	1.577	0.199	3.60	4.40	1.00	7.00
2	65	2.98	1.526	0.189	2.60	3.36	1.00	7.00
总计	128	3.48	1.628	0.144	3.20	3.77	1.00	7.00

表 7-10　赞助匹配单因素方差分析

赞助匹配

	平方和	自由度	均方	F	显著性
组间	33.486	1	33.486	13.915	0.000
组内	303.215	126	2.406		
总计	336.701	127			

第三，品牌熟悉度操控检验。本研究将品牌熟悉度测项的均值从高到低排序，将均值大于中位数的值归为高品牌熟悉度组，小于等于中位数的值归为低品牌熟悉度组。独立样本 T 检验结果（见表 7-11、表 7-12）显示，不同实验组事件质量具有显著差异 [$M_{高品牌熟悉度}$ = 5.38，$M_{低品牌熟悉度}$ = 2.05，t（113）= 19.939，P<0.001]，品牌熟悉度组间差异性被成功操控。

表 7-11　品牌熟悉度组统计

	品牌熟悉度	个案数	平均值	标准差	标准误差平均值
品牌熟悉度	1	65	5.38	0.780	0.097
	2	63	2.05	1.081	0.136

表 7-12　品牌熟悉度独立样本 T 检验

		莱文方差等同性检验		平均值等同性 t 检验					差值95%置信区间	
		F	显著性	t	自由度	显著性（双尾）	平均值差值	标准误差差值	下限	上限
品牌熟悉度	假定等方差	8.699	0.004	20.039	126	0.000	3.332	0.166	3.003	3.661
	不假定等方差			19.939	112.572	0.000	3.332	0.167	3.001	3.663

第四，事件类型熟悉度操控检验。单因素方差分析结果（见表 7.13、表 7-14）表明，事件类型熟悉度在不同实验组无显著差异 [$M_{高事件质量 * 高赞助匹配}$ = 4.72，$M_{低事件质量 * 高赞助匹配}$ = 4.42，$M_{高事件质量 * 低赞助匹配}$ = 4.44，$M_{低事件质量 * 低赞助匹配}$ = 4.18，F（3，124）= 0.462，P=0.710]，事件类型熟悉度组间同质性被成功操控，被试对赞助事件类型（大型篮球联赛）的熟悉度对实验干扰不大。

表 7-13　事件类型熟悉度描述统计分析

事件类型熟悉度

	个案数	平均值	标准差	标准误差	平均值的 95% 置信区间		最小值	最大值
					下限	上限		
1	32	4.72	1.818	0.321	4.06	5.37	1	7
2	31	4.42	2.013	0.362	3.68	5.16	1	7
3	32	4.44	1.684	0.298	3.83	5.04	1	7
4	33	4.18	1.845	0.321	3.53	4.84	1	7
总计	128	4.44	1.830	0.162	4.12	4.76	1	7

表 7-14　事件类型熟悉度单因素方差分析

事件类型熟悉度

	平方和	自由度	均方	F	显著性
组间	4.699	3	1.566	0.462	0.710
组内	420.801	124	3.394		
总计	425.500	127			

第五，赞助接受度操控检验。单因素方差分析结果（见表 7-15、表 7-16）表明，赞助接受度在不同实验组无显著差异 [$M_{高事件质量*高赞助匹配}$ = 5.81，$M_{低事件质量*高赞助匹配}$ = 5.39，$M_{高事件质量*低赞助匹配}$ = 5.84，$M_{低事件质量*低赞助匹配}$ = 5.73，$F(3, 124)$ = 0.883，P = 0.452]，赞助接受度组间同质性被成功操控，被试对企业赞助大型篮球联赛的接受度对实验干扰不大。

表 7-15　赞助接受度描述统计分析

赞助接受度

	个案数	平均值	标准差	标准误差	平均值的 95% 置信区间		最小值	最大值
					下限	上限		
1	32	5.81	1.401	0.248	5.31	6.32	1	7
2	31	5.39	1.542	0.277	4.82	5.95	1	7
3	32	5.84	0.987	0.175	5.49	6.20	3	7
4	33	5.73	0.977	0.170	5.38	6.07	4	7
总计	128	5.70	1.246	0.110	5.48	5.91	1	7

表 7-16　赞助接受度单因素方差分析

赞助接受度

	平方和	自由度	均方	F	显著性
组间	4.123	3	1.374	0.883	0.452
组内	192.994	124	1.556		
总计	197.117	127			

第六，情绪状态操控检验。单因素方差分析结果（见表 7-17、表 7-18）表明，情绪状态在不同实验组无显著差异 [$M_{高事件质量*高赞助匹配}$ = 5.50，$M_{低事件质量*高赞助匹配}$ = 5.23，$M_{高事件质量*低赞助匹配}$ = 5.53，$M_{低事件质量*低赞助匹配}$ = 5.38，$F_{(3,124)}$ = 0.411，P = 0.746]，情绪状态组间同质性被成功操控，被试填写问卷时的情绪状态对实验干扰不大。

表 7-17　情绪状态描述统计分析

情绪状态

	个案数	平均值	标准差	标准误差	平均值的95%置信区间		最小值	最大值
					下限	上限		
1	32	5.50	1.289	0.228	5.04	5.96	2.50	7.00
2	31	5.23	1.277	0.229	4.76	5.69	2.50	7.00
3	32	5.53	1.338	0.236	5.05	6.01	1.00	7.00
4	33	5.26	1.659	0.289	4.67	5.85	1.00	7.00
总计	128	5.38	1.393	0.123	5.14	5.62	1.00	7.00

表 7-18　情绪状态单因素方差分析

情绪状态

	平方和	自由度	均方	F	显著性
组间	2.424	3	0.808	0.411	0.746
组内	243.949	124	1.967		
总计	246.373	127			

7.5.3 前测小结

前测实验操控检验表明，实验的刺激物操控有效，量表比较可靠，可以进行正式实验检验研究假设。

7.6 正式实验

研究四采用2（事件质量：高、低）×2（赞助匹配：高、低）组间因子设计。前测实验表明，刺激物操控有效，基本满足实验要求。为引导被试进行购买决策和考虑溢价支付，本研究使用情境模拟的方法，以描述形式模拟消费者正在网上商城购物，想要购买一双运动鞋/一盏护眼台灯，并对产品展示页面印有赞助关联信息的产品进行评价，接着填写问卷相关测项。

7.6.1 样本描述

正式实验以网络问卷调查形式展开，正式实验回收问卷 420 份，最后因错答甄别题项、随意填答等原因删除 27 份，剩余 393 个有效样本，其中，男性 248 人，占总样本 63.1%，女性 145 人，占总样本 36.9%；被试平均年龄为 29.23 岁，最大年龄为 65 岁，最小年龄为 18 岁，被试平均年龄为 29.32 岁，被试人口统计特征见表 7-19 至表 7-22。

表 7-19 被试性别统计描述

		频率/次	百分比/%	有效百分比/%	累计百分比/%
	男	248	63.1	63.1	63.1
有效	女	145	36.9	36.9	100.0
	总计	393	100.0	100.0	

表 7-20 被试年龄统计描述

	个案数	最小值	最大值	平均值	标准差
年龄	393	18	65	29.32	5.210
有效个案数（成列）	393				

表 7-21　被试教育程度统计描述

		频率/次	百分比/%	有效百分比/%	累计百分比/%
有效	高中	7	1.8	1.8	1.8
	大学专科	39	9.9	9.9	11.7
	大学本科	180	45.8	45.8	57.5
	研究生及以上	167	42.5	42.5	100.0
	总计	393	100.0	100.0	

表 7-22　被试每月收入统计描述

		频率/次	百分比/%	有效百分比/%	累计百分比/%
有效	2 000 元以下	37	9.4	9.4	9.4
	2 001~4 000 元	56	14.2	14.2	23.7
	4 001~6 000 元	82	20.9	20.9	44.5
	6 001~8 000 元	80	20.4	20.4	64.9
	8 000 元以上	138	35.1	35.1	100.0
	总计	393	100.0	100.0	

7.6.2　变量描述

本研究对实验各组的操控变量和检验变量的均值和标准差进行测量，实验各变量数据如表 7-23 所示。

表 7-23　实验各变量描述统计

实验组		事件质量	溢价支付意愿	赞助匹配	品牌熟悉度	事件类型熟悉度	赞助接受度	情绪状态
1	平均值	6.08	4.35	4.19	4.04	4.77	5.67	5.49
	个案数	98	98	98	98	98	98	98
	标准差	1.161	1.257	1.373	1.757	1.565	1.314	1.279
2	平均值	4.54	3.47	3.98	3.68	4.54	5.50	5.15
	个案数	98	98	98	98	98	98	98
	标准差	1.191	1.602	1.435	1.759	1.806	1.326	1.402

表7-23(续)

实验组		事件质量	溢价支付意愿	赞助匹配	品牌熟悉度	事件类型熟悉度	赞助接受度	情绪状态
3	平均值	6.45	3.77	2.96	3.34	4.41	5.82	5.41
	个案数	97	97	97	97	97	97	97
	标准差	0.688	1.322	1.455	1.908	1.669	1.109	1.351
4	平均值	4.26	3.23	2.52	3.19	4.20	5.60	5.28
	个案数	100	100	100	100	100	100	100
	标准差	1.417	1.532	1.377	2.003	1.995	1.303	1.582
总计	平均值	5.33	3.70	3.41	3.56	4.48	5.65	5.33
	个案数	393	393	393	393	393	393	393
	标准差	1.486	1.491	1.569	1.882	1.773	1.267	1.410

7.6.3 信度检验

本研究对各变量信度进行分析，各变量的测试信度均大于 0.8，问卷的信度较高，各变量具体测试信度如表 7-24 所示。

表 7-24 正式实验量表信度

变量	克隆巴赫 Alpha	项数
事件质量	0.958	5
赞助匹配	0.953	4
品牌熟悉度	951	3
溢价支付意愿	0.932	4
情绪状态	0.909	0.2

7.6.4 效度检验

本研究使用因子分析方法验证问卷建构效度，采用主成分分析法（principle component analysis），因子旋转方式利用直交旋转（方差最大旋转方式），在做因子分析之前，使用 KMO（Kaiser-Meyer-Olkin）样本测度，检验样本是否适合做因子分析，针对变量进行效度检验，得到 KMO 和 Barlett 球形检验结果。

因子提取结果显示：事件质量可以解释 5 个测项 86.460%的变差、溢价支付意愿可以解释 4 个测项 83.213%的变差、赞助匹配可以解释 4 个测项 87.747%的变差、品牌熟悉度可以解释 4 个测项 85.761%的变差、情绪状态可以解释 2 个测项 91.638%的变差。综上，本研究各变量可以解释对应测项的变差均大于 70%，因子得分能够较好反映各变量的量表的测量数值，各变量的 KMO 和 Bartlett 球形检验和提取量分别如表 7-25 至表 7-34 所示。

表 7-25　事件质量的 KMO 和巴特利特检验

KMO 取样适切性量数		0.904
巴特利特球形度检验	近似卡方	2470.897
	自由度	10
	显著性	0.000

表 7-26　事件质量测项的因子提取

成分	初始特征值			提取载荷平方和		
	总计	方差百分比	累积 %	总计	方差百分比	累积 %
1	4.323	86.460	86.460	4.323	86.460	86.460
2	0.288	5.754	92.215			
3	0.226	4.519	96.734			
4	0.102	2.040	98.774			
5	0.061	1.226	100.000			

提取方法：主成分分析法。

表 7-27　溢价支付意愿的 KMO 和巴特利特检验

KMO 取样适切性量数		0.835
巴特利特球形度检验	近似卡方	1345.255
	自由度	6
	显著性	0.000

表 7-28　溢价支付意愿测项的因子提取

成分	初始特征值			提取载荷平方和		
	总计	方差百分比	累积 %	总计	方差百分比	累积 %
1	3.329	83.213	83.213	3.329	83.213	83.213
2	0.318	7.962	91.175			
3	0.212	5.289	96.464			
4	0.141	3.536	100.000			

提取方法：主成分分析法。

表 7-29　赞助匹配的 KMO 和巴特利特检验

KMO 取样适切性量数		0.781
巴特利特球形度检验	近似卡方	1835.035
	自由度	6
	显著性	0.000

表 7-30　赞助匹配测项的因子提取

成分	初始特征值			提取载荷平方和		
	总计	方差百分比	累积 %	总计	方差百分比	累积 %
1	3.510	87.747	87.747	3.510	87.747	87.747
2	0.300	7.488	95.235			
3	0.118	2.938	98.173			
4	0.073	1.827	100.000			

提取方法：主成分分析法。

表 7-31　品牌熟悉度的 KMO 和巴特利特检验

KMO 取样适切性量数		0.753
巴特利特球形度检验	近似卡方	847.024
	自由度	3
	显著性	0.000

赞助的溢价效应：事件质量对消费者溢价支付意愿影响研究

表 7-32　品牌熟悉度的因子提取

成分	初始特征值			提取载荷平方和		
	总计	方差百分比	累积 %	总计	方差百分比	累积 %
1	2.573	85.761	85.761	2.573	85.761	85.761
2	0.249	8.312	94.073			
3	0.178	5.927	100.000			

提取方法：主成分分析法。

表 7-33　情绪状态的 KMO 和巴特利特检验

KMO 取样适切性量数		0.500
巴特利特球形度检验	近似卡方	461.748
	自由度	1
	显著性	0.000

表 7-34　情绪状态测项的因子提取

成分	初始特征值			提取载荷平方和		
	总计	方差百分比	累积 %	总计	方差百分比	累积 %
1	1.833	91.638	91.638	1.833	91.638	91.638
2	0.167	8.362	100.000			

提取方法：主成分分析法。

7.6.5 操控检验

第一，事件质量操控检验。本研究对高、低赞助匹配时的事件质量数据分别进行单因素方差分析，单因素方差分析结果（见表 7-35 至表 7-38）表明：在高赞助匹配时，事件质量在不同实验组具有显著差异 [$M_{高事件质量*高赞助匹配}$ = 6.08，$M_{低事件质量*高赞助匹配}$ = 4.54，$F(1, 194)$ = 83.870，$P < 0.001$]。在低赞助匹配时，事件质量在不同实验组具有显著差异 [$M_{高事件质量*低赞助匹配}$ = 6.45，$M_{低事件质量*低赞助匹配}$ = 4.26，$F(1, 195)$ = 188.717，$P < 0.001$]。综上，事件质量组间差异性被成功操控。

表 7-35 高赞助匹配时事件质量描述统计分析

事件质量

	个案数	平均值	标准差	标准误差	平均值的95%置信区间		最小值	最大值
					下限	上限		
1	98	6.08	1.161	0.117	5.85	6.32	1.40	7.00
2	98	4.54	1.191	0.120	4.31	4.78	1.60	7.00
总计	196	5.31	1.404	0.100	5.12	5.51	1.40	7.00

表 7-36 高赞助匹配时事件质量单因素方差分析

事件质量

	平方和	自由度	均方	F	显著性
组间	116.024	1	116.024	83.870	0.000
组内	268.376	194	1.383		
总计	384.400	195			

表 7-37 低赞助匹配时事件质量描述统计分析

事件质量

	个案数	平均值	标准差	标准误差	平均值的95%置信区间		最小值	最大值
					下限	上限		
3	97	6.45	0.688	0.070	6.31	6.59	3.80	7.00
4	100	4.26	1.417	0.142	3.98	4.54	1.00	7.00
总计	197	5.34	1.566	0.112	5.12	5.56	1.00	7.00

表 7-38 低赞助匹配时事件质量单因素方差分析

事件质量

	平方和	自由度	均方	F	显著性
组间	236.473	1	236.473	188.717	0.000
组内	244.346	195	1.253		
总计	480.819	196			

第二，赞助匹配操控检验。本研究对赞助匹配数据进行单因素方差分析，单因素方差分析结果（见表 7-39、表 7-40）表明，赞助匹配在不同实验组具

有显著差异 $[M_{高赞助匹配} = 4.09,\ M_{低赞助匹配} = 2.73,\ F(1, 391) = 89.788,\ P < 0.001]$，赞助匹配组间差异性被成功操控。

表 7-39　赞助匹配描述统计分析

赞助匹配

	个案数	平均值	标准差	标准误差	平均值的 95% 置信区间		最小值	最大值
					下限	上限		
1	196	4.09	1.404	0.100	3.89	4.28	1.00	7.00
2	197	2.73	1.429	0.102	2.53	2.93	1.00	7.00
总计	393	3.41	1.569	0.079	3.25	3.56	1.00	7.00

表 7-40　赞助匹配单因素方差分析

赞助匹配

	平方和	自由度	均方	F	显著性
组间	180.256	1	180.256	89.788	0.000
组内	784.963	391	2.008		
总计	965.219	392			

第三，品牌熟悉度操控检验。本研究将品牌熟悉度测项的均值从高到低排序，将均值大于中位数的值归为高品牌熟悉度组，小于等于中位数的值归为低品牌熟悉度组。独立样本 T 检验结果（见表 7-41、表 7-42）显示，不同实验组事件质量具有显著差异 $[M_{高品牌熟悉度} = 554,\ M_{低品牌熟悉度} = 2.31,\ t(381) = 32.441,\ P < 0.001]$，品牌熟悉度组间差异性被成功操控。

表 7-41　品牌熟悉度组统计

	品牌熟悉度	个案数	平均值	标准差	标准误差平均值
品牌熟悉度	1	152	5.54	0.837	0.068
	2	241	2.31	1.134	0.073

表 7-42　品牌熟悉度独立样本 T 检验

		莱文方差等同性检验		平均值等同性 t 检验					
		F	显著性	t	自由度	显著性（双尾）	平均值差值	标准误差差值	差值95%置信区间 下限	上限
品牌熟悉度	假定等方差	36.333	0.000	30.339	391	0.000	3.234	0.107	3.025	3.444
	不假定等方差			32.441	381.395	0.000	3.234	0.100	3.038	3.430

第四，事件类型熟悉度操控检验。单因素方差分析结果（见表 7-43、表 7-44）表明，事件类型熟悉度在不同实验组无显著差异［$M_{高事件质量*高赞助匹配}$ = 4.77，$M_{低事件质量*高赞助匹配}$ = 4.54，$M_{高事件质量*低赞助匹配}$ = 4.41，$M_{低事件质量*低赞助匹配}$ = 4.20，$F(3, 389) = 1.773$，$P = 0.152$］，事件类型熟悉度组间同质性被成功操控，被试对赞助事件类型（大型篮球联赛）的熟悉度对实验干扰不大。

表 7-43　事件类型熟悉度描述统计分析

事件类型熟悉度

	个案数	平均值	标准差	标准误差	平均值的95%置信区间 下限	上限	最小值	最大值
1	98	4.77	1.565	0.158	4.45	5.08	1	7
2	98	4.54	1.806	0.182	4.18	4.90	1	7
3	97	4.41	1.669	0.169	4.08	4.75	1	7
4	100	4.20	1.995	0.199	3.80	4.60	1	7
总计	393	4.48	1.773	0.089	4.30	4.65	1	7

表 7-44　事件类型熟悉度单因素方差分析

事件类型熟悉度

	平方和	自由度	均方	F	显著性
组间	16.622	3	5.541	1.773	0.152
组内	1215.444	389	3.125		
总计	1232.066	392			

第五，赞助接受度操控检验。单因素方差分析结果（见表 7-45、表 7-46）表明，赞助接受度在不同实验组无显著差异［$M_{高事件质量*高赞助匹配}$ = 5.67，$M_{低事件质量*高赞助匹配}$ = 5.50，$M_{高事件质量*低赞助匹配}$ = 5.82，$M_{低事件质量*低赞助匹配}$ = 5.60，

F（3，389）= 1.137，P = 0.334]，赞助接受度组间同质性被成功操控，被试对企业赞助（大型篮球联赛）的接受度对实验干扰不大。

表 7-45 赞助接受度描述统计分析

赞助接受度

	个案数	平均值	标准差	标准误差	平均值的95%置信区间		最小值	最大值
					下限	上限		
1	98	5.67	1.314	0.133	5.41	5.94	1	7
2	98	5.50	1.326	0.134	5.23	5.77	1	7
3	97	5.82	1.109	0.113	5.60	6.05	2	7
4	100	5.60	1.303	0.130	5.34	5.86	1	7
总计	393	5.65	1.267	0.064	5.52	5.77	1	7

表 7-46 赞助接受度单因素方差分析

赞助接受度

	平方和	自由度	均方	F	显著性
组间	5.470	3	1.823	1.137	0.334
组内	624.072	389	1.604		
总计	629.542	392			

第六，情绪状态操控检验。单因素方差分析结果（见表 7-47、表 7-48）表明，情绪状态在不同实验组无显著差异 [$M_{高事件质量*高赞助匹配}$ = 5.49，$M_{低事件质量*高赞助匹配}$ = 5.15，$M_{高事件质量*低赞助匹配}$ = 5.41，$M_{低事件质量*低赞助匹配}$ = 5.28，F（3，389）= 1.101，P = 0.349]，情绪状态组间同质性被成功操控，被试填写问卷时的情绪状态对实验干扰不大。

表 7-47 情绪状态描述统计分析

情绪状态

	个案数	平均值	标准差	标准误差	平均值的95%置信区间		最小值	最大值
					下限	上限		
1	98	5.49	1.279	0.129	5.24	5.75	1.00	7.00
2	98	5.15	1.402	0.142	4.87	5.43	1.00	7.00

表7-47(续)

	个案数	平均值	标准差	标准误差	平均值的95%置信区间		最小值	最大值
					下限	上限		
3	97	5.41	1.351	0.137	5.13	5.68	1.00	7.00
4	100	5.28	1.582	0.158	4.97	5.59	1.00	7.00
总计	393	5.33	1.410	0.071	5.19	5.47	1.00	7.00

表 7-48 情绪状态单因素方差分析

情绪状态

	平方和	自由度	均方	F	显著性
组间	6.557	3	2.186	1.101	0.349
组内	772.276	389	1.985		
总计	778.833	392			

7.6.6 假设检验

（1）赞助事件质量对消费者溢价支付意愿的影响

假设 H1 推测，赞助事件质量对消费者溢价支付意愿具有显著影响，事件质量越高，消费者对赞助商产品的溢价支付意愿越高；事件质量越低，消费者对赞助商产品的溢价支付意愿越低。

本研究对不同事件质量水平的溢价支付意愿进行单因素方差分析，方差齐性检验结果（见表7-49、表7-50）显示，溢价支付意愿不具有方差齐性，所以赞助事件质量对消费者溢价支付意愿的影响是否具有显著差异，应采用方差不齐情况下的非参数估计方法。在方差不齐情况下，要检验不同实验组溢价支付意愿是否具有显著差异，应采用独立样本 T 检验方法得到分析结果。独立样本 T 检验结果（见表7-51）显示，赞助事件质量对溢价支付意愿存在显著影响 [$M_{高事件质量}=4.06$，$M_{低事件质量}=3.35$，$t(382)=4.873$，$P<0.001$]，假设 H1 得到支持。

表 7-49 溢价支付意愿方差齐性检验

溢价支付意愿

莱文统计	自由度 1	自由度 2	显著性
8.575	1	391	0.004

表 7-50　溢价支付意愿组统计

	事件质量	个案数	平均值	标准差	标准误差平均值
溢价支付意愿	1	195	4.06	1.320	0.094
	2	198	3.35	1.568	0.111

表 7-51 溢价支付意愿独立样本 T 检验

		莱文方差等同性检验		平均值等同性 t 检验					差值95%置信区间	
		F	显著性	t	自由度	显著性（双尾）	平均值差值	标准误差差值	下限	上限
溢价支付意愿	假定等方差	8.575	0.004	4.866	391	0.000	0.712	0.146	0.424	0.999
	不假定等方差			4.873	381.770	0.000	0.712	0.146	0.425	0.999

（2）赞助匹配和品牌熟悉度在赞助事件质量影响消费者溢价支付意愿的过程中的双重调节作用

假设 H6 推测，赞助匹配和品牌熟悉度在事件质量影响溢价支付意愿过程中起双重调节作用。具体而言，品牌熟悉度较低，赞助匹配较高时，事件质量越高，消费者对赞助商产品的溢价支付意愿越高（H6a）；品牌熟悉度较高，赞助匹配较低时，赞助事件质量对消费者溢价支付意愿的影响没有差异（H6b）；品牌熟悉度较低，赞助匹配较低时，事件质量越高，消费者对赞助商产品的溢价支付意愿越高（H6c）；品牌熟悉度较高，赞助匹配较高时，赞助事件质量对消费者溢价支付意愿的影响没有差异（H6d）。

本研究进行 2×2×2 组间方差分析，溢价支付意愿为因变量，事件质量（高、低）、赞助匹配（高、低）和品牌熟悉度（高、低）为自变量，多元方差分析结果（见表 7-52）显示，事件质量的主效应显著 [$F_{(1, 392)}$ = 20.827，$P<0.001$]，即赞助事件质量对溢价支付意愿存在显著影响；赞助匹配的主效应显著 [$F_{(1, 392)}$ = 5.022，$P = 0.026<0.05$]，即赞助匹配对溢价支付意愿存在显著影响；品牌熟悉度的主效应显著 [$F_{(1, 392)}$ = 115.610，$P<0.001$]，即品牌熟悉度对溢价支付意愿存在显著影响。事件质量和赞助匹配对溢价支付意愿的交互效应不显著 [$F_{(1, 392)}$ = 0.796，$P = 0.373$]；赞助匹配和品牌熟悉度对溢价支付意愿的交互效应不显著 [$F_{(1, 392)}$ = 0.006，$P = 0.936$]；事件质量和品牌熟悉度对溢价支付意愿的交互效应显著 [$F_{(1, 392)}$ = 7.578，$P = 0.006<0.05$]；事件质量、赞助匹配和品牌熟悉度对溢价支付意愿的交互效应显著 [$F_{(7, 392)}$ = 5.606，$P = 0.018<0.05$]，假设 H6 得到支持。

表 7-52　事件质量、赞助匹配和品牌熟悉度交互对溢价支付意愿影响多元方差分析

因变量：溢价支付意愿

源	III 类平方和	自由度	均方	F	显著性
修正模型	270.663[a]	7	38.666	24.769	0.000
截距	5 509.641	1	5 509.641	3 529.396	0.000
事件质量	32.512	1	32.512	20.827	0.000
赞助匹配	7.839	1	7.839	5.022	0.026
品牌熟悉度	180.475	1	180.475	115.610	0.000
事件质量 * 赞助匹配	1.242	1	1.242	0.796	0.373
赞助匹配 * 品牌熟悉度	0.010	1	0.010	0.006	0.936
事件质量 * 品牌熟悉度	11.829	1	11.829	7.578	0.006
事件质量 * 赞助匹配 * 品牌熟悉度	8.751	1	8.751	5.606	0.018
误差	601.013	385	1.561		
总计	6 264.063	393			
修正后总计	871.676	392			

a. R 方 = 0.311（调整后 R 方 = 0.298）

①检验假设 H6a，检验事件质量、赞助匹配和品牌熟悉度对溢价支付意愿的交互作用后需进行简单效应检验。本研究对高赞助匹配、低品牌熟悉度时溢价支付意愿进行单因素方差分析，单因素方差分析结果（见表 7-53 至表 7-55）表明，溢价支付意愿在高赞助匹配、低品牌熟悉度时不同事件质量（高、低）组具有显著差异，高事件质量组的溢价支付意愿显著高于低事件质量组 [$M_{高事件质量} = 4.00$，$M_{低事件质量} = 2.63$，$F(1, 108) = 37.128$，$P < 0.001$]，假设 H6a 得到支持。

表 7-53　高赞助匹配、低品牌熟悉度时溢价支付意愿描述统计分析

溢价支付意愿

	个案数	平均值	标准差	标准误差	平均值的 95% 置信区间		最小值	最大值
					下限	上限		
1	52	4.00	1.096	0.152	3.70	4.31	1.00	7.00
2	58	2.63	1.260	0.165	2.29	2.96	1.00	7.00
总计	110	3.28	1.368	0.130	3.02	3.54	1.00	7.00

表 7-54　高赞助匹配、低品牌熟悉度时溢价支付意愿方差齐性检验

溢价支付意愿

莱文统计	自由度 1	自由度 2	显著性
2.952	1	108	0.089

表 7-55　高赞助匹配、低品牌熟悉度时溢价支付意愿单因素方差分析

溢价支付意愿

	平方和	自由度	均方	F	显著性
组间	52.201	1	52.201	37.128	0.000
组内	151.843	108	1.406		
总计	204.043	109			

②检验假设 H6b，本研究对低赞助匹配、高品牌熟悉度时溢价支付意愿进行单因素方差分析，单因素方差分析结果（见表 7-56 至表 7-58）表明，溢价支付意愿在低赞助匹配、高品牌熟悉度时不同事件质量（高、低）组无显著差异 [$M_{高事件质量}$ = 4.64，$M_{低事件质量}$ = 4.21，$F(1, 64)$ = 2.664，P = 0.121]，假设 H6b 得到支持。

表 7-56　低赞助匹配、高品牌熟悉度时溢价支付意愿描述统计分析

溢价支付意愿

	个案数	平均值	标准差	标准误差	平均值的95%置信区间		最小值	最大值
					下限	上限		
1	34	4.64	1.166	0.200	4.23	5.05	1.50	7.00
2	32	4.21	1.044	0.184	3.83	4.59	2.50	7.00
总计	66	4.43	1.121	0.138	4.16	4.71	1.50	7.00

表 7-57　低赞助匹配、高品牌熟悉度时溢价支付意愿方差齐性检验

溢价支付意愿

莱文统计	自由度 1	自由度 2	显著性
0.140	1	64	0.709

表 7-58　低赞助匹配、高品牌熟悉度时溢价支付意愿单因素方差分析

溢价支付意愿

	平方和	自由度	均方	F	显著性
组间	3.031	1	3.031	2.466	0.121
组内	78.663	64	1.229		
总计	81.693	65			

③检验假设 H6c，本研究对低赞助匹配、低品牌熟悉度时溢价支付意愿进行单因素方差分析，方差齐性检验结果（见表 7-59、表 7-60）显示，溢价支付意愿不具有方差齐性，所以赞助事件质量对消费者溢价支付意愿的影响是否具有显著差异应采用方差不齐情况下的非参数估计方法。在方差不齐情况下，要检验不同实验组溢价支付意愿是否具有显著差异，应采用独立样本 T 检验方法得到分析结果。独立样本 T 检验结果（见表 7-61）显示，在低赞助匹配、低品牌熟悉度时，赞助事件质量对溢价支付意愿存在显著影响 [$M_{高事件质量}$ = 4.06，$M_{低事件质量}$ = 3.35，t（125）= 2.259，P<0.001]，假设 H6c 得到支持。

表 7-59　低赞助匹配、低品牌熟悉度时溢价支付意愿方差齐性检验

溢价支付意愿

莱文统计	自由度 1	自由度 2	显著性
13.120	1	129	0.000

表 7-60　低赞助匹配、低品牌熟悉度时溢价支付意愿组统计

组统计

	事件质量	个案数	平均值	标准差	标准误差平均值
溢价支付意愿	1	63	3.30	1.157	0.146
	2	68	2.77	1.512	0.183

表 7-61　低赞助匹配、低品牌熟悉度时溢价支付意愿独立样本 T 检验

独立样本检验

		莱文方差等同性检验		平均值等同性 t 检验						
		F	显著性	t	自由度	显著性（双尾）	平均值差值	标准误差差值	差值95%置信区间 下限	上限
溢价支付意愿	假定等方差	13.120	0.000	2.237	129	0.027	0.529	0.237	0.061	0.997
	不假定等方差			2.259	124.645	0.026	0.529	0.234	0.066	0.993

④检验假设 H6d，本研究对低赞助匹配、高品牌熟悉度时溢价支付意愿进行单因素方差分析，单因素方差分析结果（见表 7-62 至表 7-64）表明，溢价支付意愿在低赞助匹配、高品牌熟悉度时不同事件质量（高、低）组无显著差异 $[M_{高事件质量} = 4.75，M_{低事件质量} = 4.71，F（1，84）= 0.873，P = 0.873]$，假设 H6d 得到支持。

表 7-62　低赞助匹配、高品牌熟悉度时溢价支付意愿描述统计分析

溢价支付意愿

	个案数	平均值	标准差	标准误差	平均值的95%置信区间		最小值	最大值
					下限	上限		
1	46	4.75	1.321	0.195	4.36	5.14	1.00	7.00
2	40	4.71	1.197	0.189	4.32	5.09	1.25	7.00
总计	86	4.73	1.257	0.136	4.46	5.00	1.00	7.00

表 7-63　低赞助匹配、高品牌熟悉度时溢价支付意愿方差齐性检验

溢价支付意愿

莱文统计	自由度 1	自由度 2	显著性
0.140	1	64	0.709

表 7-64　低赞助匹配、高品牌熟悉度时溢价支付意愿单因素方差分析

溢价支付意愿

	平方和	自由度	均方	F	显著性
组间	0.041	1	0.041	0.026	0.873
组内	134.361	84	1.600		
总计	134.402	85			

7.7　研究小结

本章介绍了研究设计，包括实验设计、刺激物设计、量表设计、前测实验和正式实验。

第一，实验设计。研究四主要检验赞助事件质量对消费者溢价支付意愿的

影响，以及赞助匹配和品牌熟悉度在事件质量影响消费者溢价支付意愿过程中的双重调节作用，研究四采用2（事件质量：高、低）×2（赞助匹配：高、低）组间因子设计。

第二，刺激物设计。实验四事件刺激物以"美国男子职业联赛（NBA）""中国男子职业联赛（CBA）"两种大型篮球联赛作为高、低不同质量的赞助对象；产品和品牌刺激物选取运动鞋（德尔惠）和护眼台灯（雷士）作为高自然匹配和低自然匹配的两种产品和品牌刺激物，并相应模拟消费者购买决策情境。

第三，量表设计。本研究使用或借鉴相关成熟量表，并根据研究内容进行相应地适应性调整，设计事件质量、溢价支付意愿、赞助匹配、品牌熟悉度、事件类型熟悉度、赞助接受度量表。

第四，前测实验和正式实验。实验描述样本和变量数据的基本特征，包括样本描述、变量描述、量表信度、操控检验，数据分析结果显示量表信度、变量操控符合要求。

第五，假设检验。本研究检验假设 H1 推测，假设 H1 得到支持，即事件质量越高，消费者对赞助商产品的溢价支付意愿越高；事件质量越低，消费者对赞助商产品的溢价支付意愿越低。检验假设 H6 推测，假设 H6 得到支持，赞助匹配和品牌熟悉度在事件质量影响溢价支付意愿过程中起双重调节作用应。检验假设 H6a、H6b、H6c、H6d 推测，假设 H6a、H6b、H6c、H6d 得到支持，即品牌熟悉度较低，赞助匹配较高时，事件质量越高，消费者对赞助商产品的溢价支付意愿越高（H6a）；品牌熟悉度较高，赞助匹配较低时，赞助事件质量对消费者溢价支付意愿的影响没有差异（H6b）；品牌熟悉度较低，赞助匹配较低时，事件质量越高，消费者对赞助商产品的溢价支付意愿越高（H6c）；品牌熟悉度较高，赞助匹配较高时，事件质量越高，消费者对赞助商产品的溢价支付意愿越高（H6d）。研究四的假设检验结论见表 7-65。

表 7-65　研究四：假设检验结论

序号	假设内容	验证
1	H1：事件质量越高，消费者对赞助商产品的溢价支付意愿越高；事件质量越低，消费者对赞助商产品的溢价支付意愿越低。	支持
2	H6：赞助匹配和品牌熟悉度在赞助事件质量影响消费者溢价支付意愿的过程中起双重调节作用。	支持

表7-65（续）

序号	假设内容	验证
3	H6a：品牌熟悉度较低，赞助匹配较高时，事件质量越高，消费者对赞助商产品的溢价支付意愿越高。	支持
4	H6b：品牌熟悉度较高，赞助匹配较低时，赞助事件质量对消费者溢价支付意愿的影响没有差异。	支持
5	H6c：品牌熟悉度较低，赞助匹配较低时，事件质量越高，消费者对赞助商产品的溢价支付意愿越高。	支持
6	H6d：品牌熟悉度较高，赞助匹配较高时，赞助事件质量对消费者溢价支付意愿的影响没有差异。	支持

8 研究五：评价模式的调节作用

8.1 实验设计

8.1.1 研究目的

研究五主要检验消费者在购买决策环节，评价模式在赞助事件质量影响消费者溢价支付意愿的过程中的调节作用（假设 H7a）。在共同评价模式中，事件质量越高，消费者对赞助商产品的溢价支付意愿越高；事件质量越低，消费者对赞助商产品的溢价支付意愿越低（假设 H7a）；在单独评价模式中，赞助事件质量对消费者溢价支付意愿的影响没有差异（假设 H7a）。

8.1.2 实验设计

研究五采用 2（事件质量：高、低）×2（评价模式：单独评价、共同评价）组间因子设计。研究五主要检验消费者在购买决策情境中，事件质量影响消费者对赞助商产品的溢价支付意愿的过程中是否会受到不同评价模式的影响。

研究五模拟消费者在商场购物的消费情境，让消费者想象自己正在购买特定产品（儿童自行车），然后向消费者呈现刺激物信息（不同事件质量的赞助关联信息），随后测量消费者对目标产品的溢价支付意愿。

8.2 刺激物设计

8.2.1 事件质量刺激物

研究五事件质量刺激物选择以湖南卫视两档亲子真人秀节目"爸爸去哪儿""妈妈是超人"作为不同质量水平的赞助对象。选择上述两档亲子真人秀节目作为事件质量刺激物主要考虑：①前四个研究检验不同类型的体育赛事赞助的作用，研究五增加娱乐节目作为事件质量刺激物，以增加研究的外部效度；②两档娱乐节目同属一个电视台（湖南卫视）开发的、节目类型相同（亲子真人秀节目），但两档节目播出时间、收视率和影响力具有明显差异，便于事件质量操控。事件质量刺激物描述分别如下：

《爸爸去哪儿》是湖南卫视引进的大型亲子互动真人秀节目，节目中明星将还原到爸爸的角色，每期节目中，五位明星爸爸跟子女完成72小时的乡村体验，爸爸单独肩负起照顾孩子饮食起居的责任，节目组设计一系列由父子（女）共同完成的任务，《爸爸去哪儿》已推出第四季，其标识见图8-1。

图8-1 《爸爸去哪儿》标识

《妈妈是超人》是湖南卫视本书基于现有文献整理明星育儿生活全景观察记，节目集结了不同类型、个性和背景的明星妈妈，展示最原汁原味的家庭生活和最真性情的育儿经历，《妈妈是超人》已经推出第二季，其标识见图8-2。

图8-2 《妈妈是超人》标识

8.2.2 产品和品牌刺激物

产品和品牌刺激物选择的标准与前述研究基本一致，①产品刺激物比较常见，消费者对产品类型比较熟悉；②行业中赞助娱乐节目的现象比较普遍；③品牌熟悉度相对较低，消费者尚未形成固化的品牌知识，有助于剔除品牌熟悉度的干扰。为体现较好的契合性，小组讨论最终确定儿童自行车产品作为两档亲子真人秀节目的赞助商产品。

　　为防止真实品牌对实验造成干扰，本研究在产品描述时将品牌进行虚拟化（A 品牌／B 品牌）处理，虚拟品牌有助于剔除消费者相关品牌知识、品牌卷入度和前期经验的干扰（Cornwell 和 Roy，2005），其是消费者行为和企业赞助研究中常见品牌刺激物的设计方式（Carrillat 和 D'Astous，2012；Simmons 和 Becker-Olsen，2006）。产品和品牌刺激物表述如图 8-3、图 8-4 所示。

图 8-3　产品和品牌刺激物（高事件质量组）

图 8-4　产品和品牌刺激物（高事件质量组）

8.3　实验过程

　　为了避免组内实验的记忆效应，正式实验使用 2（事件质量：高、低）×2（评价模式：共同评价、单独评价）组间因子设计。评价模式操控参考成熟研究（Bazerman, Loewenstein 和 White, 1992；Hsee, 1996；Hsee 等, 1999），分为共同评价组（A 品牌和 B 品牌）、单独评价组（A 品牌）、单独评价组（B 品牌）。在共同评价模式中，向被试同时展示两组赞助关联信息（同一消费者对外观和性能相同、事件质量不同的 A/B 两款品牌产品进行评价）；在单独评价模式中，每位被试只能评价一组赞助关联信息（每位消费者只能对 A 品牌或 B 品牌其中的一款进行评价）。为提高研究结论的外部效度，研究五使用居民样本作为被试，以网络问卷调查形式展开，实验按照以下步骤展开：

第一步，测量被试对赞助事件类型（亲子真人秀节目）的熟悉度（用于操控检验）以及企业赞助亲子真人秀节目的接受度（用于操控检验）。

第二步，请被试阅读一段关于亲子真人秀节目的介绍（"爸爸去哪儿""妈妈是超人"），随后，请被试根据事件质量量表评价该亲子真人秀节目的质量水平（用于操控检验）。

第三步，请被试阅读一段模拟购买决策情境的信息，让被试想象"自己在商场购物，主要目的是为亲戚或朋友的小孩买一辆质量可靠的儿童自行车，在浏览不同品牌后，发现一款 A/B 品牌的儿童自行车，而且产品海报上印有'2017 年湖南卫视《爸爸去哪儿/妈妈是超人》指定赞助商'"，然后请被试对 A/B 品牌和节目的匹配度进行评价（用于操控检验），并测试其对 A/B 品牌儿童自行车的溢价支付意愿（用于假设检验）。

第四步，测量被试填写问卷时的情绪状态（用于操控检验）。

第五步，参考 Vincent 和 Zikmund（1976）的建议，将人口统计特征等相对敏感信息测项设置于卷尾，请被试填写相关人口统计特征变量（用于操控检验）。

8.4 量表设计

第一，事件质量，参考 Gwinner（1997）；Jin, Lee 和 Lee（2013）；Speed 和 Thompson（2000）；徐玖平和朱洪军（2008）等的量表，并针对电视娱乐节目的特征进行适应性修改，使用"《爸爸去哪儿/妈妈是超人》节目的规模很大""《爸爸去哪儿/妈妈是超人》的制作水平很高""《爸爸去哪儿/妈妈是超人》业界评价很高""《爸爸去哪儿/妈妈是超人》是国内重要的娱乐节目""《爸爸去哪儿/妈妈是超人》在我周围的人中具有很大影响力"5 个测项。

第二，溢价支付意愿，参考 Chaudhuri 和 Holbrook（2001）；Suwelack, Hogreve 和 Hoyer（2011）；Zeithaml, Berry 和 Parasuraman（1996）等的量表，

使用"相比其他品牌，我愿意为 A/B 品牌支付更高价格""即使 A/B 品牌涨价我也愿意选择这个品牌""只有 A/B 品牌涨价较高时，我才会选择其他品牌""即使其他品牌价格更低，我也愿意选择 A/B 品牌"4 个测项。

第三，赞助匹配，参考 Olson（2010）；Simmons 和 Becker-Olsen（2006）的量表，具体包括 4 个测项："A/B 品牌与《爸爸去哪儿/妈妈是超人》节目的契合程度较高""A/B 品牌与《爸爸去哪儿/妈妈是超人》节目的互补程度较高""A/B 品牌与《爸爸去哪儿/妈妈是超人》节目具有较强的逻辑关系""A/B 品牌与《爸爸去哪儿/妈妈是超人》节目相似程度较高"。

第四，事件类型熟悉度，参考 Heckler 和 Childers（1992）的量表，使用"我熟悉亲子真人秀节目（例如，《爸爸去哪儿》《妈妈是超人》等）"1 个测项。

第五，赞助接受度，参考 Olson（2010）的量表，使用"我认为企业赞助亲子真人秀节目（例如，《爸爸去哪儿》《妈妈是超人》等）是有利的"1 个测项。

第六，情绪状态，参考 Yeo 和 Park（2006）的量表，使用"我现在心情不错""我非常开心参加此次调查"2 个测项。

8.5 前测实验

8.5.1 样本描述

前测实验数据以网络问卷调查形式收集，与正式实验样本来自同一总体，共有 65 人。其中，男性 39 人，占总样本 48.8%，女性 41 人，占总样本 51.2%；被试平均年龄为 29.43 岁，最大年龄为 43 岁，最小年龄为 22 岁，被试平均年龄为 29.75 岁，被试人口统计特征见表 8-1 至表 8-4。

表 8-1 被试性别统计描述

		频率/次	百分比/%	有效百分比/%	累计百分比/%
	男	29	44.6	44.6	44.6
有效	女	36	55.4	55.4	100.0
	总计	65	100.0	100.0	

表 8-2　被试年龄统计描述

	个案数	最小值	最大值	平均值	标准差
年龄	65	22	54	29.75	6.300
有效个案数（成列）	65				

表 8-3　被试教育程度统计描述

		频率/次	百分比/%	有效百分比/%	累计百分比/%
有效	初中及以下	1	1.5	1.5	1.5
	高中	2	3.1	3.1	4.6
	大学专科	10	15.4	15.4	20.0
	大学本科	30	46.2	46.2	66.2
	研究生及以上	22	33.8	33.8	100.0
	总计	65	100.0	100.0	

表 8-4　被试每月收入统计描述

		频率/次	百分比/%	有效百分比/%	累计百分比/%
有效	2 000 元以下	4	6.2	6.2	6.2
	2 001~4 000 元	18	27.7	27.7	33.8
	4 001~6 000 元	18	27.7	27.7	61.5
	6 001~8 000 元	10	15.4	15.4	76.9
	8 000 元以上	15	23.1	23.1	100.0
	总计	65	100.0	100.0	

8.5.2　操控检验

第一，事件质量操控检验。本研究对共同和单独两种评价模式中的事件质量数据分别进行单因素方差分析，单因素方差分析结果（见表 8-5 至表 8-8）表明：在共同评价模式中，事件质量在不同实验组具有显著差异 $[M_{高事件质量 * 共同评价中} = 5.20，M_{低事件质量 * 共同评价} = 4.19，F(1, 40) = 8.833，P = 0.005 < 0.01]$。在共同评价模式中，事件质量在不同实验组具有显著差异 $[M_{高事件质量 * 单独评价} = 5.03，M_{低事件质量 * 单独评价} = 4.09，F(1, 42) = 10.390，P = 0.002 < 0.01]$。综上，事件质量组间差异性被成功操控。

表 8-5　共同评价模式时事件质量描述统计分析

事件质量

	个案数	平均值	标准差	标准误差	平均值的95%置信区间		最小值	最大值
					下限	上限		
1	21	5.20	0.989	0.216	4.75	5.65	2.75	6.75
2	21	4.19	1.207	0.263	3.64	4.74	1.75	6.25
总计	42	4.70	1.204	0.186	4.32	5.07	1.75	6.75

表 8-6　共同评价模式时事件质量单因素方差分析

事件质量

	平方和	自由度	均方	F	显著性
组间	10.751	1	10.751	8.833	0.005
组内	48.690	40	1.217		
总计	59.442	41			

表 8-7　单独评价模式时事件质量描述统计分析

事件质量

	个案数	平均值	标准差	标准误差	平均值的95%置信区间		最小值	最大值
					下限	上限		
3	22	5.03	0.924	0.197	4.62	5.44	2.25	6.00
4	22	4.09	1.002	0.214	3.65	4.54	2.75	7.00
总计	44	4.56	1.063	0.160	4.24	4.88	2.25	7.00

表 8-8　单独评价模式时事件质量单因素方差分析

事件质量

	平方和	自由度	均方	F	显著性
组间	9.645	1	9.645	10.390	0.002
组内	38.987	42	0.928		
总计	48.631	43			

第二，赞助匹配操控检验。单因素方差分析结果（见表 8-9、表 8-10）表明，赞助匹配在不同实验组无显著差异 [$M_{共同评价}$ = 4.19，$M_{单独评价A}$ = 4.31，

$M_{单独评价B}=4.68$，$F_{(2, 62)}=1.251$，$P=0.293$]，赞助匹配组间同质性被成功操控，赞助匹配对实验干扰不大。

表 8-9　赞助匹配描述统计分析

赞助匹配

	个案数	平均值	标准差	标准误差	平均值的95%置信区间		最小值	最大值
					下限	上限		
1	21	4.19	1.098	0.240	3.69	4.69	2.00	5.50
3	22	4.31	1.009	0.215	3.86	4.75	1.75	6.00
4	22	4.68	1.100	0.234	4.19	5.17	2.50	7.00
总计	65	4.40	1.073	0.133	4.13	4.66	1.75	7.00

表 8-10　赞助匹配单因素方差分析

赞助匹配

	平方和	自由度	均方	F	显著性
组间	2.859	2	1.430	1.251	0.293
组内	70.877	62	1.143		
总计	73.737	64			

第三，事件类型熟悉度操控检验。单因素方差分析结果（见表 8-11、表 8-12）表明，事件类型熟悉度在不同实验组无显著差异 [$M_{共同评价}=4.14$，$M_{单独评价A}=4.59$，$M_{单独评价B}=4.77$，$F_{(2, 62)}=1.026$，$P=0.364$]，事件类型熟悉度组间同质性被成功操控，被试对赞助事件类型（亲子娱乐节目）的熟悉度对实验干扰不大。

表 8-11　事件类型熟悉度描述统计分析

事件类型熟悉度

	个案数	平均值	标准差	标准误差	平均值的95%置信区间		最小值	最大值
					下限	上限		
1	21	4.14	1.711	0.373	3.36	4.92	1	6
3	22	4.59	1.141	0.243	4.09	5.10	3	7
4	22	4.77	1.541	0.329	4.09	5.46	1	7
总计	65	4.51	1.480	0.184	4.14	4.87	1	7

表 8-12　事件类型熟悉度单因素方差分析

事件类型熟悉度

	平方和	自由度	均方	F	显著性
组间	4.493	2	2.246	1.026	0.364
组内	135.753	62	2.190		
总计	140.246	64			

第四，赞助接受度操控检验。单因素方差分析结果（见表 8-13、表 8-14）表明，赞助接受度在不同实验组无显著差异 [$M_{共同评价}$=5.38，$M_{单独评价A}$=5.50，$M_{单独评价B}$=4.95，F (2, 62) = 1.103，P = 0.338]，赞助接受度组间同质性被成功操控，被试对企业赞助亲子娱乐节目的接受度对实验干扰不大。

表 8-13　赞助接受度描述统计分析

赞助接受度

	个案数	平均值	标准差	标准误差	平均值的95%置信区间		最小值	最大值
					下限	上限		
1	21	5.38	1.284	0.280	4.80	5.97	2.00	7.00
3	22	5.50	1.102	0.235	5.01	5.99	3.00	7.00
4	22	4.95	1.430	0.305	4.32	5.59	1.00	7.00
总计	65	5.28	1.281	0.159	4.96	5.59	1.00	7.00

表 8-14　赞助接受度单因素方差分析

赞助接受度

	平方和	自由度	均方	F	显著性
组间	3.608	2	1.804	1.103	0.338
组内	101.407	62	1.636		
总计	105.015	64			

第五，情绪状态操控检验。单因素方差分析结果（见表 8-15、表 8-16）表明，情绪状态在不同实验组无显著差异 [$M_{共同评价}$=4.19，$M_{单独评价A}$=4.31，$M_{单独评价B}$=4.68，F (2, 62) = 1.251，P = 0.293]，情绪状态组间同质性被成功操控，被试填写问卷时的情绪状态对实验干扰不大。

表 8-15　情绪状态描述统计分析

情绪状态

	个案数	平均值	标准差	标准误差	平均值的95%置信区间		最小值	最大值
					下限	上限		
1	21	5.21	1.200	0.262	4.67	5.76	3.00	7.00
3	22	5.09	1.151	0.245	4.58	5.60	3.00	7.00
4	22	4.91	1.231	0.262	4.36	5.45	3.00	7.00
总计	65	5.07	1.182	0.147	4.78	5.36	3.00	7.00

表 8-16　情绪状态单因素方差分析

情绪状态

	平方和	自由度	均方	F	显著性
组间	1.016	2	0.508	0.356	0.702
组内	88.422	62	1.426		
总计	89.438	64			

第六，品牌熟悉度操控问题。考虑到本研究品牌刺激物都是虚拟品牌（A品牌和B品牌），所以没有测量消费者对品牌刺激物的熟悉度，因而未对品牌熟悉度进行操控检验。

8.5.3　前测小结

前测实验操控检验表明，实验的刺激物操控有效，量表比较可靠，可以进行正式实验检验研究假设。

8.6　正式实验

研究五采用2（事件质量：高、低）×2（赞助匹配：高、低）组间因子设计。前测实验表明，刺激物操控有效。为引导被试进行购买决策和考虑溢价支付，本研究使用情境模拟的方法，以描述形式模拟消费者正在商场购物，想要购买一辆儿童自行车，并对一台海报印有赞助关联信息的产品进行评价，接着填写问卷相关测项。

8.6.1 样本描述

正式实验以网络问卷调查形式展开，共回收问卷 196 份，最后因错答甄别题项、随意填答等原因删除 17 份，剩余 179 个有效样本，其中，男性 83 名，占总样本 46.4%，女性 96 名，占总样本 53.6%；被试平均年龄为 29.36 岁，最大年龄为 54 岁，最小年龄为 20 岁，被试人口统计特征见表 8-17 至表 8-20。

表 8-17　被试性别统计描述

		频率/次	百分比/%	有效百分比/%	累计百分比/%
有效	男	83	46.4	46.4	46.4
	女	96	53.6	53.6	100.0
	总计	179	100.0	100.0	

表 8-18　被试年龄统计描述

	个案数	最小值	最大值	平均值	标准差
年龄	179	20	54	29.36	5.411
有效个案数（成列）	179				

表 8-19　被试教育程度统计描述

		频率/次	百分比/%	有效百分比/%	累计百分比/%
有效	初中及以下	3	1.7	1.7	1.7
	高中	4	2.2	2.2	3.9
	大学专科	25	14.0	14.0	17.9
	大学本科	90	50.3	50.3	68.2
	研究生及以上	57	31.8	31.8	100.0
	总计	179	100.0	100.0	

表 8-20　被试每月收入统计描述

		频率/次	百分比/%	有效百分比/%	累计百分比/%
有效	2 000 元以下	16	8.9	8.9	8.9
	2 001～4 000 元	36	20.1	20.1	29.1
	4 001～6 000 元	45	25.1	25.1	54.2
	6 001～8 000 元	33	18.4	18.4	72.6
	8 000 元以上	49	27.4	27.4	100.0
	总计	179	100.0	100.0	

8.6.2 变量描述

本研究对实验各组的操控变量和检验变量的均值和标准差进行测量，实验各变量数据如表8-21所示。

表8-21　实验各变量描述统计

实验组		事件质量	溢价支付意愿	赞助匹配	事件类型熟悉度	赞助接受度	情绪状态
	平均值	5.35	4.55	4.33	4.34	5.54	5.53
1	个案数	59	59	59	59	59	59
	标准差	1.041	1.097	1.064	1.625	1.236	1.210
	平均值	4.39	3.53	4.02	4.34	5.54	5.25
2	个案数	59	59	59	59	59	59
	标准差	1.459	1.534	1.517	1.625	1.236	1.442
	平均值	4.89	3.84	3.92	4.39	5.42	5.32
3	个案数	59	59	59	59	59	59
	标准差	1.032	1.181	1.121	1.451	1.354	1.132
	平均值	4.32	3.57	4.13	4.38	5.05	5.07
4	个案数	61	61	61	61	61	61
	标准差	1.369	1.297	1.378	1.635	1.586	1.352
	平均值	4.73	3.87	4.10	4.36	5.39	5.29
总计	个案数	238	238	238	238	238	238
	标准差	1.302	1.343	1.285	1.576	1.369	1.293

8.6.3 信度检验

本研究对各变量信度进行分析，各变量的测试信度均大于0.8，问卷的信度较高，各变量具体测试信度如表8-22所示。

表8-22　正式实验量表信度

变量	克隆巴赫 Alpha	项数
事件质量	0.935	5
赞助匹配	0.941	4
溢价支付意愿	0.918	4
情绪状态	0.947	0.2

8.6.4　效度检验

本研究使用因子分析方法验证问卷建构效度，采用主成分分析法（principle component analysis），因子旋转方式利用直交旋转（方差最大旋转方式），在做因子分析之前，使用 KMO（Kaiser-Meyer-Olkin）样本测度，检验样本是否适合做因子分析，针对变量进行效度检验，得到 KMO 和 Barlett 球形检验结果。

因子提取结果显示：事件质量可以解释 5 个测项 80.176% 的变差、溢价支付意愿可以解释 4 个测项 80.381% 的变差、赞助匹配可以解释 4 个测项 85.043% 的变差、情绪状态可以解释 2 个测项 94.949% 的变差，综上，本研究各变量可以解释对应测项的变差均大于 70%，因子得分能够较好反映各变量的量表的测量数值，各变量的 KMO 和 Bartlett 球形检验和提取量分别如表 8-23 至表 8-30 所示。

表 8-23　事件质量的 KMO 和巴特利特检验

KMO 取样适切性量数		0.881
巴特利特球形度检验	近似卡方	1084.065
	自由度	10
	显著性	0.000

表 8-24　事件质量测项的因子提取

成分	初始特征值			提取载荷平方和		
	总计	方差百分比	累积 %	总计	方差百分比	累积 %
1	4.009	80.176	80.176	4.009	80.176	80.176
2	0.426	8.521	88.697			
3	0.251	5.013	93.710			
4	0.199	3.989	97.699			
5	0.115	2.301	100.000			

提取方法：主成分分析法。

表 8-25　溢价支付意愿的 KMO 和巴特利特检验

KMO 取样适切性量数		0.789
巴特利特球形度检验	近似卡方	759.440
	自由度	6
	显著性	0.000

表 8-26　溢价支付意愿测项的因子提取

成分	初始特征值			提取载荷平方和		
	总计	方差百分比	累积 %	总计	方差百分比	累积 %
1	3.215	80.381	80.381	3.215	80.381	80.381
2	0.416	10.402	90.783			
3	0.252	6.291	97.074			
4	0.117	2.926	100.000			

提取方法：主成分分析法。

表 8-27　赞助匹配的 KMO 和巴特利特检验

KMO 取样适切性量数		0.843
巴特利特球形度检验	近似卡方	873.980
	自由度	6
	显著性	0.000

表 8-28　赞助匹配测项的因子提取

成分	初始特征值			提取载荷平方和		
	总计	方差百分比	累积 %	总计	方差百分比	累积 %
1	3.402	85.043	85.043	3.402	85.043	85.043
2	0.275	6.866	91.909			
3	0.179	4.473	96.381			
4	0.145	3.619	100.000			

提取方法：主成分分析法。

表 8-29 情绪状态的 KMO 和巴特利特检验

KMO 取样适切性量数		0.500
巴特利特球形度检验	近似卡方	388.824
	自由度	1
	显著性	0.000

表 8-30 情绪状态测项的因子提取

成分	初始特征值			提取载荷平方和		
	总计	方差百分比	累积 %	总计	方差百分比	累积 %
1	1.899	94.949	94.949	1.899	94.949	94.949
2	0.101	5.051	100.000			

提取方法：主成分分析法。

8.6.5 操控检验

第一，事件质量操控检验。本研究对共同和单独两种评价模式中的事件质量数据分别进行单因素方差分析，单因素方差分析结果（见表 8-31 至表 8-34）表明：在共同评价模式中，事件质量在不同实验组具有显著差异 [$M_{高事件质量 * 共同评价中}$ = 5.35，$M_{低事件质量 * 共同评价}$ = 4.39，F（1，116）= 16.698，P < 0.01]。在共同评价模式中，事件质量在不同实验组具有显著差异 [$M_{高事件质量 * 单独评价}$ = 4.97，$M_{低事件质量 * 单独评价}$ = 4.14，F（1，118）= 15.706，P < 0.001]。综上，事件质量组间差异性被成功操控。

表 8-31 共同评价模式时事件质量描述统计分析

事件质量

	个案数	平均值	标准差	标准误差	平均值的 95% 置信区间		最小值	最大值
					下限	上限		
1	59	5.35	1.041	0.136	5.08	5.62	1.75	7.00
2	59	4.39	1.459	0.190	4.01	4.77	1.00	7.00
总计	118	4.87	1.350	0.124	4.62	5.12	1.00	7.00

表 8-32　共同评价模式时事件质量单因素方差分析

事件质量

	平方和	自由度	均方	F	显著性
组间	26.814	1	26.814	16.698	0.000
组内	186.278	116	1.606		
总计	213.092	117			

表 8-33　单独评价模式时事件质量描述统计分析

事件质量

	个案数	平均值	标准差	标准误差	平均值的95%置信区间		最小值	最大值
					下限	上限		
3	59	4.97	0.987	0.129	4.71	5.23	2.00	7.00
4	61	4.14	1.275	0.163	3.82	4.47	1.00	7.00
总计	120	4.55	1.211	0.111	4.33	4.77	1.00	7.00

表 8-34　单独评价模式时事件质量单因素方差分析

事件质量

	平方和	自由度	均方	F	显著性
组间	20.507	1	20.507	15.706	0.000
组内	154.068	118	1.306		
总计	174.575	119			

第二，赞助匹配操控检验。单因素方差分析结果（见表8-35、表8-36）表明，赞助匹配在不同实验组无显著差异 $[M_{共同评价} = 4.33$，$M_{单独评价 A} = 3.92$，$M_{单独评价 B} = 4.13$，$F(2, 176) = 1.736$，$P = 0.179]$，赞助匹配组间同质性被成功操控，赞助匹配对实验干扰不大。

表 8-35　赞助匹配描述统计分析

赞助匹配

	个案数	平均值	标准差	标准误差	平均值的 95% 置信区间		最小值	最大值
					下限	上限		
1	59	4.33	1.064	0.139	4.06	4.61	1.00	6.25
3	59	3.92	1.121	0.146	3.63	4.22	1.00	6.00
4	61	4.13	1.378	0.176	3.78	4.48	1.00	7.00
总计	179	4.13	1.203	0.090	3.95	4.31	1.00	7.00

表 8-36　赞助匹配单因素方差分析

赞助匹配

	平方和	自由度	均方	F	显著性
组间	4.984	2	2.492	1.736	0.179
组内	252.559	176	1.435		
总计	257.543	178			

第三，事件类型熟悉度操控检验。单因素方差分析结果（见表 8-37、表 8-38）表明，事件类型熟悉度在不同实验组无显著差异 [$M_{共同评价}$ = 4.34，$M_{单独评价 A}$ = 4.39，$M_{单独评价 B}$ = 4.38，$F_{(2, 176)}$ = 0.017，P = 0.983]，事件类型熟悉度组间同质性被成功操控，被试对赞助事件类型（亲子娱乐节目）的熟悉度对实验干扰不大。

表 8-37　事件类型熟悉度描述统计分析

事件类型熟悉度

	个案数	平均值	标准差	标准误差	平均值的 95% 置信区间		最小值	最大值
					下限	上限		
1	59	4.34	1.625	0.212	3.92	4.76	1	7
3	59	4.39	1.451	0.189	4.01	4.77	2	7
4	61	4.38	1.635	0.209	3.96	4.80	1	7
总计	179	4.37	1.564	0.117	4.14	4.60	1	7

表 8-38　事件类型熟悉度单因素方差分析

事件类型熟悉度

	平方和	自由度	均方	F	显著性
组间	0.083	2	0.041	0.017	0.983
组内	435.582	176	2.475		
总计	435.665	178			

第四，赞助接受度操控检验。单因素方差分析结果（见表 8-39、表 8-40）表明，赞助接受度在不同实验组无显著差异 [$M_{共同评价}=5.54$，$M_{单独评价A}=5.42$，$M_{单独评价B}=5.05$，$F(2, 176)=2.031$，$P=0.134$]，赞助接受度组间同质性被成功操控，被试对企业赞助亲子娱乐节目的接受度对实验干扰不大。

表 8-39　赞助接受度描述统计分析

赞助接受度

	个案数	平均值	标准差	标准误差	平均值的95%置信区间		最小值	最大值
					下限	上限		
1	59	5.54	1.236	0.161	5.22	5.86	2	7
3	59	5.42	1.354	0.176	5.07	5.78	1	7
4	61	5.05	1.586	0.203	4.64	5.46	1	7
总计	179	5.34	1.410	0.105	5.13	5.54	1	7

表 8-40　赞助接受度单因素方差分析

赞助接受度

	平方和	自由度	均方	F	显著性
组间	7.985	2	3.992	2.031	0.134
组内	345.903	176	1.965		
总计	353.888	178			

第五，情绪状态操控检验。单因素方差分析结果（见表 8-41、表 8-42）表明，情绪状态在不同实验组无显著差异 [$M_{共同评价}=5.25$，$M_{单独评价A}=5.32$，$M_{单独评价B}=5.07$，$F(2, 176)=0.614$，$P=0.542$]，情绪状态组间同质性被成功操控，被试填写问卷时的情绪状态对实验干扰不大。

表 8-41　情绪状态描述统计分析

情绪状态

	个案数	平均值	标准差	标准误差	平均值的 95% 置信区间		最小值	最大值
					下限	上限		
1	59	5.25	1.442	0.188	4.88	5.63	1.50	7.00
3	59	5.32	1.132	0.147	5.03	5.62	3.00	7.00
4	61	5.07	1.352	0.173	4.72	5.41	1.00	7.00
总计	179	5.21	1.313	0.098	5.02	5.41	1.00	7.00

表 8-42　情绪状态单因素方差分析

情绪状态

	平方和	自由度	均方	F	显著性
组间	2.127	2	1.064	0.614	0.542
组内	304.806	176	1.732		
总计	306.933	178			

第六，品牌熟悉度操控问题，考虑到本研究品牌刺激物都是虚拟品牌（A 品牌和 B 品牌），所以没有测量消费者对品牌刺激物的熟悉度，因而未对品牌熟悉度进行操控检验。

8.6.6　假设检验

（1）赞助事件质量对消费者溢价支付意愿的影响

假设 H1 推测，赞助事件质量对消费者溢价支付意愿具有显著影响，事件质量越高，消费者对赞助商产品的溢价支付意愿越高；事件质量越低，消费者对赞助商产品的溢价支付意愿越低。

本研究对不同事件质量水平的溢价支付意愿进行单因素方差分析，方差齐性检验结果（见表 8-43、表 8-44）显示，溢价支付意愿不具有方差齐性，所以赞助事件质量对消费者溢价支付意愿的影响是否具有显著差异应采用方差不齐情况下的非参数估计方法。在方差不齐情况下，要检验不同实验组溢价支付意愿是否具有显著差异，应采用独立样本 T 检验方法得到分析结果。独立样本 T 检验结果（见表 8-45）显示，赞助事件质量对溢价支付意愿存在显著影响 $[M_{高事件质量} = 4.19, M_{低事件质量} = 3.55, t(231) = 3.812, P < 0.001]$，假设 H1 得到支持。

表 8-43　溢价支付意愿方差齐性检验

溢价支付意愿

莱文统计	自由度 1	自由度 2	显著性
5.043	1	236	0.026

表 8-44　溢价支付意愿组统计

	事件质量	个案数	平均值	标准差	标准误差平均值
溢价支付意愿	1	118	4.19	1.190	0.110
	2	120	3.55	1.412	0.129

表 8-45　溢价支付意愿独立样本 T 检验

		莱文方差等同性检验		平均值等同性 t 检验					差值95%置信区间	
		F	显著性	t	自由度	显著性（双尾）	平均值差值	标准误差差值	下限	上限
溢价支付意愿	假定等方差	5.043	0.026	3.807	236	0.000	0.645	0.169	0.311	0.979
	不假定等方差			3.812	230.600	0.000	0.645	0.169	0.312	0.978

（2）评价模式在赞助事件质量影响消费者溢价支付意愿的过程中起调节作用

假设 H7 推测，评价模式在赞助事件质量影响消费者溢价支付意愿的过程中起调节作用，具体而言，在共同评价模式中，事件质量越高，消费者对赞助商产品的溢价支付意愿越高（H7a）；事件质量越低，消费者对赞助商产品的溢价支付意愿越低；在单独评价模式中，赞助事件质量对消费者溢价支付意愿的影响没有差异（H7b）。

本研究进行 2×2 组间方差分析，溢价支付意愿为因变量，事件质量（高、低）和评价模式（共同评价、单独评价）为自变量，多元方差分析结果显示，事件质量的主效应显著 [$F_{(1, 237)}$ = 14.934，$P<0.001$]，即赞助事件质量对溢价支付意愿存在显著影响；评价模式的主效应显著 [$F_{(1, 237)}$ = 4.150，$P=0.043<0.05$]，即评价模式对溢价支付意愿存在显著影响；事件质量和评价模式对溢价支付意愿的交互效应显著 [$F_{(3, 234)}$ = 4.959，$P=0.026<0.05$]，假设 H7 得到支持，具体如表 8-46 所示。

表 8-46　事件质量和评价模式交互对溢价支付意愿影响多元方差分析

因变量：溢价支付意愿

源	III 类平方和	自由度	均方	F	显著性
修正模型	39.724ª	3	13.241	7.986	0.000
截距	3568.044	1	3568.044	2151.930	0.000
事件质量	24.762	1	24.762	14.934	0.000
评价模式	6.881	1	6.881	4.150	0.043
事件质量 * 评价模式	8.222	1	8.222	4.959	0.027
误差	387.988	234	1.658		
总计	3991.750	238			
修正后总计	427.712	237			

a. R 方 = 0.093（调整后 R 方 = 0.081）

①检验假设 H7a，检验事件质量和评价模式对溢价支付意愿的交互作用后需进行简单效应检验。本研究对共同评价模式时的溢价支付意愿进行单因素方差分析，方差齐性检验结果（见表 8-47、表 8-48）显示，在共同评价模式下溢价支付意愿不具有方差齐性，所以赞助事件质量对消费者溢价支付意愿的影响是否具有显著差异要采用方差不齐情况下的非参数估计方法。在方差不齐情况下，要检验不同实验组溢价支付意愿是否具有显著差异，应采用独立样本 T 检验方法得到分析结果。独立样本 T 检验结果（见表 8-49）显示，当在共同评价模式时，赞助事件质量对溢价支付意愿存在显著影响 $[M_{高事件质量} = 4.55$，$M_{低事件质量} = 3.53$，$t(105) = 4.142$，$P < 0.001]$，假设 H7a 得到支持。

表 8-47　共同评价模式时溢价支付意愿方差齐性检验

溢价支付意愿

莱文统计	自由度 1	自由度 2	显著性
7.394	1	116	0.008

表 8-48　共同评价模式时溢价支付意愿组统计

	事件质量	个案数	平均值	标准差	标准误差平均值
溢价支付意愿	1	59	4.55	1.097	0.143
	2	59	3.53	1.534	0.200

表 8-49　共同评价模式时溢价支付意愿独立样本 T 检验

		莱文方差等同性检验		平均值等同性 t 检验						
		F	显著性	t	自由度	显著性（双尾）	平均值差值	标准误差差值	差值95%置信区间	
									下限	上限
溢价支付意愿	假定等方差	7.394	0.008	4.142	116	0.000	1.017	0.246	0.531	1.503
	不假定等方差			4.142	105.054	0.000	1.017	0.246	0.530	1.504

②检验假设 H7b，本研究对单独评价模式时的溢价支付意愿进行单因素方差分析，结果（见表 8-50 至表 8-52）显示，溢价支付意愿在单独评价模式时不同事件质量（高、低）组无显著差异 $[M_{高事件质量} = 3.84，M_{低事件质量} = 3.57，F (1，118) = 1.456，P = 0.230]$，假设 H7b 得到支持。

表 8-50　单独评价模式时溢价支付意愿描述统计分析

溢价支付意愿

	个案数	平均值	标准差	标准误差	平均值的95%置信区间		最小值	最大值
					下限	上限		
1	59	3.84	1.18	0.15	3.531	4.147	1.00	7.00
2	61	3.57	1.30	0.17	3.234	3.898	1.00	7.00
总计	120	3.70	1.24	0.11	3.475	3.925	1.00	7.00

表 8-51　单独评价模式时溢价支付意愿方差齐性检验

情绪状态

莱文统计	自由度 1	自由度 2	显著性
0.645	1	118	0.424

表 8-52　单独评价模式时溢价支付意愿单因素方差分析

溢价支付意愿

	平方和	自由度	均方	F	显著性
组间	2.242	1	2.242	1.456	0.230
组内	181.708	118	1.540		
总计	183.950	119			

8.7 研究小结

本章介绍了研究设计，包括实验设计、刺激物设计、量表设计、前测实验和正式实验。

第一，实验设计。研究五主要检验赞助事件质量对消费者溢价支付意愿的影响，以及评价模式在赞助事件质量对消费者溢价支付意愿的影响过程的调节作用，研究五采用2（事件质量：高、低）×2（评价模式：单独评价、共同评价）的实验组设计。

第二，刺激物设计。实验五事件刺激物以《爸爸去哪儿》《妈妈是超人》两档亲子真人秀节目作为高、低不同质量的赞助对象；产品刺激物选取与亲子真人秀节目较为契合的儿童自行车产品，并对品牌进行虚拟化处理以剔除品牌知识和品牌熟悉度等的干扰，并相应模拟消费者购买决策情境。

第三，量表设计。本研究使用或借鉴相关成熟量表，并根据研究内容进行相应地适应性调整，设计事件质量、溢价支付意愿、事件类型熟悉度、赞助接受度量表。

第四，前测实验和正式实验。实验描述样本和变量数据的基本特征，包括样本描述、变量描述、量表信度、操控检验，数据分析结果显示量表信度、变量操控符合要求。

第五，假设检验。本研究检验假设H1推测，假设H1得到支持，即事件质量越高，消费者对赞助商产品的溢价支付意愿越高；事件质量越低，消费者对赞助商产品的溢价支付意愿越低。检验假设H7推测，假设H7得到支持，即评价模式在赞助事件质量影响消费者溢价支付意愿的过程中起调节作用。检验假设H7a推测，假设H7a得到支持，在共同评价模式中，事件质量越高，消费者对赞助商产品的溢价支付意愿越高；事件质量越低，消费者对赞助商产品的溢价支付意愿越低。检验假设H7b推测，假设H7b得到支持，在单独评价模式中，赞助事件质量对消费者溢价支付意愿的影响没有差异。研究五的假设检验结论见表8-53。

表 8-53　研究五：假设检验结论

序号	假设内容	验证
1	H1：事件质量越高，消费者对赞助商产品的溢价支付意愿越高；事件质量越低，消费者对赞助商产品的溢价支付意愿越低。	支持
2	H7：评价模式在赞助事件质量影响消费者溢价支付意愿的过程中起调节作用。	支持
3	H7a：在共同评价模式中，事件质量越高，消费者对赞助商产品的溢价支付意愿越高；事件质量越低，消费者对赞助商产品的溢价支付意愿越低。	支持
4	H7b：在单独评价模式中，赞助事件质量对消费者溢价支付意愿的影响没有差异。	支持

9   研究总结

9.1   研究结果

本书通过实验设计、变量操控和数据分析得到以下六个研究结果：

第一，验证了赞助事件质量对消费者溢价支付意愿具有显著影响，假设 H1 成立，即事件质量越高，消费者对赞助商产品的溢价支付意愿越高；事件质量越低，消费者对赞助商产品的溢价支付意愿越低（H1）。

第二，部分验证了品牌声望和感知质量在事件质量影响消费者溢价支付意愿过程中的中介作用，假设 H2 和假设 H3 部分成立，品牌声望在事件质量影响消费者溢价支付意愿的过程中起中介作用，即事件质量越高，消费者感知赞助商品牌声望越高，消费者对赞助商产品的溢价支付意愿越高（H2）；感知质量在事件质量影响消费者溢价支付意愿的过程中起中介作用，即事件质量越高，消费者对赞助商产品的感知质量越高，消费者对赞助商产品的溢价支付意愿越高（H3）。

第三，验证了赞助匹配在事件质量影响消费者溢价支付意愿过程中的调节作用。假设 H4、H4a、H4b 成立，即赞助匹配在事件质量影响消费者溢价支付意愿的过程中起调节作用（H4）；赞助匹配较高时，事件质量越高，消费者对赞助商产品的溢价支付意愿越高；事件质量越低，消费者对赞助商产品的溢价支付意愿越低（H4a）；赞助匹配较低时，事件质量对消费者溢价支付意愿的影响没有差异（H4b）。

第四，验证了品牌熟悉度在事件质量影响消费者溢价支付意愿过程中的调节作用。假设 H5、H5a、H5b 成立，即品牌熟悉度在事件质量影响消费者溢价支付意愿的过程中起调节作用（H5）；品牌熟悉度较低时，事件质量越高，消费者对赞助商产品的溢价支付意愿越高；事件质量越低，消费者对赞助商产品的溢价支付意愿越低（H5a）；品牌熟悉度较高时，事件质量对消费者溢价支付意愿的影响没有差异（H5b）。

第五，验证了赞助事件质量在影响消费者溢价支付意愿的过程中受到赞助匹配和品牌熟悉度的双重调节作用。假设 H6、H6a、H6b、H6c、H6d 成立，即赞助匹配和品牌熟悉度在事件质量影响消费者溢价支付意愿的过程中起双重调节作用（H6）；品牌熟悉度较低，赞助匹配较高时，事件质量越高，消费者对赞助商产品的溢价支付意愿越高（H6a）；品牌熟悉度较高，赞助匹配较低时，事件质量对消费者溢价支付意愿的影响没有差异（H6b）；品牌熟悉度较低，赞助匹配较低时，事件质量越高，消费者对赞助商产品的溢价支付意愿越高（H6c）；品牌熟悉度较高，赞助匹配较高时，事件质量对消费者溢价支付意愿的影响没有差异（H6d）。

第六，验证了评价模式在事件质量影响消费者溢价支付意愿过程中的调节作用，假设 H7、H7a、H7b 成立，即评价模式在事件质量影响消费者溢价支付意愿的过程中起调节作用（H7）；在共同评价模式中，事件质量越高，消费者对赞助商产品的溢价支付意愿越高；事件质量越低，消费者对赞助商产品的溢价支付意愿越低（H7a）；在单独评价模式中，事件质量对消费者溢价支付意愿的影响没有差异（H7b）。假设检验结论汇总见表 9-1。

表 9-1　假设检验结论汇总

序号	假设内容	验证
1	H1：事件质量越高，消费者对赞助商产品的溢价支付意愿越高；事件质量越低，消费者对赞助商产品的溢价支付意愿越低。	支持
2	H2：品牌声望在事件质量影响溢价支付意愿的过程中起中介作用，即事件质量越高，消费者感知赞助商品牌声望越高，消费者对赞助商产品的溢价支付意愿越高。	部分支持
3	H3：感知质量在事件质量影响溢价支付意愿的过程中起中介作用，即事件质量越高，消费者对赞助商产品的感知质量越高，消费者对赞助商产品的溢价支付意愿越高。	部分支持
4	H4：赞助匹配在事件质量影响消费者溢价支付意愿的过程中起调节作用。	支持
5	H4a：赞助匹配较高时，事件质量越高，消费者对赞助商产品的溢价支付意愿越高；事件质量越低，消费者对赞助商产品的溢价支付意愿越低。	支持
6	H4b：赞助匹配较低时，事件质量对消费者溢价支付意愿的影响没有差异。	支持

表9-1(续)

序号	假设内容	验证
7	H5：品牌熟悉度在事件质量影响消费者溢价支付意愿的过程中起调节作用。	支持
8	H5a：品牌熟悉度较低时，事件质量越高，消费者对赞助商产品的溢价支付意愿越高；事件质量越低，消费者对赞助商产品的溢价支付意愿越低。	支持
9	H5b：品牌熟悉度较高时，事件质量对消费者溢价支付意愿的影响没有差异。	支持
10	H6：赞助匹配和品牌熟悉度在事件质量影响消费者溢价支付意愿的过程中起双重调节作用。	支持
11	H6a：品牌熟悉度较低，赞助匹配较高时，事件质量越高，消费者对赞助商产品的溢价支付意愿越高。	支持
12	H6b：品牌熟悉度较高，赞助匹配较低时，事件质量对消费者溢价支付意愿的影响没有差异。	支持
13	H6c：品牌熟悉度较低，赞助匹配较低时，事件质量越高，消费者对赞助商产品的溢价支付意愿越高。	支持
14	H6d：品牌熟悉度较高，赞助匹配较高时，事件质量对消费者溢价支付意愿的影响没有差异。	支持
15	H7：评价模式在事件质量影响消费者溢价支付意愿的过程中起调节作用。	支持
16	H7a：在共同评价模式中，事件质量越高，消费者对赞助商产品的溢价支付意愿越高；事件质量越低，消费者对赞助商产品的溢价支付意愿越低。	支持
17	H7b：在单独评价模式中，事件质量对消费者溢价支付意愿的影响没有差异。	支持

9.2 研究结论

本书通过现实观察、理论分析和实证研究得到以下五个有价值的结论：

第一，本书验证了在消费者购买决策环节，赞助事件质量对消费者溢价支付意愿具有显著影响，为赞助商在产品销售环节使用赞助关联信息提供理论指导。以往研究侧重于研究赞助的形象转移效应以及赞助对品牌形象和品牌资产的影响，指出赞助事件主要作用于消费者购买过程的需求诱发和信息搜寻环节。本书实证结果表明，赞助事件质量高低对消费者溢价支付意愿具有显著影响，说明赞助确实可以影响消费者在购买过程中的方案评价和购买决策，赞助在提升赞助商品牌资产的同时相应增加了产品销售成本，消费者是否愿意为赞助商产品支付更高价格是衡量赞助成效的重要标准。本书从理论上将赞助作用的情境拓展到消费者购买决策场景，从现实角度上看，赞助确实可以影响消费者的购买决策。通常，赞助商主要使用广告、媒体发布会等形式的赞助杠杆传播赞助方和被赞助方的关联，这些赞助杠杆作用发挥的前提是消费者的赞助记忆。本书结论表明，在产品销售环节中，在消费者可见范围（例如，产品包装、宣传页、海报等）展示赞助关联信息，可以直接影响消费者的产品评价和购买决策，为赞助商优化产品销售环节赞助关联信息的使用提供一些有价值的参考。

第二，本书部分验证了品牌声望和感知质量在事件质量影响消费者溢价支付意愿过程中的中介作用，为赞助商认识赞助事件质量的作用机制和使用赞助关联信息提供理论指导。本书从品牌和品质两个途径，以形象转移理论和信号理论为基础，验证了品牌声望和感知质量在事件质量影响消费者溢价支付意愿过程中的中介作用。以往研究侧重于赞助的形象转移效应，本书实证结果表明，赞助事件不仅通过形象转移效应影响赞助商的品牌声望，还通过信号效应影响消费者对赞助商产品质量的整体感知。本书研究结果对赞助商的价值体现在，事件质量的影响机制是多途径的，赞助不仅具有形象转移效应，还具有信号效应，甚至还有其他途径的影响。赞助商不仅要关注赞助的形象转移作用，还要关注赞助的信号效应，尤其在产品销售场景中使用赞助关联信息向消费者传递可靠的信号，提升消费者对赞助商产品质量的整体感知，进而影响消费者的购买决策。

第三，本书验证了赞助匹配在事件质量影响消费者溢价支付意愿过程中的调节作用，为赞助商优化赞助选择决策提供理论指导。本书实证结果表明，赞助匹配较高时，消费者的溢价支付意愿在不同质量的事件中呈现出显著的差异，赞助匹配较低时，消费者的溢价支付意愿没有显著差别。本书结果对赞助商的价值在于，赞助商进行赞助选择决策时，不仅要优先考虑高质量的事件，还要考虑事件和赞助商形象的匹配性，无论是功能上的关联和形象上的关联，而且还要使用各种赞助杠杆向外界传达和解释赞助方和被赞助方的关联。赞助商不但要关注广告、媒体沟通会等形式赞助杠杆的使用，而且还要在产品销售环节，抓住产品与消费者直接接触的机会，利用各种形式向消费者展示赞助方和被赞助方的关联。

第四，本书验证了品牌熟悉度在事件质量影响消费者溢价支付意愿过程中的调节作用，为不同知名度赞助商合理使用赞助关联信息提供理论指导。本书实证结果表明，品牌熟悉度较低时，事件质量越高，消费者溢价支付意愿越高，事件质量越低，消费者溢价支付意愿越低；而品牌熟悉度较高时，消费者溢价支付意愿在不同事件质量水平的差异不显著。消费者对品牌的熟悉程度不同，赞助形象转移作用强度也不同，赞助商品牌知名度越低，赞助形象转移效应越显著。对知名度较高的品牌，虽然赞助形象转移效应相对弱些，但是赞助事件可能让消费者产生强强联合的印象，并可能增加特定受众（例如，事件爱好者）的好感；对知名度较低的品牌，赞助的形象转移效应相对较强。低知名度的品牌选择高质量事件进行赞助，以及使用各种赞助杠杆传播赞助方和被赞助方的关联是很有必要的，而且低知名度赞助商还要强化产品销售环节赞助关联信息的展露，如果可能，尽量使用赞助定制包装以及推出赞助定制产品。

第五，本书验证了评价模式在事件质量影响消费者溢价支付意愿过程中的调节作用，为赞助商优化不同消费者场景的赞助关联信息使用提供理论指导。现实生活中，消费者常常面临不同评价模式的决策情境，例如，在某个品牌专卖店购物（评价一个品牌），在超市和卖场购物（评价两个以上的品牌）。本书实证结果表明，相比单独评价模式，在共同评价模式中，消费者溢价支付意愿在不同事件质量间具有显著差异。本书实证结果对赞助商的价值在于，如果产品销售场景是共同评价模式的情境，则赞助商应该尽可能在消费者可接触的材料中强化赞助关联信息的使用，例如，在产品包装、宣传手册、海报等上印刷赞助标识或者推出赞助定制产品。

9.3 管理启示

第一，本书贴近赞助管理和市场营销实践需要，将赞助研究情境拓展到消费者购买决策场景，为赞助商优化零售终端的赞助关联信息使用提供有价值的理论指导。以往研究关注赞助主要通过营销沟通的方式在购买过程中的需求诱发和信息搜寻阶段对赞助商品牌形象和品牌资产的影响，这实际上限定了赞助的作用范围，阻碍了赞助实践应用价值的发挥。本书聚焦消费者在购买决策情境中，探讨赞助事件质量对消费者溢价支付意愿影响，证实赞助确实影响消费者的方案评价和购买决策。关于赞助商，本书直接证实赞助可以促进产品的直接销售。赞助商应该重视在产品销售环节展示赞助关联信息，尽可能最大化挖掘赞助的价值，比如，在零售终端（专卖店、陈列货架）和产品包装以及其他材料上展示赞助关联信息。赞助不仅通过形象转移效应影响消费者对赞助商品牌的感知，而且通过信号效应，影响消费者对赞助商产品的感知，赞助关联信息为消费者提供了判断品牌实力和产品质量的外部线索，尤其是在信息不对称的情况下（品牌熟悉度较低），赞助关联信息的信号效应影响更加显著。

第二，本书分别检验品牌声望和感知质量在事件质量影响消费者溢价支付意愿过程中的中介作用，证实赞助不仅具有形象转移效应，还具有信号效应，为赞助商熟悉和利用赞助的信号效应提供有价值的理论参考。在消费者购买决策中，形象转移不能完全解释赞助的作用机制，赞助还通过信号效应发挥作用。赞助商应该认识和利益赞助的信号效应，不仅要使用传统大众营销传播工具传播赞助关系，影响消费者对赞助商品牌的感知，而且还要在产品销售环节使用赞助关联信息向消费者释放信号。赞助关联信息为消费者决策提供有价值的外部线索，无形中提升了消费者对赞助商产品质量的整体感知，进而影响消费者溢价支付意愿。

第三，本书还验证了赞助匹配、品牌熟悉度和评价模式在赞助事件质量影响消费者溢价支付意愿过程中的调节作用，对赞助如何影响消费者的购买决策以及影响条件进行更加细致的分析。赞助匹配、品牌熟悉度和评价模式的调节效应都具有管理实践价值。

首先，从赞助匹配的调节效应得到的管理启示是，赞助商进行赞助选择决策时，不仅要优先考虑高质量的事件，还要考虑事件和赞助商形象的自然匹配，无论是功能上的关联和形象上的关联，而且还要使用各种大众营销传播工具向外界传达和解释赞助方和被赞助方的关联。赞助商不但要使用广告、媒体沟通会等赞助杠杆，而且在产品销售环节，在产品与消费者的直接接触中，还要利用各种机会向消费者展示赞助方和被赞助方的关联。

其次，从品牌熟悉度的调节效应得到的管理启示是，不管品牌知名度高低，赞助商都应在产品销售环节使用赞助关联信息。对知名度较高的品牌，虽然赞助形象转移效应相对弱些，但是赞助事件可能让消费者产生强强联合的印象，虽然对普通消费者的影响不大，但可能增加特定受众（例如，事件爱好者）的好感；对知名度较低的品牌，赞助的形象转移效应相对较强，赞助商应尽可能在产品销售环节使用产品信息，使用赞助定制包装以及推出赞助定制产品。

最后，从评价模式的调节效应得到的管理启示是，相比单独评价模式，在共同评价模式中，事件质量的作用更加显著，共同评价模式可以应用到现实购物场景，比如，卖场、超市、网上商城等，对于赞助商而言，如果产品销售场景是共同评价模式的情境，则其应尽可能在消费者可接触的材料中强化赞助关联信息的使用，例如，在产品包装、宣传手册、海报等上面印刷赞助标识或者推出赞助定制产品。

9.4　研究局限

本书遵循实证研究常规范式，基于现实观察、文献梳理、理论分析、假设推导、数据分析和得出结论等过程，逐步分析本书提出的概念模型和相关假设，进而得出具有价值的研究结论和管理启示，但是，因为研究方法和研究条件等限制，本书还存在以下方面的研究局限：

第一，事件质量刺激物设计的局限。本书旨在检验赞助事件质量对消费者溢价支付意愿的影响，出于操控便利性和结论显著性考虑，本书选取被试（学生样本和非学生样本）相对熟悉、具有行业影响力的体育赛事和综艺娱乐节目，事件涉及专业性体育赛事（例如，西甲、世界杯、NBA 等）、综合体育赛事（例如，奥运会、全运会等）和娱乐节目（例如，爸爸去哪儿、妈妈是超人等）等具有代表性的事件，尽管事件选取有助于操控事件质量、赞助匹配等变量，然而本书选取的事件刺激物毕竟只是赞助中的小部分。此外，本书的大部分篇幅（前四个研究）以体育赛事为研究对象，只有研究五使用娱乐节目作为事件刺激物，因此本书结论是否适用以及能否扩展到其他赞助对象需要进一步验证。

第二，产品和品牌刺激物设计的局限。本书依据小组深度访谈，提取消费者相对熟悉的行业、赞助商品牌和产品。出于操控便利性和消费者知晓的考虑，本研究选取小部分消费者比较熟悉、赞助现象普遍以及便于操控的产品及品牌作为产品和品牌刺激物。不过，小组访谈涉及的一些赞助现象普遍的行业，例如，汽车、手机、互联网、金融等行业，本研究在设计产品和品牌刺激物时并没有选取上述行业，因此，本书结论是否使用以及能否扩展到其他行业需要进一步验证。

第三，被试选取的局限。本书被试及数据样本并不能代表整个消费群体，本书的问卷发放和数据采集主要集中在西部地区，尽管本书尽可能将样本的选取范围从学生样本扩展到居民样本，但是我国体育赛事、文化娱乐产业发达地区主要集中在北京、上海、广州等一线城市和东部沿海地区，样本数量和区域分布对研究结论适用范围具有一定限制，本研究的理论价值和实用价值的提升需要进一步扩大样本数量和来源范围。

参考文献

［1］AAKER D A, JOACHIMSTHALER E. The brand relationship spectrum: the key to the brand architecture challenge ［J］. California Management Review, 2000, 4 (24): 8-23.

［2］AAKER J L. Accessibility or diagnosticity? disentangling the influence of culture on persuasion processes and attitudes ［J］. Journal of Consumer Research, 2000, 26 (4): 340-357.

［3］ADCROFT A, KANG J H, KWAK D H. Symbolic purchase in sport: the roles of self-image congruence and perceived quality ［J］. Management Decision, 2009, 47 (1): 85-99.

［4］AKSOY H. Event and brand image transfer in multiple fair sponsorship ［J］. African Journal of Business Management, 2012, 6 (16): 5633.

［5］ALAIN D A, PIERRE B. Consumer evaluations of sponsorship programmes ［J］. European Journal of Marketing, 1995, 29 (12): 6-22.

［6］ALBA J W, HUTCHINSON J W. Dimensions of consumer expertise ［J］. Journal of Consumer Research, 1987, 13 (4): 411-454.

［7］ALEXANDRIS K, TSAOUSI E, JAMES J. Predicting sponsorship outcomes from attitudinal constructs: the case of a professional basketball event ［J］. Sport Marketing Quarterly, 2007, (3): 130-139.

［8］ANDERSON E W. Customer satisfaction and price tolerance ［J］. Marketing Letters, 1996, 7 (3): 265-274.

［9］BA S. Evidence of the effect of trust building technology in electronic markets: price premiums and buyer behavior ［J］. Mis Quarterly, 2002, 26 (3): 243-268.

[10] BABAKUS E, BIENSTOCK C C, SCOTTER J R V. Linking perceived quality and customer satisfaction to store traffic and revenue growth [J]. Decision Sciences, 2004, 35 (4): 713-737.

[11] BAEK T H, KIM J, YU J H. The differential roles of brand credibility and brand prestige in consumer brand choice [J]. Psychology & Marketing, 2010, 27 (7): 662-678.

[12] BAGWELL K. The economic analysis of advertising [J]. Handbook of Industrial Organization, 2005, 3.

[13] BAGWELL K, RIORDAN M H. High and declining prices signal product quality [J]. American Economic Review, 1991, 81 (1): 224-239.

[14] BAKER D, CROMPTON J. Quality, satisfaction and behavioural intentions [J]. Annals of Tourism Research, 2000: 425-439.

[15] BAKER W, HUTCHINSON J W, MOORE D, et al. Brand familiarity and advertising: effects on the evoked set and brand preference [J]. Advances in Consumer Research, 1986, 13 (1): 637-642.

[16] BALZER W K, SULSKY L M. Halo and performance appraisal research: a critical examination [J]. Journal of Applied Psychology, 1992, 77 (77): 975-985.

[17] BARONE M J, NORMAN A T, MIYAZAKI A D. Consumer response to retailer use of cause-related marketing: is more fit better? [J]. Journal of Retailing, 2007, 83 (4): 437-445.

[18] BARROS C P, SILVESTRE A L. An evaluation of the sponsorship of Euro 2004 [J]. International Journal of Sports Marketing and Sponsorship, 2006, 7 (3): 40-60.

[19] BASUROY S, DESAI K K, TALUKDAR D. An empirical investigation of signaling in the motion picture industry [J]. Journal of Marketing Research, 2006, 43 (2): 287-295.

[20] BAZERMAN M H, LOEWENSTEIN G F, WHITE S B. Reversals of preference in allocation decisions: judging an alternative versus choosing among alternatives [J]. Administrative Science Quarterly, 1992, 37 (2): 220-240.

[21] BAZERMAN M H, TENBRUNSEL A E, WADEBENZONI K. Negotiating with yourself and losing: understanding and managing conflicting internal preferences [J]. Academy of Management Review, 1998, 23 (2): 225-241.

[22] BECKER-OLSEN K, SIMMONS C. Not all sponsors are created equal [J]. Advances in Consumer Research, 2005, 32: 90.

[23] BECKER-OLSEN K, SIMMONS C J. When do social sponsorships enhance or dilute equity? fit, message source, and the persistence of effects [J]. Advances in Consumer Research, 2002, 29 (1): 287-289.

[24] BENEDICKTUS R L, BRADY M K, DARKE P R, et al. Conveying trustworthiness to online consumers: reactions to consensus, physical store presence, brand familiarity, and generalized suspicion [J]. Journal of Retailing, 2010, 86 (4): 322-335.

[25] BENNETT G, HENSON R, ZHANG J. Action sports sponsorship recognition [J]. Sport Marketing Quarterly, 2002: 174-185.

[26] BESHARAT A. How co-branding versus brand extensions drive consumers' evaluations of new products: a brand equity approach [J]. Industrial Marketing Management, 2010, 39 (8): 1240-1249.

[27] BHATTACHARYA C B, SEN S. Doing better at doing good: when, why, and how consumers respond to corporate social initiatives [J]. California Management Review, 2004, 47 (1): 9-24.

[28] BOLLEN K A. A new incremental fit index for general structural equation models [J]. Sociological Methods & Research, 1989, 17 (3): 303-316.

[29] BOULDING W, KIRMANI A. A consumer-side experimental examination of signaling theory: do consumers perceive warranties as signals of quality? [J]. Journal of Consumer Research, 1993, 20 (1): 111-123.

[30] BRAKUS J J, SCHMITT B H, ZARANTONELLO L. Brand experience: what is it? how is it measured? does it affect loyalty? [J]. Journal of Marketing, 2009, 73 (3): 52-68.

[31] BRIDGES S, KELLER K L, SOOD S. Communication strategies for brand extensions: enhancing perceived fit by establishing explanatory links [J]. Journal of Advertising, 2000, 29 (4): 1-11.

[32] BRUCKS M, ZEITHAML V A, NAYLOR G. Price and brand name as indicators of quality dimensions for consumer durables [J]. Journal of the Academy of Marketing Science, 2000, 28 (3): 359-374.

[33] CALDERONMONGE E, HUERTAZAVALA P. Brand and performance signals in the choice of franchise opportunities [J]. Service Industries Journal, 2014, 34 (9-10): 772-787.

[34] CAMPBELL M C, KELLER K L. Brand familiarity and advertising repetition effects [J]. Journal of Consumer Research, 2003, 30 (2): 292-304.

[35] CARRILLAT F A, D'ASTOUS A. The sponsorship-advertising interface: is less better for sponsors? [J]. European Journal of Marketing, 2012, 46 (3/4): 562-574.

[36] CARRILLAT F A, HARRIS E G, LAFFERTY B A. Fortuitous brand image transfer [J]. Journal of Advertising, 2010, 39 (2): 109-124.

[37] CARRILLAT F A, LAFFERTY B A, HARRIS E G. Investigating sponsorship effectiveness: do less familiar brands have an advantage over more familiar brands in single and multiple sponsorship arrangements? [J]. Journal of Brand Management, 2005, 13 (1): 50-64.

[38] CARRILLAT F A, SOLOMON P J, D'ASTOUS A. Brand stereotyping and image transfer in concurrent sponsorships [J]. Journal of Advertising, 2015, 44 (4): 300-314.

[39] CERTO S T, DAILY C M, DAN R D. Signaling firm value through board structure: an investigation of initial public offerings [J]. Entrepreneurship Theory & Practice, 2001, 26 (2): 33-50.

[40] CHAUDHURI A, HOLBROOK M B. The chain of effects from brand trust and brand affect to brand perfor [J]. Journal of Marketing, 2001, 65 (2): 81-93.

[41] CHAUDHURI A, LIGAS M. Consequences of value in retail markets [J]. Journal of Retailing, 2009, 85 (3): 406-419.

[42] CHIEN P M. Effects of multiple sponsorships on consumer response outcomes; proceedings of the EMAC 20th Doctoral Colloquium, 2007 [C].

[43] CHIEN P M, CORNWELL T B, PAPPU R. A theoretical framework for analysis of multiple sponsorship effects on consumer responses; proceedings of the 6th International Conference on Research in Advertising, 2008 [C].

[44] CHIEN P M, CORNWELL T B, PAPPU R. Sponsorship portfolio as a brand-image creation strategy [J]. Journal of Business Research, 2011, 64 (2): 142-149.

[45] CHIEN P M, CORNWELL T B, STOKES R. A theoretical framework for analysis of image transfer in multiple sponsorships; proceedings of the Australia and New Zealand Marketing Academy Conference, 2005 [C].

[46] CHO Y G, OK C, HYUN S S. Evaluating relationships among brand experience, brand personality, brand prestige, brand relationship quality, and brand loyalty: an empirical study of coffeehouse brands; proceedings of the 16th Graduate Students Research Conference, 2011 [C].

[47] CLOSE A G, FINNEY R Z, LACEY R, et al. Engaging the consumer through event marketing: linking attendees with the sponsor, community, and brand [J]. Journal of Advertising Research, 2012, 46 (4): 420-433.

[48] COLE S T, CHANCELLOR H C. Examining the festival attributes that impact visitor experience, satisfaction and re-visit intention [J]. Journal of Vacation Marketing, 2009, 15 (4): 323-333.

[49] CONNELLY B L, CERTO S T, IRELAND R D, et al. Signaling theory: a review and assessment [J]. Journal of Management Official Journal of the Southern Management Association, 2015, 37 (1): 39-67.

[50] COPPETTI C, WENTZEL D, TOMCZAK T, et al. Improving incongruent sponsorships through articulation of the sponsorship and audience participation [J]. Journal of Marketing Communications, 2009, 15 (1): 17-34.

[51] CORNWELL T B. Sponsorship-linked marketing development [J]. Sport Marketing Quarterly, 1995, 4: 13-24.

[52] CORNWELL T B, HUMPHREYS M S, MAGUIRE A M, et al. Sponsorship-linked marketing: the role of articulation in memory [J]. Journal of Consumer Research, 2006, 33 (3): 312-321.

[53] CORNWELL T B, MAIGNAN I. An international review of sponsorship research [J]. Journal of Advertising, 1998, 27 (1): 1-21.

[54] CORNWELL T B, PRUITT S W, VAN NESS R. The value of winning in motorsports: sponsorship-linked marketing [J]. Journal of Advertising Research, 2001, 41 (1): 17-31.

[55] CORNWELL T B, RELYEA G E. Understanding long-term effects of sports sponsorship: role of experience, involvement, enthusiasm and clutter [J]. International Journal of Sports Marketing and Sponsorship, 2000, 2 (2): 39-55.

[56] CORNWELL T B, ROY D P. Sponsorship-linked marketing: opening the black box [J]. Journal of Advertising, 2005, 34 (2): 21-42.

[57] CRIMMINS J, HORN M. Sponsorship: from management ego trip to marketing success [J]. Journal of Advertising Research, 1996, 36 (4): 11-22.

[58] CROMPTON J L. Conceptualization and alternate operationalizations of the measurement of sponsorship effectiveness in sport [J]. Leisure Studies, 2004, 23 (3): 267-281.

[59] DAHLEN M, LANGE F. To challenge or not to challenge: ad-brand incongruency and brand familiarity [J]. Journal of Marketing Theory & Practice, 2004, 12 (3): 20-35.

[60] DAWAR N, LEI J. Brand crises: the roles of brand familiarity and crisis relevance in determining the impact on brand evaluations [J]. Journal of Business Research, 2009, 62 (4): 509-516.

[61] DAWAR N, PARKER P. Marketing universals: consumers' use of brand name, price, physical appearance, and retailer reputation as signals of product quality [J]. The Journal of Marketing, 1994: 81-95.

[62] DEITZ G D, EVANS R D, HANSEN J D. Sponsorship and shareholder value: a re-examination and extension [J]. Journal of Business Research, 2013, 66 (9): 1427-1435.

[63] DODDS W B, MONROE K B, GREWAL D. Effects of price, brand, and store information on buyers' product evaluations [J]. Journal of Marketing Research, 1991, 28 (3): 307-319.

[64] DUBOIS B, CZELLAR S. Prestige brands or luxury brands? An exploratory inquiry on consumer perceptions; proceedings of the Proceedings of the European Marketing Academy 31st Conference, University of Minho, 2002 [C].

[65] EISDORFER A, KOHL E. Corporate sport sponsorship and stock returns: evidence from the NFL [J]. Critical Finance Review, 2017, 7.

[66] ELLIOTT W B, PREVOST A K, RAO R P. The announcement impact of seasoned equity offerings on bondholder wealth [J]. Journal of Banking & Finance, 2009, 33 (8): 1472-1480.

[67] ERDEM T, SWAIT J. Brand equity as a signaling phenomenon [J]. Journal of Consumer Psychology, 1998, 7 (2): 131-157.

[68] ERDEM T, SWAIT J, LOUVIERE J. The impact of brand credibility on consumer price sensitivity [J]. International Journal of Research in Marketing, 2002, 19 (1): 1-19.

[69] ESTHER G-O. Warranties as a signal of quality [J]. Canadian Journal of Economics, 1989, 22 (1): 50-61.

[70] FAHY J, FARRELLY F, QUESTER P. Competitive advantage through sponsorship: a conceptual model and research propositions [J]. European Journal of Marketing, 2004, 38 (8): 1013-1030.

[71] FAZIO R H, POWELL M C, WILLIAMS C J. The role of attitude accessibility in the attitude-to-behavior process [J]. Journal of Consumer Research, 1989, 16 (3): 280-288.

[72] FOMBRUN C, SHANLEY M. What's in a name? reputation building and corporate strategy [J]. Academy of Management Journal, 1990, 33 (2): 233-258.

[73] FOROUGHI B, SHAH K A M, NIKBIN D, et al. The impact of event quality on fan satisfaction and game attendance in the context of professional soccer in Iran [J]. International Journal of Sports Marketing & Sponsorship, 2014, 15 (3): 189-205.

[74] GARDNER M P, SHUMAN P J. Sponsorship: an important component of the promotions mix [J]. Journal of Advertising, 1987, 16 (1): 11-17.

[75] GETZ D. Event management and event tourism [J]. Annals of Tourism Research, 2005, 25 (1): 872-873.

[76] GILANINIA S, GANJINIA H, MORIDI A, et al. The differential roles of brand credibility and brand prestige in the customers'purchase intention [J]. Kuwait Chapter of the Arabian Journal of Business and Management Review, 2012, 2 (4): 1-9.

[77] GIN C Y, CHIHYUNG O, SEAN H S. Evaluating relationships among brand experience, brand personality, brand prestige, brand relationship quality, and brand loyalty: an empirical study of coffeehouse brands; proceedings of the Graduate Student Research Conference in Hospitality and Tourism, 2011 [C].

[78] GRIFFITH D A, GRAY C C. The fallacy of the level playing field: the effect of brand familiarity and web site vividness on online consumer response [J]. Journal of Marketing Channels, 2002, 9: 3-4, 87-102.

[79] GROHS R, WAGNER U M, VSETECKA S. Assessing the effectiveness of sport sponsorships - an empirical examination [J]. Schmalenbach Business Review, 2004, 12 (2): 134-153.

[80] GRONROOS C. From marketing mix to relationship marketing: towards a paradigm shift in marketing [J]. Management Decision, 1994, 32 (2): 4-20.

[81] GROZA M D, COBBS J, SCHAEFERS T. Managing a sponsored brand: the importance of sponsorship portfolio congruence [J]. International Journal of Advertising, 2012, 31 (31): 63-84.

[82] GWINNER K. A model of image creation and image transfer in event sponsorship [J]. International Marketing Review, 1997, 14 (3): 145-158.

[83] GWINNER K, BENNETT G. The impact of brand cohesiveness and sport identification on brand fit in a sponsorship context [J]. Journal of Sport Management, 2008, 22 (4): 410-426.

[84] GWINNER K P, EATON J. Building brand image through event sponsorship: the role of image transfer [J]. Journal of Advertising, 1999, 28 (4): 47-57.

[85] HABEL J, SCHONS L M, ALAVI S, et al. Warm glow or extra charge? the ambivalent effedt of corporate social responsibility activities on customers' perceived price fairness [J]. Journal of Marketing, 2016, 80: 84-105.

[86] HALLIDAY S V, KUENZEL S. Investigating antecedents and consequences of brand identification [J]. Journal of Product & Brand Management, 2008, 17 (5): 293-304.

[87] HAN S, CHOI J, KIM H, et al. The effectiveness of image congruence and the moderating effects of sponsor motive and cheering event fit in sponsorship [J]. International Journal of Advertising, 2013, 32 (2): 301-317.

[88] HARDESTY D M, BEARDEN W O. Brand familiarity and invoice price effects on consumer evaluations: the moderating role of skepticism toward advertising [J]. Journal of Advertising, 2002, 31 (2): 1-15.

[89] HARVEY B, GRAY S, DESPAIN G. Measuring the effectiveness of true sponsorship [J]. Journal of Advertising Research, 2006, 46 (4): 398-409.

[90] HASTIE R. Causes and effects of causal attribution [J]. Journal of Personality & Social Psychology, 1984, 46 (46): 44-56.

[91] HEAD V. Sponsorship: the newest marketing skill [M]. Cambridge: Woodhead-Faulkner, 1981.

[92] HECKLER S E, CHILDERS T L. The role of expectancy and relevancy in memory for verbal and visual information: what is incongruency? [J]. Journal of Consumer Research, 1992, 18 (4): 475-492.

[93] HEIL O, ROBERTSON T S. Toward a theory of competitive market signaling: a research agenda [J]. Strategic Management Journal, 1991, 12 (6): 403-418.

[94] HEMSLEY G D, DOOB A N. The effect of looking behavior on perceptions of a communicator's credibility [J]. Journal of Applied Social Psychology, 1978, 8 (2): 136-142.

[95] HENSELER J, WILSON B, WESTBERG K. Managers' perceptions of the impact of sport sponsorship on brand equity: which aspects of the sponsorship matter most? [J]. Sport Marketing Quarterly, 2011, 20 (1): 7-21.

[96] HICKS J R. The rehabilitation of consumers' surplus [J]. Review of Economic Studies, 1941, 8 (2): 108-116.

[97] HOEK J A, GENDALL P J, WEST R D. The role of sponsorship in selected New Zealand companies [J]. New Zealand Journal of Business, 1990, 12: 87.

[98] HOMER P M. Perceived quality and image: when all is not "rosy" [J]. Journal of Business Research, 2008, 61 (7): 715-723.

[99] HOWARD D R, CROMPTON J L. Financing sport [J]. Fitness Information Technology, 1995.

[100] HSEE C K. The evaluability hypothesis: an explanation for preference reversals between joint and separate evaluations of alternatives [J]. Organizational Behavior & Human Decision Processes, 1996, 67 (3): 247-257.

[101] HSEE C K, LOEWENSTEIN G F, BLOUNTLYONS S, et al. Preference reversals between joint and separate evaluations of outcomes [J]. Psychological Bulletin, 1999, 125 (5): 576-590.

[102] HWANG J, HAN H. Examining strategies for maximizing and utilizing brand prestige in the luxury cruise industry [J]. Tourism Management, 2014, 40 (2): 244-259.

[103] HWANG J S, HYUN S. The antecedents and consequences of brand prestige in luxury restaurants [J]. Asia Pacific Journal of Tourism Research, 2012, 17 (6): 656-683.

[104] IGLESIAS M P, GUILLEN M J Y. Perceived quality and price: their impact on the satisfaction of restaurant customers [J]. International Journal of Contemporary Hospitality Management, 2004, 16 (6): 373-379.

[105] JAGRE E, WATSON J, WATSON J. Sponsorship and congruity theory: a theoretical framework for explaining consumer attitude and recall of event sponsorship [J]. Advances in Consumer Research, 2001, 28: 439-445.

[106] JANG S C, NAMKUNG Y. Perceived quality, emotions, and behavioral intentions: application of an extended Mehrabian-Russell model to restaurants [J]. Journal of Business Research, 2009, 62 (4): 451-460.

[107] JENSEN J A, COBBS J, GROZA M D. The niche portfolio strategy to global expansion: the influence of market resources on demand for formula one racing [J]. Journal of Global Marketing, 2014, 27 (4): 247-261.

[108] JIN N, LEE H, LEE S. Event quality, perceived value, destination image, and behavioral intention of sports events: the case of the IAAF World Championship, Daegu, 2011 [J]. Asia Pacific Journal of Tourism Research, 2013, 18 (8): 849-864.

[109] JOHAR G V, PHAM M T. Relatedness, prominence, and constructive sponsor identification [J]. Journal of Marketing Research, 1999, 36 (3): 299-312.

[110] KELLER K L. Conceptualizing, measuring and managing customer based brand equity [J]. Journal of Marketing, 1993, 57 (1): 1-22.

[111] KELLER K L. Strategic brand management: building, measuring, and managing brand equity [J]. New Jersey, 1998.

[112] KING A A, LENOX M J, TERLAAK A. The strategic use of decentralized institutions: exploring certification with the ISO 14001 management standard [J]. Academy of Management Journal, 2005, 48 (6): 1091-1106.

[113] KINNEY L, MCDANIEL S R, DEGARIS L. Demographic and psychographic variables predicting NASCAR sponsor brand recall [J]. International Journal of Sports Marketing and Sponsorship, 2008, 9 (3): 169-179.

[114] KIRMANI A. Advertising repetition as a signal of quality: if it's advertised so much, something must be wrong [J]. Journal of Advertising, 1997, 26 (3): 77-86.

[115] KIRMANI A, BAUMGARTNER H. Reference points used in quality and value judgements [J]. Marketing Letters, 2000, 11 (4): 299-310.

[116] KIRMANI A, RAO A R. No pain, no gain: a critical review of the literature on signaling unobservable product quality [J]. Journal of Marketing, 2000, 64 (2): 66-79.

[117] KLEIN B, LEFFLER K B. The role of market forces in assuring contractual performance [J]. Journal of Political Economy, 1981, 89 (4): 615-641.

[118] KO Y J, KIM K T, CLAUSSEN C L, et al. The effects of sport involvement, sponsor awareness and corporate image on intention to purchase sponsors' products [J]. International Journal of Sports Marketing and Sponsorship, 2008, 9 (2): 79-94.

[119] KO Y J, PASTORE D L. Current issues and conceptualizations of service quality in the recreation sport industry [J]. Sport Marketing Quarterly, 2004: 158-166.

[120] KOTLER P, KELLER K. Framework for marketing management: global edition [M]. Beijing: Beijing University Press, 2015.

[121] LACEY R, CLOSE A G. How fit connects service brand sponsors with consumers' passions for sponsored events [J]. International Journal of Sports Marketing and Sponsorship, 2013, 14 (3): 57-73.

[122] LAFFERTY B A. The relevance of fit in a cause-brand alliance when consumers evaluate corporate credibility [J]. Journal of Business Research, 2007, 60 (5): 447-453.

[123] LAFFERTY B A. Selecting the right cause partners for the right reasons: the role of importance and fit in cause-brand alliances [J]. Psychology & Marketing, 2009, 26 (4): 359-382.

[124] LAFFERTY B A, GOLDSMITH R E. Corporate credibility's role in consumers' attitudes and purchase intentions when a high versus a low credibility endorser is used in the Ad [J]. Journal of Business Research, 1999, 44 (2): 109-116.

[125] LAFFERTY B A, GOLDSMITH R E, HULT G T M. The impact of the alliance on the partners: a look at cause-brand alliances [J]. Psychology & Marketing, 2004, 21 (7): 509-531.

[126] LAROCHE M, KIM C, ZHOU L. Brand familiarity and confidence as determinants of purchase intention: an empirical test in a multiple brand context [J]. Journal of Business Research, 1996, 37 (2): 115-120.

[127] LEE H S, CHO C. The matching effect of brand and sporting event personality: sponsorship implications [J]. Journal of Sport Management, 2009, 23 (1): 41-64.

[128] LOW G S, LAMB C W. The measurement and dimensionality of brand associations [J]. Journal of Product & Brand Management, 2000, 9 (6): 350-370.

[129] LYE A. Brand extensions: prestige brand effects [J]. Australasian Marketing Journal, 2001, 9 (2): 53-65.

[130] MAHESWARAN, DURAIRAJ, MACKIE, et al. Brand name as a heuristic cue: the effects of task importance and expectancy confirmation on consumer judgments [J]. Journal of Consumer Psychology, 1992, 1 (4): 317-336.

[131] MAVLANOVA T, BENBUNAN-FICH R, KOUFARIS M. Signaling theory and information asymmetry in online commerce [J]. Information & Management, 2012, 49 (5): 240-247.

[132] MCALEXANDER J H, SCHOUTEN J W, KOENIG H F. Buiding brand communily [J]. Journal of Marketing, 2002, 66 (1): 38-54.

[133] MCCRACKEN G. Who is the celebrity endorser? cultural foundations of the endorsement process [J]. Journal of Consumer Research, 1989, 16 (3): 310-321.

[134] MCDONALD C. Sponsorship and the Image of the sponsor [J]. European Journal of Marketing, 1991, 25 (11): 31-38.

[135] MEENAGHAN J A. Commercial sponsorship [J]. European Journal of Marketing, 1983, 17 (7): 5-73.

[136] MEENAGHAN T. Sponsorship - legitimising the medium [J]. European Journal of Marketing, 1991, 25 (11): 5-10.

[137] MEENAGHAN T. Understanding sponsorship effects [J]. Psychology and Marketing, 2001, 18 (2): 95-122.

[138] MEENAGHAN T, SHIPLEY D. Media effect in commercial sponsorship [J]. European Journal of Marketing, 1999, 33 (3/4): 328-348.

[139] MELLERS B A, CHANG S, BIRNBAUM M H, et al. Preferences, prices, and ratings in risky decision making [J]. Journal of Experimental Psychology Human Perception & Performance, 1992, 18 (18): 347-361.

[140] MITRA D, FAY S. Managing service expectations in online markets: a signaling theory of e-tailer pricing and empirical tests [J]. Journal of Retailing, 2010, 86 (2): 184-199.

[141] MITRA D, GOLDER P N. How does objective quality affect perceived quality? short-term effects, long-term effects, and asymmetries [J]. Marketing Science, 2006, 25 (3): 230-247.

[142] MIYAZAKI A D, MORGAN A G. Assessing the market value of sponsoring: corporate Olympic sponsorships [J]. Journal of Advertising Research, 2001, 41 (1): 9-15.

[143] MOWEN A J, KYLE G T, JACKOWSKI M. Citizen preferences for the corporate sponsorship of public-sector park and recreation organizations [J]. Journal of Nonprofit & Public Sector Marketing, 2007, 18 (2): 93-118.

[144] MURRAY K B, VOGEL C M. Using a hierarchy-of-effects approach to gauge the effectiveness of corporate social responsibility to generate goodwill toward the firm: financial versus nonfinancial impacts [J]. Journal of Business Research, 1997, 38 (2): 141-159.

[145] MYERS S C, MAJLUF N S. Corporate financing and investment decisions when firms have information that investors do not have [J]. Social Science Electronic Publishing, 1984, 13 (2): 187-221.

[146] NAN X, HEO K. Consumer responses to corporate social responsibility (CSR) initiatives: examining the role of brand-cause fit in cause-related marketing [J]. Journal of Advertising, 2007, 36 (2): 63-74.

[147] NELSON P. Advertising as Information [J]. Journal of Political Economy, 1974, 82 (4): 729-754.

[148] NETEMEYER R G, KRISHNAN B, PULLIG C, et al. Developing and validating measures of facets of customer-based brand equity [J]. Journal of Business Research, 2004, 57 (2): 209-224.

[149] NOWLIS S M, SIMONSON I. Attribute-task compatibility as a determinant of consumer preference reversals [J]. Journal of Marketing Research, 1997: 205-218.

[150] O'CONNOR K M, DREU C K W D, SCHROTH H, et al. What we want to do versus what we think we should do: an empirical investigation of intrapersonal conflict [J]. Journal of Behavioral Decision Making, 2002, 15 (5): 403-418.

[151] OLSON E L. Does sponsorship work in the same way in different sponsorship contexts? [J]. European Journal of Marketing, 2010, 44 (1/2): 180-199.

[152] OLSON J, JACOBY J. Cue utilization in the quality perception process; proceedings of the Proceedings of the Third Annual Conference of the of the Association for Consumer Research, 1972 [C].

[153] OTKER T. Exploitation: the key to sponsorship success [J]. European Research, 1988, 16 (2): 77-86.

[154] OZSOMER A, ALTARAS S. Global brand purchase likelihood: a critical synthesis and an integrated conceptual framework [J]. Journal of International Marketing, 2008, 16 (4): 1-28.

[155] PALMATIER R W, JARVIS C B, BECHKOFF J R, et al. The role of customer gratitude in relationship marketing [J]. Journal of Marketing, 2009, 73 (5): 1-18.

[156] PAPPU R, QUESTER P G. How does brand innovativeness affect brand loyalty? [J]. European Journal of Marketing, 2016, 50 (1/2): 2-28.

[157] PARK C W, MILBERG S, LAWSON R. Evaluation of brand extensions: the role of product feature similarity and brand concept consistency [J]. Journal of Consumer Research, 1991, 18 (2): 185-193.

[158] PARK M, LENNON S J. Brand name and promotion in online shopping contexts [J]. Journal of Fashion Marketing and Management: An International Journal, 2009, 13 (2): 149-160.

[159] PARKER J R, SCHRIFT R Y. Rejectable choice sets: how seemingly irrelevant no-choice options affect consumer decision processes [J]. Journal of Marketing Research, 2011, 48 (5): 840-854.

[160] PAVLOU P A, DIMOKA A. The nature and role of feedback text comments in online marketplaces: implications for trust building, price premiums, and seller differentiation [J]. Information Systems Research, 2006, 17 (4): 392-414.

[161] PETERSON R A, WILSON W R. Perceived risk and price reliance schema as price-perceived quality mediators [M] // JACOBY, OLSON. Perceived quality: how consumers view stores and merchandise. Lexington, MA: DC Heath and Company, 1985: 247-268.

[162] PITTS B G, SLATTERY J. An examination of the effects of time on sponsorship awareness levels [J]. Sport Marketing Quarterly, 2004, 13 (1): 43-54.

[163] POPE N, VOGES K E, BROWN M. Winning ways [J]. Journal of Advertising, 2009, 38 (2): 5-20.

[164] POPE N K, VOGES K E. The impact of sport sponsorship activities, corporate image, and prior use on consumer purchase intention [J]. Sport Marketing Quarterly, 2000, 9 (2): 96-102.

[165] PORTER M E. Competitive strategy: techniques for analyzing industries and competitors [M]. New York: The Free Press, 1980.

[166] PRACEJUS J W, OLSEN G D. The role of brand/cause fit in the effectiveness of cause-related marketing campaigns [J]. Journal of Business Research, 2004, 57 (6): 635-640.

[167] PRACEJUS J W, OLSEN G D, O'GUINN T C. How nothing became something: white space, rhetoric, history, and meaning [J]. Journal of Consumer Research, 2006, 33 (1): 82-90.

[168] PRICE L J, DAWAR N. The joint effects of brands and warranties in signaling new product quality [J]. Journal of Economic Psychology, 2002, 23 (2): 165-190.

[169] PRUITT S W, CORNWELL T B, CLARK J M. Corporate stadium sponsorships, signaling theory, agency conflicts, and shareholder wealth [J]. Journal of Advertising Research, 2002, 42 (6): 16-32.

[170] RAO A, SIEBEN W. The effect of prior knowledge on price acceptability and the type of information examined [J]. Journal of Consumer Research, 1992, 19 (2): 256-270.

[171] RAO A R, MONROE K B. The effect of price, brand name, and store name on buyers' perceptions of product quality: an integrative review [J]. Journal of Marketing Research, 1989, 26 (3): 351-357.

[172] RAO A R, RUEKERT R W. Brand alliances as signals of product quality [J]. Sloan Management Review, 1994, 36 (1): 87-97.

[173] REIS H T, JUDD C M. Handbook of research methods in social and personality psychology [M]. Cambridge: Cambridge University Press, 2000.

[174] RICHARDSON P S, DICK A S, JAIN A K. Extrinsic and intrinsic cue effects on perceptions of store brand quality [J]. Journal of Marketing, 1994, 58 (4): 28-36.

[175] RICHELIEU A, PITTS B G. A new brand world for sports teams: proceedings of the Inaugural Sport Marketing Association Conference, University of Florida, 2004 [C].

[176] RIFON N J, CHOI S M, TRIMBLE C S, et al. Congruence effects in sponsorship: the mediating role of sponsor credibility and consumer attributions of sponsor motive [J]. Journal of Advertising, 2004, 33 (1): 29-42.

[177] RITOV I, KAHNEMAN D. How people value the environment: attitudes versus economic values [J]. Psychological Perspectives to Environmental and Ethical Issues, 1997: 33-51.

[178] ROSS S A. The determination of financial structure: the incentive-signalling approach [J]. The Bell Journal of Economics, 1977: 23-40.

[179] ROY D P, CORNWELL T B. Brand equity's influence on responses to event sponsorships [J]. Journal of Product & Brand Management, 2003, 12 (6): 377-393.

[180] RUBINSTEIN H, GRIFFITHS C. Branding matters more on the Internet [J]. Journal of Brand Management, 2001, 8 (6): 394-404.

[181] RUTH J A, SIMONIN B L. "Brought to you by brand A and brand B" investigating multiple sponsors' influence on consumers' attitudes toward sponsored events [J]. Journal of Advertising, 2003, 32 (3): 19-30.

[182] SAHNI N S, NAIR H. Native advertising, sponsorship disclosure and consumer deception: evidence from mobile search-Ad experiments [J]. Research Papers, 2016.

[183] SANDLER D M, SHANI D. Olympic sponsorship vs ambush marketing-who gets the gold [J]. Journal of Advertising Research, 1989, 29 (4): 9-14.

[184] SEN S, BHATTACHARYA C B. Does doing good always lead to doing better? consumer reactions to corporate social responsibility [J]. Journal of Marketing Research, 2001, 38 (2): 225-243.

[185] SETHURAMAN R. What makes consumers pay more for national brands than for store brands - image or quality? [J]. Review of Marketing Science WP, 2001, 20 (1): 138-178.

[186] SHIV B, CARMON Z, ARIELY D. Placebo effects of marketing actions: consumers may get what they pay for [J]. Journal of Marketing Research, 2005, 42 (4): 383-393.

[187] SHOCKER A D, SRIVASTAVA R K, RUEKERT R W. Challenges and opportunities facing brand management: an introduction to the special issue [J]. Journal of Marketing Research, 1994, 31 (2): 149-158.

[188] SHUPTRINE F K. On the validity of using students as subjects in consumer behavior investigations [J]. Journal of Business, 1975, 48 (3): 383-390.

[189] SIMMONS C J, BECKER-OLSEN K L. Achieving marketing objectives through social sponsorships [J]. Journal of Marketing, 2006, 70 (4): 154-169.

[190] SIMONIN B L, RUTH J A. Is a company known by the company it keeps? assessing the spillover effects of brand alliances on consumer brand attitudes [J]. Journal of Marketing Research, 1998: 30-42.

[191] SKARD S. Communication effects in sponsorships: an assessment of how different communication strategies can enhance incongruent sponsorships [D]: Bergen: Norwegian School of Economics, 2010.

[192] SLEIGHT S. Sponsorship: what it is and how to use it [M]. McGraw-Hill, 1989.

[193] SMITH G. Brand image transfer through sponsorship: a consumer learning perspective [J]. European Journal of Marketing, 2004, 20: 457-474.

[194] SPEED R, THOMPSON P. Determinants of sports sponsorship response [J]. Journal of the Academy of Marketing Science, 2000, 28 (2): 226-238.

[195] SPENCE M. Job market signaling [J]. Quarterly Journal of Economics, 1973, 87 (3): 355-374.

[196] SPENCE M. Signaling in retrospect and the informational structure of markets [J]. Nobel Prize in Economics Documents, 2001, 92 (3): 434-459.

[197] STEENKAMP J B E M, BATRA R, ALDEN D L. How perceived brand globalness creates brand value [J]. Journal of International Business Studies, 2003, 34 (1): 53-65.

[198] STEENKAMP J B E M, GEYSKENS I. What makes consumers willing to pay a price premium for national brands over private labels? [J]. Journal of Marketing Research, 2010, 47 (December): 1011-1024.

[199] STIGLITZ J E. The contributions of the economics of information to twentieth century economics [J]. Quarterly Journal of Economics, 2000, 115 (4): 1441-1478.

[200] STIGLITZ J E. Information and the change in the paradigm in economics [J]. American Economic Review, 2002, 92 (3): 460-501.

[201] STIPP H. The impact of Olympic sponsorship on corporate image [J]. International Journal of Advertising, 1998, 17 (1): 75-87.

[202] SU W, PENG M W, TAN W, et al. The signaling effect of corporate social responsibility in emerging economies [J]. Journal of Business Ethics, 2016, 134 (3): 479-491.

[203] SUWELACK T, HOGREVE J, HOYER W D. Understanding money-back guarantees: cognitive, affective, and behavioral outcomes [J]. Journal of Retailing, 2011, 87 (4): 462-478.

[204] SWANSON S R, DAVIS J C. The relationship of differential loci with perceived quality and behavioral intentions [J]. Journal of Services Marketing, 2003, 17 (2): 202-219.

[205] TAM J L. Brand familiarity: its effects on satisfaction evaluations [J]. Journal of Services Marketing, 2008, 22 (1): 3-12.

[206] TENBRUNSEL A E, WADEBENZONI K A, BAZERMAN M H. Empirical support for the want/should explanation for separate versus joint preference reversals [J]. Unpublished Manuscript, 1998.

[207] THOMSON M, MACINNIS D J, PARK C W. The ties that bind: measuring the strength of consumers' emotional attachments to brands [J]. Journal of Consumer Psychology, 2005, 15 (1): 77-91.

[208] TROPE Y, LIBERMAN N. Temporal construal [J]. Psychological Review, 2003, 110 (3): 403-421.

[209] TSUI H C. Advertising, quality, and willingness-to-pay: Experimental Examination of signaling theory [J]. Journal of Economic Psychology, 2012, 33 (6): 1193-1203.

[210] TVERSKY A, GRIFFIN D. Endowment and contrast in judgments of well-being [M] //F. STRACK, M. ARGYLE, N. SCHWARZ. Subjective well-being: an interdisciplinary perspective. Oxford: Pergamon Press. 1991.

[211] UHRICH S, KOENIGSTORFER J, GROEPPEL-KLEIN A. Leveraging sponsorship with corporate social responsibility [J]. Journal of Business Research, 2014, 67 (9): 2023-2029.

[212] VANCE L, RACITI M M, LAWLEY M. Beyond brand exposure: measuring the sponsorship halo effect [J]. Measuring Business Excellence, 2016, 20 (3): 1-14.

[213] VIGNERON F, JOHNSON L W, MONASH M. A review and a conceptual framework of prestige-seeking consumer behavior [J]. Academy of Marketing Science Review, 1999, 1 (1): 1-15.

[214] VINCENT M, ZIKMUND W G. An experimental investigation of situational effects on risk perception [J]. In Advances in Consumer Research, 1976: 125-129.

[215] WAKEFIELD K L, BECKER-OLSEN K, CORNWELL T B. I spy a sponsor: the effects of sponsorship level, prominence, relatedness, and cueing on recall accuracy [J]. Journal of Advertising, 2007, 36 (4): 61-74.

[216] WAKEFIELD K L, BENNETT G. Affective intensity and sponsor identification [J]. Journal of Advertising, 2010, 39 (3): 99-111.

[217] WALLISER B. An international review of sponsorship research: extension and update [J]. International Journal of Advertising, 2003, 22 (1): 5-40.

[218] WALRAVEN M, KONING R H, VAN BOTTENBURG M. The effects of sports sponsorship: a review and research agenda [J]. Marketing Review, 2012, volume 12 (12): 17-38 (22).

[219] WEEKS C S, CORNWELL T B, DRENNAN J C. Leveraging sponsorships on the internet: activation, congruence, and articulation [J]. Psychology & Marketing, 2008, 25 (7): 637-654.

[220] WERNERFELT B. Umbrella branding as a signal of new product quality: an example of signalling by posting a bond [J]. Rand Journal of Economics, 1988, 19 (3): 458-466.

[221] WONG A, ZHOU L. Consumers' motivations for consumption of foreign products: an empirical test in the people's republic of china [J]. Ssrn Electronic Journal, 2006, 6 (1): 121-136.

[222] WOZNIAK J. On sponsoring and CSR involvement. two theories explaining their effects on a company's attractiveness for candidates [J]. Romanian Journal of Communication & Public Relations, 2014: 16.

[223] YEO J, PARK J. Effects of parent-extension similarity and self regulatory focus on evaluations of brand extensions [J]. Journal of Consumer Psychology, 2006, 16 (3): 272-282.

[224] YONG J K, ZHANG J, CATTANI K, et al. Assessment of event quality in major spectator sports [J]. Journal of Service Theory & Practice, 2011, 21 (3): 304-322.

[225] ZABKAR V, BRENCIC M M, DMITROVIC T. Modelling perceived quality, visitor satisfaction and behavioural intentions at the destination level [J]. Tourism Management, 2010, 31 (4): 537-546.

[226] ZDRAVKOVIC S. Brand sponsorship: the role of congruence, exclusivity, and repetition on modifying brand associative networks [J]. Dissertations & Theses - Gradworks, 2008.

[227] ZDRAVKOVIC S, MAGNUSSON P, STANLEY S M. Dimensions of fit between a brand and a social cause and their influence on attitudes [J]. International Journal of Research in Marketing, 2010, 27 (2): 151-160.

[228] ZEITHAML V A. Consumer perceptions of price, quality, and value: a means-end model and synthesis of evidence [J]. The Journal of Marketing, 1988: 2-22.

[229] ZEITHAML V A, BERRY L L, PARASURAMAN A. The behavioral consequences of service quality [J]. The Journal of Marketing, 1996: 31-46.

[230] ZHANG J, BLOEMER J M M. The impact of value congruence on consumer-service brand relationships [J]. Journal of Service Research, 2008, 11 (2): 161-179.

[231] 蔡俊五, 赵长杰. 体育赞助: 双赢之策 [M]. 北京: 人民体育出版社, 2001.

[232] 柴红年, 张林. 体育赛事产品质量的概念与评价 [J]. 上海体育学院学报, 2007, 31 (3): 8-10.

[233] 柴俊武, 赵广志, 何伟. 解释水平对品牌联想和品牌延伸评估的影响 [J]. 心理学报, 2011, 43 (2): 175-187.

[234] 陈柏苍. 企业赞助对企业品牌权益影响之研究 [D]. 台湾: 国立中正大学企业管理研究所, 2001.

[235] 邓里文. 体育赞助营销中赞助商品牌形象转移的研究 [D]. 天津: 南开大学, 2010.

[236] 何佳讯. 品牌资产测量的社会心理学视角研究评介 [J]. 外国经济与管理, 2006, 28 (4): 48-52.

[237] 李建军. 活动影响力与赞助品牌的关系: 以联想和安踏为例 [J]. 体育科学, 2009 (1): 92-96.

[238] 刘英, 张剑渝, 杜青龙. 赞助匹配对赛事赞助品牌评价的影响研究: 解释水平理论视角 [J]. 体育科学, 2014, 34 (4): 70-77.

[239] 刘玉鉴, 李季, 程杨, 等. 体育赞助中品牌熟识度和赞助形态对消费者反应的影响 [J]. 经济科学, 2014 (4): 116-128.

[240] 卢长宝. 匹配与体育赞助事件的选择: 基于品牌资产的实证研究 [J]. 体育科学, 2009, 29 (8): 82-89.

[241] 施晓峰, 吴小丁. 商品组合价值与溢价支付意愿的关系研究 [J]. 北京工商大学学报 (社会科学版), 2011, 26 (2): 49-55.

[242] 温忠麟, 张雷, 侯杰泰. 有中介的调节变量和有调节的中介变量 [J]. 心理学报, 2006, 38 (3): 448-452.

[243] 徐玖平, 朱洪军. 赛事赞助对企业品牌资产影响的实证研究 [J]. 体育科学, 2008, 28 (9): 45-50.

[244] 杨洋, 方正, 江明华. 消费者调节聚焦对赛事赞助效果的影响研究 [J]. 体育科学, 2015 (1): 24-34.

[245] 张黎, 林松, 范亭亭. 影响被赞助活动和赞助品牌间形象转移的因素: 基于蒙牛酸酸乳赞助超级女声的实证研究 [J]. 管理世界, 2007 (7): 84-93.

[246] 朱翊敏, 周延风. 品牌熟悉度和赞助方式对消费者响应的影响 [J]. 商业经济与管理, 2013, 1 (1): 43-51.